MW01277519

キリストの勝利

ローマ人の物語 XIV

塩野七生

新潮社

ローマ人の物語XIV　キリストの勝利＊目次

読者に　7

第一部　皇帝コンスタンティウス　13
（在位、紀元三三七年―三六一年）

邪魔者は殺せ　14　帝国三分　23　一人退場　25
二人目退場　31　副帝ガルス　40　賊将マグネンティウス　43
兄と弟　51　副帝の処刑　57　ユリアヌス、副帝に　67
コンスタンティウスとキリスト教　70　ガリアのユリアヌス　81
積極戦法　90　ゲルマン民族　95　ストラスブールの勝利　100
ローマでの最後の凱旋式　105　ガリア再興　111

第二部　皇帝ユリアヌス　123
（在位、紀元三六一年―三六三年）
古代のオリエント　124　ササン朝ペルシア　129
ユリアヌス、起つ　141　内戦覚悟　147　リストラ大作戦　153
「背教者」ユリアヌス　155　対キリスト教宣戦布告　163
アンティオキア　174　ペルシア戦役　190　首都クテシフォン　202
ティグリス北上　209　若き死　211　ユリアヌスの後　216　講和締結　218
皇帝ユリアヌスの生と死　223
第三部　司教アンブロシウス　227
（在位、紀元三七四年―三九七年）
蛮族出身の皇帝　228　フン族登場　236
ハドリアノポリスでの大敗　241　皇帝テオドシウス　246

蛮族、移住公認　253　親キリスト教路線の復活　257　「異教」と「異端」　266
「異端」排斥　268　「異教」排斥　270　論戦　274
キリストの勝利（異教に対して）　286
キリスト教、ローマ帝国の国教に　294
キリストの勝利（皇帝に対して）　298　東西分割　306
年表　308
参考文献　I　図版出典一覧　VI

ローマ人の物語XIV

キリストの勝利

読者に

ローマ市内から車で三十分も行けば、数多くの古代ローマ時代の別荘（ヴィラ）の跡を眼にすることができる。もちろんそれらの中でも、名所旧跡リストの上位にアップされている「ハドリアヌスの別邸（ヴィラ・アドリアーナ）」のような遺跡はすでに充分に研究され観光化もされているが、これら著名な遺跡以外でも、ローマ史上の有名人物の所有であったとか、そうではなくても別荘（ヴィラ）の規模の大きさ、床のモザイクの美麗さ、円柱に使われている大理石の珍しさなどから考古学上重要な遺跡と認定された場所では、イタリアにかぎらず欧米の大学の考古学調査団による発掘作業が行われており、部外者が勝手に歩きまわったり、石壁の一つに腰を降ろしてもの想いにふけったりすることは、まずは許されていない。

しかし、重要とは見なされていない遺跡も多いのだ。古代のローマ人が都市内の家同様に、いやもしかしたらそれ以上に重要視していたのが、自然に囲まれ農作物の生産基地でもあった「ヴィラ」（villa）で、この言葉自体が「田園の家」を意味している。

というわけで数からして多く、欧米中の大学の考古学教室を総動員してもすべての発掘は不可能なくらいなので、地元の市役所の観光課あたりがしたのか、灌木を切り払い土砂を取り除いた程度で放置されている遺跡も少なくない。そのような場所は、人の影さえもなく静まりかえっている。このように名もない遺跡をめぐり、調査というよりもそこで一人もの想いにふけるようになったのは、つい最近になってからのことなのであった。

『ローマ人の物語』でも第十二巻を書いていた頃までは、私の視線も足も広大なローマ帝国の全域に向けられたままだった。今ならばほとんどの地にはローマから航空機で一時間、辺境でも二時間で達せるのが、ヨーロッパ、中近東、北アフリカを網羅していた古代のローマ帝国の全領土である。それらの地を旅してまわりながら、なぜローマのエリートたちは苦情も言わずに、首都での生活に比べれば断じて生活環境の劣るこのような地で、防衛や統治の任務についていたのだろう、などと考えていたのである。真冬のドナウ河では、俗に言うハンガリアおろしで身体全体が凍りつくようだったし、サハラ砂漠を遠望する要塞の跡に行ったときは、ローマ帝国の「防衛線（リメス）」に想いを馳せるどころか、昔のローマ人のやり方でシャーベットをつくってみることだけが頭を占めていたのだった。

　それが今では、帝国の首都であったローマからさして離れていないヴィラの跡を逍遥しながら、四世紀にここに住んでいたヴィラの持主は何を考えていたのだろうかと、空想にふけっている。まるで私自身も、一千年をローマ人とともに考え行動しつづけ、今やその終わりが見えてきた、とでもいうかのように。

　ヴィラの主人は四十代半ば、親代々の元老院の家柄に生まれたので彼も議席はもっているが、フォロ・ロマーノの一角に建つ元老院議場で開かれる会議には、もう長らく出席していない。同僚議員との付き合いも、必要最小限に留めている。ローマの市内にあった邸宅（ドムス）も、キリスト教会の資産の運用を一手に引き受けたことで一代で財を築いた新興成金に、求められるままに売り払っていた。独身で、子もいない。とはいえ、彼だけが特別ではなかった。帝国の将来に希望がもてなくなった時代、一生を独身で通す者が珍しくはなくなっていたのである。

　別荘（ヴィラ）というより今では常住の家（カーサ）（casa）になった郊外のヴィラだが、広大とは言えなくても、主人の住まう一郭と使用人たちの仕事の場に彼らの住まいが適切な距離を置いて配置される程度の広さはあり、ローマ式のヴィラのつくりに忠実に、ヴィラの周辺には、手入れのゆきとどいたオリーヴや果樹が立ち並ぶ畑、家畜を放してある牧場、自家用ならば充分な収穫を見込める小麦の畑が広がっている。近くには清流が流れ、その背後の森では、きのこも採れたし狩も楽しめた。ローマ人はきのこが好物なのである。要するに、紀元前一世紀の頃の〝グルメ〟として有名だったルクルス式の贅沢嗜好さえ求めなければ、たいていのものは自給できたのである。

　と言っても、遠隔の地から運ばれてきた山海の珍味を次々と供することで客たちを驚かせていた時代の富裕者のまねは、やる意志がありそれを実行できる経済力があっても無理な時代になっていた。「パクス・ロマーナ」（ローマによる平和）の終焉は、広域経済圏の終焉でもあったのだ。帝国の端々にまで張りめぐらされていた交通網は各地で断ち切られたままであったし、たび重なる蛮族や盗賊の襲撃は運送費の高騰をもたらしていた。自分から進んで質素な生活を目指さなくても、身近なところで得られるものを中心にした自給自足は、四世紀に生きるローマ人の一般的な生き方になっていたのである。

　もともとからしてローマ式のヴィラは、自給自足が充分に可能なようにつくられている。敷地内には小規模ながら作業場（オフィチーナ）まであり、特別に高度な技術を必要としなければ、工事もやれるし工具の製作まで自前でやってしまうことができた。

　ヴィラを機能させていくには不可欠の使用人だが、身分は奴隷でも、この家で生れ育った者ばかり。中には二代三代の家つき奴隷もおり、もはや家族と言ってよい存在だが、それでも主人の生活に深入りするようなことは考えもしない。主人使用人ともにつましくとも礼儀は守り、それでいて人間的なつながりがもたらす暖かい雰囲気の中で、ヴィラの暮らしは過ぎていたのである。

　静かに流れていく日々ではあったが、男には、世を捨てたという想いも世に背を向けたという想いもなかった。身を引いたにすぎない、と思っていた。時代の流れに逆らう気まではなかったし、逆らっても無駄だと思っていた。それでも、長年にわたって国事を担当する指導者を出してきた家の生れである。今では岸辺からにせよ、時代の流れに、つまり世の中の動きに注意を払うことはやめなかった。もはや元老院議員は名のみになっていたが、国事を担当する者には必要不可欠とされてきた「教養課目（アルテス・リベラーレス）」は、幼少の頃から学ばされてきたからである。

　もしも彼が生きた時代が前一世紀であったら、ユリウス・カエサルに従ってルビコンを渡っていたかもしれない。それが後一世紀ならば、初代皇帝アウグストゥスの秘書官の一人にでもなって、諸制度の抜本的な改革とその定着に、田園のヴィラ生活を愉しむ暇もないほどに忙しい日々を送っていたであろうか。もしも彼が生きた時代が二世紀であったならば、ハドリアヌス帝に随行して帝国の辺境をくまなく視察してまわり、広大なローマ帝国の安全保障と統治システムの再検討に、壮年の男のエネルギーを使い果していたかもしれないのだった。だが、実際に彼が生きているのは、ローマはローマでも、四世紀のローマ帝国なのである。

いかに彼に辺境の防衛に身を捧げる意志があっても、元老院議員というだけで軍事への道は閉ざされている。皇帝の許(もと)で高級官僚になる道も、東方の専制君主色が濃くなる一方のローマ皇帝が支配する時代になっては、西方ローマ式に元老院階級の出身で教養も積んだ人々の前には、眼に見えない壁が立ちふさがるようになっていた。これが四世紀のローマ社会の現状だったが、この四世紀でも、彼のように知力も行動力もある男には、その気になりさえすれば、活躍できる道はもう一つならば残っていたのである。

キリスト教会の聖職者になることだ。洗礼を受けているかいないかは、さしたる問題ではなかった。聖職者になった後で洗礼を受けた人も、珍しくはなかったのだから。それよりも彼のように、社会の上層の出身で知性豊かな人ならば、下位の聖職から始めずにいきなり司教になる可能性だってあったのである。

しかし、男は、そこまで時代と妥協する気にはなれなかった。ローマ伝来の神々への信仰が、強かったというのではない。キリスト教に帰依する気にまではなれない、というだけであった。と言って、彼のように考える男たちの多くが傾倒していたのがギリシア哲学の中でも神秘的な一派だったが、それも彼にすれば、考えのちがう人をも説得し同意せざるをえなくさせるパワーはない、知的な自己満足でしかなかったのである。これらの人々と、食卓の談話を交わすだけでも苦痛だった。

これが自分の属す階級の現実ならば、キリスト教徒たちが軽蔑をこめて呼ぶ「異教徒(パガヌス)」で生を終えるのでよい、と決めていたのである。世間がどう変わろうと、このヴィラで生きていけるかぎりは、と。

時代の転換期に生きることになってしまった人でも、選択の自由ならばある。

流れに乗るか
流れに逆らうか
流れから身を引くか

これより始まる第十四巻では、このうちのどれかに属した男たちが語られていくだろう。だが、その彼らを物語る私自身の立場ならば、第三の、つまりはヴィラの男の、視点になると思う。この視点に立つのは、終わりが見えてきたローマ帝国を物語る手段としてというよりも、ローマ人をここまで書いてきた私にとっては、他の二つの立場よりは身近に感じられるからにすぎない。

最後に、一言だけつけ加える。

これまでの巻では、表紙でも本文中でも、ローマ人の「顔」を、可能なかぎり紹介してきた。まずは顔を見てください、という想いであったからだ。この第十四巻でも、表紙で紹介されているのが「ローマ人の顔」であることでは、他の巻とまったくちがわない。それでもこれを見た人は、これも「ローマ人の顔」なのか、と思うだろう。この巻の表紙に選んだのは、ミラノの司教で聖人(サント)に列せられるアンブロシウスである。この人は、四世紀の有名人の中では珍しくも、首都ローマ生れのローマ人であった。第一巻のユニウス・ブルータスや第二巻のスキピオ・アフリカヌスや、第四と第五巻のカバーに登場したユリウス・カエサルのように。それなのになぜこの変容、と思われたとしたら、次の事実を考えてみてほしい。

人間の顔を表現する場合は、それがリーダーの顔であればなおのこと、その人の顔の現実を映すだけでなく、表現する側がどう見るかを映すものでもある。有力者でも皇帝でも、その人がどのような顔つきであるかを映すだけではなく、表現する側の、自分たちを代表するリーダーならばどのような面がまえであってほしい、とでもいう想いの表われでもあるのだ。事実そのままであると思われている写真ですらも、カメラマンが被写体をどう見たかが、表われないではすまないのと似ている。人間が制作する彫像やモザイク画では、写真よりも制作する側の見方がより強く反映する。

そして私が、まずは顔を見てほしいという想いで紹介してきたこれまでの「顔」は、その時代のリーダーたちの顔であった。それは、同時代に生きていた人々が、自分たちの代表者、と思っていた人々の「顔」である。制作する側も、人々のこの想いを、背に感じながら制作したであろう。それゆえに、私がこれまでに紹介してきた「ローマ人の顔」は、次の二つの要素の総合である。

一、その人自身の、現実の顔。

二、同時代に生きた人々が、自分たちのリーダーにふさわしい、と考えた顔。

この辺の事情が、首都生れのローマ市民ということならば同じの、スキピオやカエサルと聖アンブロシウスの「顔」の与える印象のちがいになり、ローマ市民ではあったが生れは属州だったトライアヌスやハドリアヌスと、四世紀の首都生まれの聖人の「顔」のちがいになるのである。リーダーの顔も、彼らが生きた時代を反映しないではすまないからであった。

第一部　皇帝コンスタンティウス
（在位、紀元337年—361年）

邪魔者は殺せ

最初にキリスト教を公認したローマ皇帝であることで後世からは「大帝（マーニュス）」の尊称づきで呼ばれるようになるコンスタンティヌスが死んだのは、紀元三三七年の五月二十二日であった。ペルシア戦役に向うローマ軍を自ら率いると決めて帝都コンスタンティノポリス（コンスタンティノープル。現トルコのイスタンブル）を発ったのだが、小アジアに渡ってすぐのニコメディアまで来たところで病に倒れ、そのまま死を迎えたのである。六十二歳の死であったが、帝位争奪戦に加わった年から数えれば三十年、ライヴァルのマクセンティウスを敗死させ、帝国の西方を手中にしてからならば二十五年、そして、最後に残ったリキニウスをも倒してついに唯一の最高権力者になってから十三年と、野望達成に活用しきった人生の最後に訪れた死であった。世間も、不慮の死とは受けとらなかったようである。陰謀や毒殺への疑いは、噂にすらもならなかった。

軍事行動が主たる任務になる「カエサル」（副帝）時代は別にし、皇帝の軍・政ともの最高責任者である「アウグストゥス」（正帝）になった紀元三一二年から数えるとしても、コンスタンティヌス大帝の治世は四分の一世紀にも及んだのである。これは、歴代のローマ皇帝の中ではアウグストゥスの四十年に次ぐ長期政権であり、帝位が安定していたことが特色だった、五賢帝時代の皇帝たちの在位年数すらも越える長さになる。治世が長期に及んだということは、皇帝の政策の多くが定着することを意味する。コンスタンティヌスはおそらく、思い残すことはない状態で死を迎えたにちがいない。大国ペルシアとの戦役も、すでに開戦していたのではなかったから中止も容易であり、また、今のところならば中止しても不都合はなかった。攻勢に出てきたペルシア王を迎え撃つ、という状態ではなかったからである。言い換えれば、紀元三三七年の時点でのローマ帝国にとってのペルシアの脅威は、さし迫ったものではなかったということだ。それゆえにこの時点での戦役中止は、ローマ側が望んだ戦役を、最高司令官の死去というローマ側の理由で、先送りしたにすぎなかったのである。

それにコンスタンティヌスは、ペルシア戦役におもむく途上で倒れたが、事業半ばにして倒る、という印象も薄かった。彼は、西はテームズ河から東はユーフラテス河、北はラインとドナウの両大河から南はサハラ砂漠に至る広大なローマ帝国を、一大有機体として維持する役割は果して死んだからである。キリスト教徒でなくてもローマ市民ならば、「大帝」（magnus）の尊称を贈るのに異存はなかったにちがいない。以前ならば「神君」（divus）の尊称が死後に贈られるところだが、一神教であるキリスト教では、彼らの神以外の神はもちろんのこと、神的な存在も認めない。それで、great を意味する magnus の尊称を贈るしかなかったのである。ちなみに、死の直前にしろ洗礼を受けてキリスト教徒として死んだコンスタンティヌスは、ローマ式の火葬ではなく、遺体埋葬方式で葬られた。

コンスタンティヌス

最高権力者にとっての最後に残る重要な任務は、後継人事を定めておくことと、その後継者へのバトンタッチがスムーズに行くようそこへの道筋を整備しておくことである。コンスタンティヌスは、これも忘れていない。死の二年前にすでに、広大なローマ帝国を五分して、それぞれの地域の防衛と統治の責任者を決め、公表までしていたのである。自分の死後に後継者間で争いが起きることのないよう、あらかじめ予防策を講じていたのだった。ライヴァルの排除に壮年期の半ばを費消せざるをえなかった自身の体験からも、内乱は芽のうちにつみとることの重要性に、誰よりも敏感になっていたのかもしれない。とはいえ内乱に火を点けた人こそ、野望に燃えていた若きコンスタンティヌスその人ではあったのだが。

こうして実力でのし上ったコンスタンティヌスではあったが、彼には実の息子が四人いた。だが、最初の妻との子であるクリスプスは、「カエサル」（副帝）にまでしておきながら、コンスタンティヌスの再婚の相手であった皇后ファウスタとの不義密通の罪で殺させている。同時期に同じ罪で死に追いやった皇后との間にもうけた息子たちは、上から順にコンスタンティヌス二世、コンスタンティウス、コンスタンスの三人だった。父親が死去した年には、二十歳、十九歳、十七歳になっている。すでに三人ともが「カエサル」の称号を得ていることからも、大帝が実の息子であるこの三人だけに帝国を遺したとしても、不自然ではなかったのである。だが彼は、それをしていない。

コンスタンティヌスの父のコンスタンティウス・クロルスは、「副帝（カエサル）」に任命されたのを機に居酒屋の娘で初婚の妻であったヘレナと離婚し、当時の「正帝（アウグストゥス）」マクシミアヌスの娘のテオドラと再婚していたが、ヘレナの息子であるコンスタンティヌスにしてみれば、実父と義母テオドラの間に生れた子たちは異母弟にあたる。異母兄になるコンスタンティヌス大帝が死んだ年、異母弟の二人は健在であり、そのいずれもが、二人ずつの男子を得ていた。大帝の息子三人にしてみれば、いとこが四人いたということになる。

その四人を年齢順に並べれば、ダルマティウス、ハンニバリアヌス、ガルス、ユリアヌスとなる。上の二人の年齢は定かではないが、コンスタンティヌスの実の息子三人よりは少しばかり年上であったらしい。だが、下の二人は、ガルスは十二歳、ユリアヌスとなると六歳でしかなかった。

コンスタンティヌス大帝は死ぬ二年前の紀元三三五年に、ダルマティウスとハンニバリアヌスの二人にも「カエサル」の称号を与えていた。つまり、帝国の防衛と統治を分担して行う責任者に、実子だけでなく、甥をも加えた五人を任命していたということだ。内乱は、当人の野望で起こるとはかぎらない。既成勢力に反対であったり不満をもつ人々が、誰か適当な人物をかつぎ出すことで起こるケースも多いのだ。ダルマテ

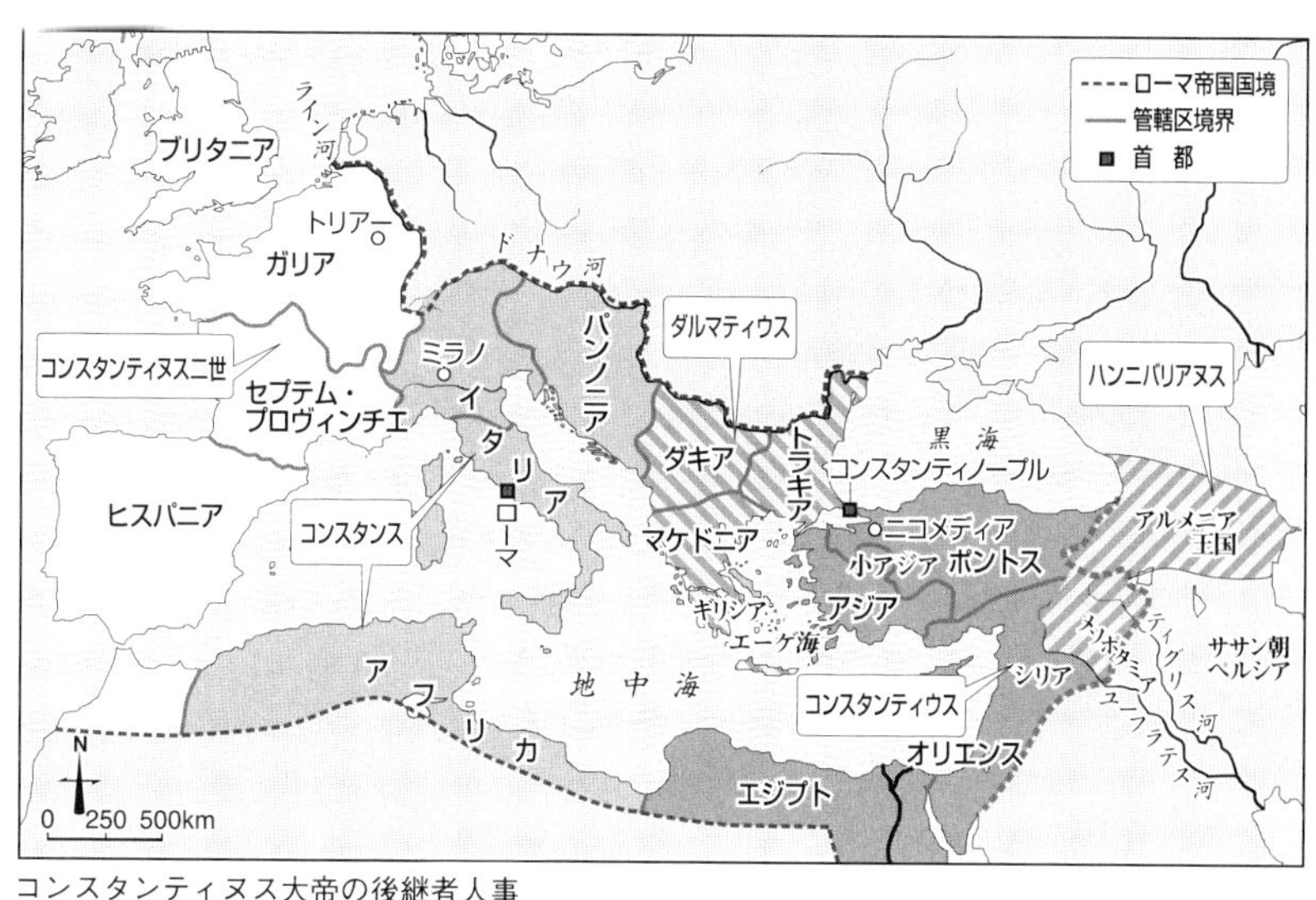

コンスタンティヌス大帝の後継者人事

ィウスとハンニバリアヌスの二人は、皇統の〝濃度〟ということならば大帝の実子三人より濃い。大帝コンスタンティヌスは、この二人にも〝分け前〟を与えることで、内紛の可能性をすべてつぶしておこうと考えたのだろう。この配慮によって大帝が定めた各自の担当地域は、次のようになった。そしてこの分担システムは、すでに二年前からスタートしていたのである。

長男のコンスタンティヌス二世
――ガリア、ヒスパニア、ブリタニア
次男のコンスタンティウス
――小アジア、シリア、エジプト
三男のコンスタンス
――イタリア、パンノニア、北アフリカ
甥のダルマティウス
――ダキア、トラキア、マケドニア、ギリシア
甥のハンニバリアヌス
――北部メソポタミアにアルメニア王国

当時のアルメニアは親ローマ派の王が治める独立王国だったが、コンスタンティヌス大帝のペルシア遠征の真意は、ペルシア王に勝って北部メソポタミア地方のロー

マ支配を強化することの他に、ペルシアが狙ってやまない、それゆえに常にローマとペルシアの抗争の原因になってきたアルメニアの王位を、最終的にローマのものにすることにあったのではないかと想像する。北部メソポタミアとその背後に控えるアルメニア王国の一体化さえ実現すれば、オリエントの大国の「心臓」が置かれるのが常の、豊かなメソポタミア全域を視界に収めることができるのだ。現代ならばヨルダンとシリアとトルコの三国で、西と北の双方からイラクを囲むという図になるが、この戦略網が実現した後の一方の統治者に、コンスタンティヌス大帝は甥のハンニバリアヌスを考えていたのだった。この未来のアルメニア王には、さらに血縁を深くするためにコンスタンティヌスは、実の娘の一人を嫁がせ、甥であるだけでなく娘婿にもしていたのである。

これが、コンスタンティヌス大帝が整えておいた後継者人事であった。この人事を忠実に実施してさえいれば血の流れることもなく、大帝からその後を継ぐ肉親たちへのバトンタッチも、平和に穏やかに遂行されていたはずなのであった。

遺体になった大帝が帝都にもどってきたのは、五月も末近くなってからと思われる。死去の日が五月二十二日であることと、ニコメディアからコンスタンティノープルまでの距離が百キロ足らずであることからも、運搬にはさしたる日数は要しなかったはずである。ニコメディアもコンスタンティノープルも海に面した都市だから、遺体を運ぶのは船であったかもしれない。だが皇帝は、死んだ後も公人なのである。生前の行列が多数の武装兵を従えた威風堂々としたものであってこそ権力者の威光を人々に印象づけるのに有効なのだから、死後の葬列も同様でなければならなかった。それには、運搬の手段としては便利でも人々の眼に止まる率ならば低い海路よりも、幹線路とて行き交う人のつきない、そして街や村の中央を通り抜けていく陸路をとったのではないかと思われる。ならば牛に引かせた車で運ぶのだから、五日は確実に必要だった。

六月に入ってすぐに行われたと思われる葬儀は、もちろんのことキリスト教にのっとって行われたのだが、アンティオキアから駆けつけた次男のコンスタンティウス以外の実の息子は、欠席したままで挙行された。長男のコンスタンティヌス二世はライン河に近いトリアーに滞在中、三男のコンスタンスもドナウ河に近いどこかにいたはずだから、駆けつけるにも距離的に遠すぎ、しかも夏のこととて先送りにも限度のある葬儀には、間に合わないと判断されたのかもしれない。いずれにしても、大帝コンスタンティヌスのための壮麗な葬儀の席上、肉親の席に顔を連ねていたのは次の五人だった。

大帝の次男のコンスタンティウスに甥のダルマティウスとハンニバリアヌスの、副帝ないし帝位継承者を意味する「カエサル」の称号をもつ三人の若者。

このダルマティウスとハンニバリアヌスの実の父で、亡き大帝とは異母弟の関係にあったフラヴィウス・ダルマティウス。

その実弟のユリウス・コンスタンティウス。この人は、年少ゆえに葬儀には出席していなかったかもしれない、十二歳のガルスと六歳のユリアヌスの父でもあった。

コンスタンティヌス大帝はその治世中、この異母弟二人には、皇帝の弟という立場を活かしての公式な地位や重要な任務をついに与えなかった。どうやらこの二人は、部屋住みのままで年を重ねていたようである。

先帝の葬儀が終われば、カエサルのアウグストゥス化、つまり副帝の正帝化が、元老院の決議によって成されるのが決まりになっている。だが、紀元三三七年六月の時点ではなぜか、それは成されていない。成されないままに日が過ぎていき、記録がまったくないためにいつ起こったかは不明なのだが、おそらくは七月のどこかで、帝都コンスタンティノープルの皇宮を血で染めた粛清は起こったのである。

殺されたのは、コンスタンティウス一人を除いた、大帝の葬儀に出席していた肉親の全員だった。大帝の肉親の中で殺害を免れたのは、十二歳のガルスと六歳のユリアヌスの二人のみ。少年二人では、殺人者たちも剣を振りおろす気になれなかったのかもしれない。それとも、陰でこの虐殺の糸を引いていた誰かが、幼い二人の助命を命じたのかもしれなかった。なぜなら、少年二人は、助命に積極的に動いた人はいなかったにかかわらず、生きのびることができたからである。

亡き大帝とは血のつながりはなくても、生前の大帝の忠実な側近であった人々も、粛清の犠牲者に名を連ねていた。官職名は近衛軍団長官でも紀元四世紀のローマ帝国では首相の役割を果していたことで、皇帝に次いで権力者ナンバーツウの地位にあったアブラビウスも殺されている。また、この人の下にいた高官たちの多くも殺された。

これほども数多くの地位の高い人々を、しかも皇宮内でほとんど一夜のうちに粛清しつくすことができたのだから、計画は事前に充分に細部に至るまで練られていた、と考えるほうが常識だ。指揮系統も、明確でなければ、こうもスムーズには成功しなかったろう。

しかし、帝国の首都の皇宮内で起こり、五十人は殺されたと言われているこの粛清で判明しているのは、殺された人々のうちでも五、六人の名だけである。何月何日のいつ起こったのかも、直接に手を下したのは誰と誰であるのかも、皆目わかっていない。こうも不明なことばかりでは当然だが、誰が陰で糸を引いていたのかに至ってはまったくわかっていない。疑いをいだいても、それを声に出すのはもちろん、書き残すことさえもできない時代に入っていたのである。

とはいえ、副帝(カエサル)二人を始めとする先皇帝の肉親四人と側近の多くが殺されたのだ。この事件当時は帝都コンスタンティノープルの皇宮内にいたことは誰もが知っているコンスタンティウスには、知らぬ振りをしつづけることは許されなかった。十九歳の若者は、簡単なコミュニケを発表した。

コンスタンティウスは皇宮内にいたが、この事件にはいっさい関与していないこと。

殺害者たちは彼らの一存で行動し、それは、ローマ帝国の帝位は亡き大帝の実の息子三人で占められるべきとする、決意に基づいて成されたこと。

虐殺の遂行者たちはコンスタンティウス配下の将兵だったとするのが当初からの定説だったが、この人々の名は公表されず、彼らのうちの一人といえども処罰された者はいなかった。また、虐殺を免れた十二歳と六歳の少年二人は、ニコメディアの司教からコンスタンティノープルの司教に昇格していたエウセビウスに預けられたのである。幼少の皇子二人を託された司教エウセビウスは、死の直前のコンスタンティヌスに洗礼を授けた人でもあった。この人物は当時、三位一体派と対立するアリウス派の代表のような立場にあった人だが、皇子二人の身を自分に預けたコンスタンティウスの真意が、この二人に皇子にふさわしい教育を与えることよりも、潜在的ライヴァルの監視にあることを了解していたにちがいない。そしてこれは、現世の支配者である皇帝に対する忠誠心というより、彼自身が信ずるキリストの神への信仰心と思われるほどの執拗さで実施されていくのである。

皇帝一族の半ばとそれにつながる高官グループの全員が一夜にして粛清されるというショッキングな事件であったにかかわらず、世間の反応は、鈍いというより沈黙だった。巨大な岩が湖に落下したのに波紋も広がらなかったという感じで不気味だが、それでも事件の後しばらくは、ほとぼりを冷ます必要はあったのだろう。自らの手を血で汚した人はそれだけで気が高ぶるからで、彼らが戦闘を生業（なりわい）にする者であるだけになおのこと、興奮が暴走にエスカレートしないように手綱を引く必要がある。誰か知らないが背後で糸を引いていた者にとっては、それは不可欠であったのだと思う。

手綱を引いていた期間がどのくらいになったのかはわかっていない。とはいえ、一ヵ月ちょっとではなかったか。九月に入る前にコンスタンティウスは、帝都を後に、実弟のコンスタンスの待つパンノニア属州に向っているからである。ドナウ河の中流に沿うその地には、長兄のコンスタンティヌス二世もガリアから来ることになっており、大帝の死後はじめて、帝都よりも将兵の姿の断じて多い属州の軍団基地で、実の兄弟三人の会合がもたれた。

会合では、公式発表では将兵たちが彼らの一存で殺したということになっている、ダルマティウスとハン

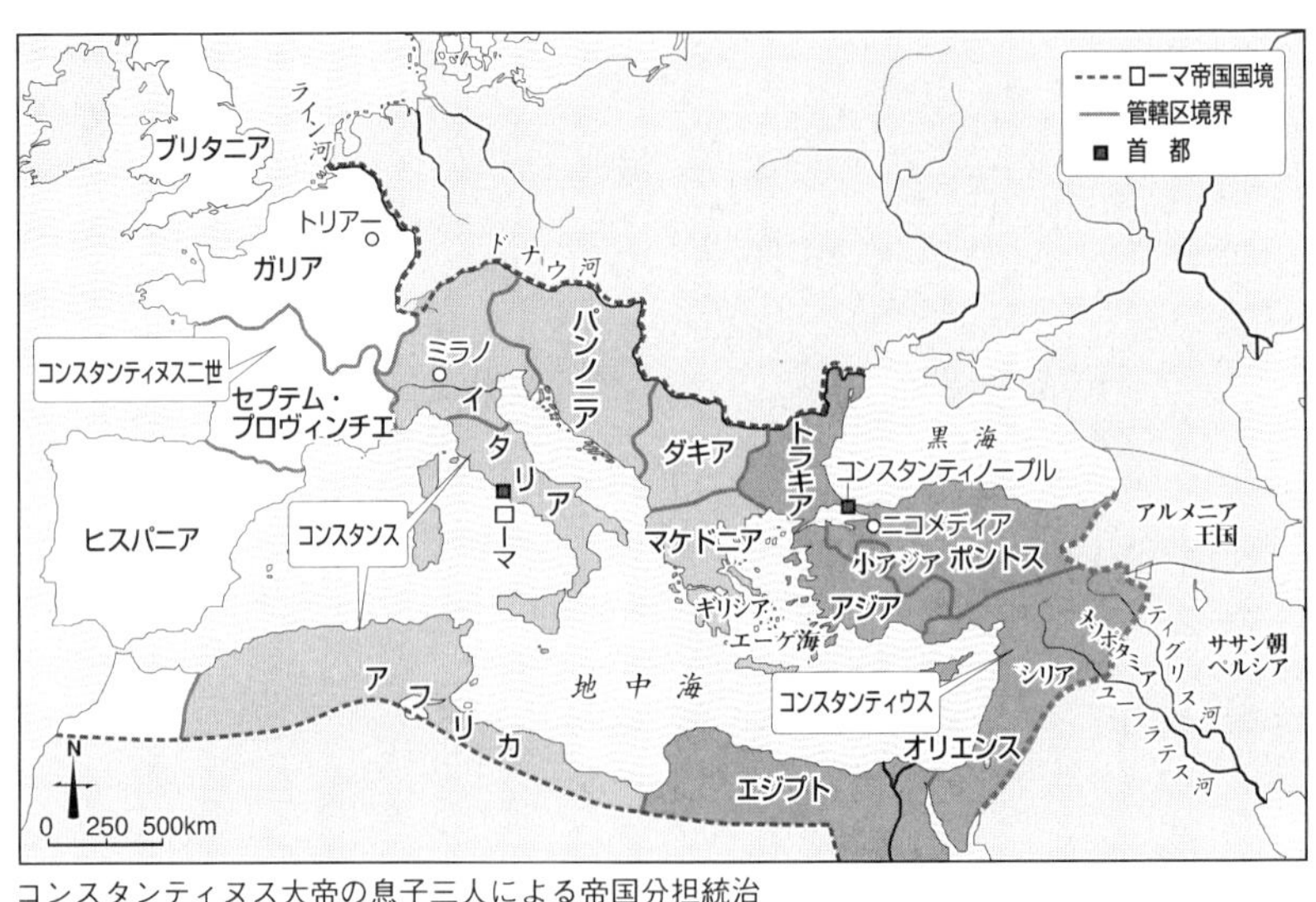

コンスタンティヌス大帝の息子三人による帝国分担統治

ニバリアヌスの二人が担当していた地域の分割が決まった。ダルマティウスが担当していたのはドナウ河下流という、北から侵入してくる蛮族への防衛線としてはすこぶる重要な地域だったが、上の図に示したように、ダキアと呼ぶようになっていたドナウの南岸部とその南に位置するマケドニアにギリシアは、三男のコンスタンスの担当地域に編入され、ドナウ河が黒海にそそぎこむ地域一帯は、次男のコンスタンティウスの担当地域に編入された。ハンニバリアヌスの担当地域だった北部メソポタミアも、当然という感じで、次男のコンスタンティウスの管轄下に組みこまれる。

そして、この新分割で三兄弟の同意が成ってはじめて、この時点までは「カエサル」であった三人の「アウグストゥス」化、つまり副帝から正帝になることの承認を元老院に求める文書をたずさえた急使が、ローマとコンスタンティノープルに向けて発ったのである。二帝都の元老院ともが、満場一致で承認したことは言うまでもない。

こうして、コンスタンティヌス大帝の実の息子である二十歳と十九歳と十七歳は、実の兄弟三人だけで「アウグストゥス」(正帝)への昇格を果したのだ。大帝の治世につづく、息子たちの治世の始まりであった。

帝国三分

優れた統治者でもあった大帝コンスタンティヌスの後を継いだのが、二十歳、十九歳、十七歳の実の息子三人である。この若さに不安をもった人がいたとしても、三十年にもわたった治世の後では当然だった。

ローマ皇帝の責務の第一は、皇帝という言葉自体が、軍事用語が起源の「インペラトール」でもあることが示しているように、帝国全域に住む人々の安全を保障することにある。それはイコール、襲来してくる外敵を撃破しその侵入を阻止することであった。父の後を継いで、公式には「カエサル・アウグストゥス、インペラトール」になった三兄弟だが、三人ともが戦場での実績がないことでも共通していた。初陣にふさわしい年頃に達したばかりではないか、という弁明は成り立つ。また、父大帝が押さえこんでくれたおかげで、息子三人が少年期を過ごした時期には、帝国の安全を脅(おびや)かす規模の戦争はなかった、という弁明も成り立った。

しかし、戦場での実績は、戦場に兵士を率いていく以前につくられる人間関係の延長線で成されるものでもある。それを探るには青少年期の生活を知るのが役に立つが、最高権力者の息子というのに、父の死以前のこの三兄弟の私生活はまったく知られていない。神に向ける関心の高まりに反比例して人間への関心は低下したのが帝国末期の特色の一つか、とさえ思ってしまう。

それでもこの三兄弟とその側近たちとの関係は、同じ父と母をもつにしては相当にちがっていた。長男のコンスタンティヌス二世は、そのようなことはいっさい気にかけない無頓着であったらしい。一方、次男のコンスタンティウスは反対に、気のかけすぎによるのか、身近な人からさえも距離を置くのが皇帝であると信じこんでいたようである。性格は、まじめだが陰気だった。三男のコンスタンスとなると典型的な上流の子弟で、狩や宴会をともに愉しむ遊び仲間がそのまま、この陽気な十七歳の側近だった。

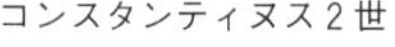
コンスタンティヌス2世

コンスタンティウス

コンスタンス

三人に共通していたと思われることが、軍事上の実績ゼロということに加えて他に二点ある。第一は、三人ともが親友という存在には無縁であったらしいこと。第二は、三人のいずれもが、ギリシア語では「エウヌコス」と呼ばれていた去勢された男の高官が取りしきる、宮廷内で育てられたことである。「エウヌコス」は何も、支配者の妻妾たちのために置かれるとはかぎっていなかった。完全な男でないことは男のもつ野心にも無縁と思われていたので、常に権力者の身近に控える側近としては理想的とされていたのである。ただし、これら去勢高官の重用はオリエントの専制君主の伝統であって、西方の国ローマでは、共和政時代はもちろんのこと、元首政時代でも存在しなかったことであった。

そのローマ帝国でも、皇帝のイメージがオリエント風に変わっていったディオクレティアヌス時代から、皇宮内に「エウヌコス」が見られるようになる。ただし、あの時代の「エウヌコス」はまだ、公邸の執事のような立場に留まっていた。それがコンスタンティヌス大帝の時代になってからは、より強い権力をもってくる。ディオクレティアヌス帝から始まった後期ローマ帝政は、支配者である皇帝と支配される帝国の民との間に距離を置くことを重要視していたので、この両者の間をつなぐ数少ない「糸」である、去勢高官の重要度が高くなるのも当然であったのだ。

しかし彼らは、以前の執事的役割を他者に譲ったのではなかった。権力者のそば近くに仕える立場がもつ利点は、専制君主下ではとくに多い。

それで、彼らだけのヒエラルキーが構成されるようになる。言い換えれば、皇帝にとっては公的にも私的にもその権力の牙城である皇宮の内部には、「エウヌコス」のネットワークが広く深く張りめぐらされるようになった、ということであった。

またこの「エウヌコス」網には、他のいかなるネットワークよりも排他的な性質が強かった。完全な男である男たちへの憎悪が、口には出さないにしろ、この人々の共通点であったからである。こうであれば当然の帰結だが、この種の組織に支配的な感情は、憎悪と背中合わせの関係にある嫉妬になる。そして、嫉妬は容易に、陰謀にエスカレートする。排他的な組織は、自らを守るためとはいえ、スパイ網に転化しやすいのだ。三世紀のローマ皇帝たちは兵士の反撥に気を抜こうものならば殺されたが、四世紀のローマ皇帝たちは、去勢官僚たちの嫉妬に注意を怠ることは許されなくなったのである。かといって、この人々の存在なしには、オリエント化する一方の皇宮は機能しない。と言って、耳もとでささやく彼らの声を信じるばかりだと、帝国にとって有益な人材でさえも処刑場に送ることになってしまうのであった。

一人退場

紀元三三七年九月に属州パンノニアの地で成った三人の「アウグストゥス」(正帝)による帝国の分担統治システムは、実の兄弟の間で同意したことゆえに安定すると思われていたのである。三兄弟の会合も、言い争いさえも起こらない穏やかな雰囲気のうちに終始したのだった。だが、その席では快く同意していたのに後になって、つまりしばらくして、何だか自分だけが損をしたのではないかという想いが頭をもたげてくる人がいる。後悔人間と名づけてもよいタイプだが、このような場合は誰か身近に冷静な判断力をもつ人がいて、この種の想いが被害妄想にすぎないことを気づかせてやればそれで済むのだが、コンスタンティヌス二世の周辺には、そのような人物はいなかったのだ。二十代に入ったばかりで政治的には未熟な若者が、あ

コンスタンティヌス２世

ることないことを吹きこむ去勢高官のささやきに、過剰に反応してしまったのかもしれなかった。

兄弟三人で会ったドナウ河中流からライン河にもどってきてさしたる時も過ぎていないというのに、長兄のコンスタンティヌス二世の頭からは、弟たち二人に騙（だま）されたのだという想いが離れなくなった。次弟のコンスタンティウスは殺されたハンニバリアヌスの担当地域をそっくり自分のものにしたのみでなく、ダルマティウスの担当だったトラキアまで手中にしている。末弟のコンスタンスも、ダルマティウスの担当地域の半ば以上にあたるダキアとマケドニアとギリシアを手に入れたことで担当地域を拡大していた。それなのに長兄の自分だけが、以前と同じ状態のままで置かれるのは不当だ、というのが彼の不満である。このように考えるならばことが決まる前に言明すべきだったが、大帝の長男はことが成った後しばらくして、後悔する性質（たち）であったらしい。長兄は末弟に、北アフリカを割譲せよと要求したのである。末弟のコンスタンスから返ってきた答えは、否だった。そして、兄弟間の争いに割って入れる唯一の人である次兄のコンスタンティウスは、遠く離れた東方に行ったままだった。大帝の死を好機と攻勢に出てきたペルシア王国対策で、西方に向うなどは許されなかったのである。

というわけで、北アフリカを寄こせ寄こさないの応酬は長兄と末弟の間でくり広げられていたのだが、どうやら末弟は長兄の言い分に対し、まじめに取り合うことすらもしなかったようである。忍耐が限界に達したのは、長兄のほうだった。

軍勢を率いてアルプスを越え北部イタリアに攻めこんだまではよかったが、周到な準備をしたうえでの軍事行動ではなかった。末弟のコンスタンスがダキアに行っているスキを突いての侵入ということだが、事前の準備が充分でなかったのは確かである。北部イタリアの横断は簡単に済んだが、コンスタンスの本拠地で

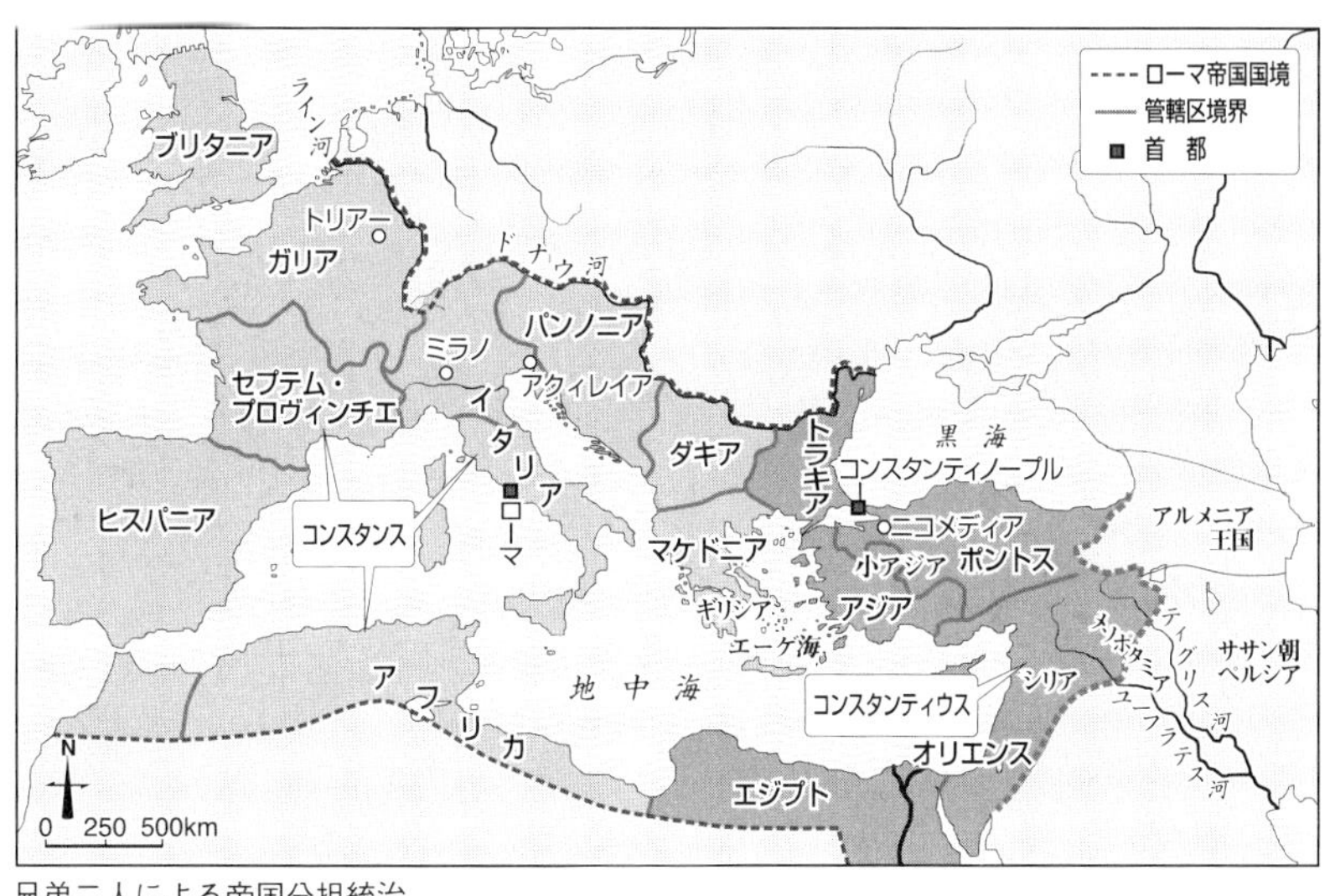

兄弟二人による帝国分担統治

あるパンノニアに向おうとしていた途上で早くも、コンスタンスの配下の将兵に行手をはばまれてしまったのだ。アクィレイア近くで行われたという戦闘は、簡単に終わった。敗戦の結果というよりも配下の将兵に逃げられて孤立したコンスタンティヌス二世は、まるで一兵卒のように、捕えられるやただちに殺され、遺体は近くを流れる川に放りこまれた。ダキアに行っていたコンスタンスは、長兄の軍事行動も死も、ことがすべて終わった後で知ったという。大帝コンスタンティヌス一世の長男は、こうして、舞台から早くも退場する。二十三歳の死であった。遺体が見つからなかったという理由で墓もつくられず、洗礼を受けない前の死であったために、キリスト教会も知らぬ顔で通す。紀元三四〇年、父大帝の死の年からは三年しか過ぎていなかった。

今度は、死んだ長兄の担当していた地域の行方を決めるための、残った二人の兄弟の話し合いさえも行われなかった。コンスタンティヌス二世が統治し防衛を担当していたブリタニア、ガリア、ヒスパニアは、当然とでもいう感じで末弟コンスタンスの担当地域に併合されたのである。これで二十歳の若者は、上の図に示したようにローマ帝国の三分の二を支配下に置くことになった。だが、次兄のコンスタンティウスからはこの独断行為に対して、抗議らしきものは送られてこなかった。攻勢に出ていたペルシア王への対処で手いっぱいで、帝国の西方にも力をさける余裕はなかったからである。だが一面では、実の兄弟の間での争いを回避したい想いもあった。それが、純粋な兄弟愛ゆえのものとは思えないが、父が遺した帝国を維持することを最優先するならば、ここでまたも兄弟間の争いをくり返すのは愚策であったのだ。軽率な軍事行動の結果ともいえる長兄の死も、帝国の西方全体を巻きこむ長期の内戦を経た後に来たのではなく、始めたと思ったら終わっていたという感じで終結したのだったが、これも帝国維持の見地からすれば、幸運であったと言える。こうして、不可思議なほどスムーズに、トップを失ったブリタニアとガリアとヒスパニアの軍事と内政の関係者全員が、そっくりそのままでコンスタンスの臣下になったのである。

ローマ帝国の三分の二は弟のコンスタンス、三分の一は兄のコンスタンティウス、という状態で、紀元三四〇年から三五〇年までの十年が過ぎる。コンスタンスにしてみれば、二十から三十歳までの十年になった。

よくも二十代の若者の下で、今ならば西欧、中欧、北アフリカまでを網羅する広大なローマ領土が、防衛され統治されたものだと思ってしまう。しかもこの若き皇帝の担当地域には、ライン河とドナウ河という、北方蛮族が大挙して侵入してくる地帯もふくまれていた。

コンスタンスが、古代の名将たちと肩を並べるほどの力量の持主であったわけではない。ただし、蛮族が侵入してくるたびに撃破し追い払う程度の戦闘ならば、相当に高い率で戦果をあげている。父のコンスタンティヌス大帝は武将としても優秀だったが、この面での父の才能を継いでいたのは、三兄弟のうちではコンスタンス一人ではなかったか。

しかし、軍事の天才というわけでもない二十代の皇帝をいただきながら、防衛が困難なことで知られていたライン河とドナウ河もかかえた帝国の三分の二の安全をひとまずにしろ保障していたのだが、それを可能にした真の理由は他にあった。コンスタンス配下の将たちが、優秀であったからである。これもまた亡き大帝が残した遺産だったが、コンスタンティヌス大帝は配下の将を選ぶのに、徹底した実力主義で一貫していた。ローマ社会内での出身階級が問われなかったのはもちろん、蛮族の出身であることさえも、ローマ軍の将軍に登用される障害にはならなかった。

その結果、ローマ軍の作戦会議は、名だけでも蛮族出身とわかる男たちで占められるように変わったのだ。一隊の長に抜擢された段階ですでにローマ市民権も授与されており、これだけは元首政時代と変わりなく、軍隊内の公用語だったラテン語も習得すれば、もはや名実ともにローマ軍の将軍なのであった。

それでもやはり、元首政時代のローマ軍内の属州出身の高官たちとはちがった。一、二世紀の属州出身者と比べて四世紀の蛮族出身者には、ローマ帝国への帰属意識が低いのである。出身部族への帰属心が強かったからではない。ライン河やドナウ河をはさんだ対岸には彼らが少年期までをともに過ごした同族民が住み、ことあるごとに河を渡って侵入してくるこれらかつての同胞を阻止し撃破するのは、今では彼らなのであった。そしてこれらの蛮族出身の将兵たちは、何世紀にもわたって帝国の市民であった同輩たちよりも、はるかに勇敢にこの職務を果していたのである。

この種の蛮族出身の将兵たちを第一種とすれば、ローマ皇帝の指揮下に入って闘う蛮族には別に一種あった。第一種が一匹狼的な存在であったのに対し、第二種は部族長に率いられた部族がまとまって、ローマ軍の傭兵になったところがちがう。この人々は、皇帝との間で契約を交わして、ローマ軍の許(もと)で軍務を勤めていたのである。ローマ側にすればまとまった兵力を確保できるという、無視できない利点があった。だが同時に、欠点もあったのだ。それは彼らが部族ごとにまとまって行動するために、彼らにローマ側で軍務につく利点を、しかも明確な形にして納得させておく必要が常にあったことである。敵側に行かれては、それはほぼ確実に、ローマ軍の敗戦につながったからであった。

元首政時代のローマ軍だって、属州出身の将兵のみでなく蛮族出身の兵士さえも参戦していたではないか、と言われるかもしれない。だが、あの時代のローマ軍は、ローマ側に立って闘う他の民族に対して、彼らが納得する多くの利点を提供できたのである。

第一に、常勝とは言わないまでも非常に高い確率で、ローマ軍は勝ちつづけた。つまり、相当に高い確率で、二十五年と決まっていた満期除隊まで、生きていられたということだ。

第二は、主戦力はローマ市民権をもつ兵士だけで固め、属州や蛮族出身者は、あくまでも補助戦力であったこと。ゆえに、たとえ彼らが大挙して敵側に寝返ったとしても、ローマ軍の敗北にはつながらなかったのである。

第三だが、それは帝国の防衛に協力してくれたことへの報いという感じで与えられた、ローマ市民権のもっていた魅力にあった。

属州兵で成る補助部隊の隊長になれば作戦会議への列席が認められていたので、ローマ市民権のない身では不都合というわけか、ローマ市民権はすでにこの段階で授与される。また、一兵卒のままで終わった者に対しても、二十五年の満期を終えて除隊する際にはローマ市民権が与えられた。その後カラカラ帝によって、奴隷でさえなければ帝国在住の人の全員がローマ市民権所持者になったのは、紀元二一二年になってからである。それ以前の属州民や蛮族にとってのローマ市民権は、収入の一割と決まっていた属州税を払わなくてもよい、という一事だけでも魅力があったのだ。

共和政であった時代からすでに、「市民法」と「外国人法」が並立していたのがローマである。市民権とは現代の国籍だから、ローマの市民権を取得したとたんに、その人はローマの国籍をもつ、先祖代々のローマ人と同等な立場になる、ということだ。力量と運しだいでは、その人の前には元老院の扉も開かれているということでもあった。

第四だが、それは満期除隊後にくる市民生活への復帰が好条件で保証されていたこと、だと言ってよいだろう。初代皇帝アウグストゥスが政策化した、古代ではローマ帝国にしかなかった退職金制度がそれを可能にしていた。一兵卒で終始した者であっても、現金であろうと土地であろうとこの退職金をもらえたことで、軍を離れた元兵士が社会のクズと化すという、人道的にも問題があり、かつ社会不安の原因にもなりうることの根を、断つことにもなっていたのだった。

この、元首政時代には機能していた㈠から㈣までのすべてが、四世紀のローマ帝国では、まったく逆に変わっていたのである。

㈠ローマ軍の勝利の率は低下した。言い換えれば、敗戦で終わることが珍しくなくなり、その結果、戦死するか敵側の捕虜になる確率が増えたということである。

㈡主戦力はもはや、属州か蛮族の出身者で占められるようになった。

㈢ローマ市民権は、資格をもつと認められた人に与えられる取得権ではなく、誰でも生れたとたんにもてる既得権に変わっていたので、それを得るためにわざわざ死が待ちうけているやもしれない軍務につくまでもなくなっていたのである。

㈣退職金制度は崩壊していたので、誰もが長く軍に留まることしか考えなくなる。ローマ市民権をもつ兵士の満期除隊は入隊してから二十年後であったが、それもまた昔話でしかなくなっていた。しかし、それさえもかなわずに軍から放り出された退役兵もいたのだが、この者たちは文字どおりの社会のクズになり、盗賊団の温床と化していたのである。

これが、四世紀のローマ軍の現実の姿であった。この将兵たちを率いて闘うのだから、四世紀の皇帝たちが直面した困難は深刻であったのだ。手綱さばきのほんの少しの誤りが、破滅を呼ぶことになるからであった。

二人目退場

紀元三五〇年、大帝死後のローマ帝国を、長男が殺された後は次男と三男で分担していた時期も、十年目を迎えていた。東方が担当の次男のコンスタンティウスは三十二歳、西方を担当していた三男のコンスタンスも三十歳になっている。東方担当のコンスタンティウスにとっては大国ペルシアからの攻勢への対処でまたたく間に過ぎた十年だったが、西方担当のコンスタンスのほうも、性こりもなく侵略をくり返す北方蛮族を撃退するのだけに費やされた十年であった。そしてコンスタンスは、この十年の戦果は自分一人の軍事的才能ゆえであり、それに満足するあまりに、内政を他人まかせにしている誤りに気づかないで過ごしてきたのである。他人とは、去勢官僚による眼に見えないネットワークが、くもの巣のように張りめぐらされた皇宮だ。言い換えれば、税を徴収する側は肥え太る一方、徴収される側は痩せ細る一方、というのが、コンスタンスが統治の最高責任者である地方の実情だった。一地方というより、帝国の三分の二を占める地域の、実情であったとすべきだろう。

民衆のこの絶望に眼をつけたのが、これまでの十年余りを皇帝コンスタンス配下の将として、蛮族撃退戦に協力してきた蛮族出身の男たちである。彼らは、ローマ軍で軍務についている蛮族のうちでも第一種に属す男たちで、出身部族とは縁を切った一匹狼的な存在だった。それだけに昔の同胞を敵にまわしての戦闘で奮戦するのには心の負担は感じなかったが、自分たちの貢献を評価しない最高司令官にはがまんできなくなっていたのである。

皇帝に対する彼らの不満が、いつ、どのようにして熟していったのかはわかっていない。だが、コンスタンス配下の蛮族出身の将の一人で、この陰謀の首謀者でもあったマグネンティウスは、決行に踏み切るまでにすでに、兵士たちの支持は確実にしていたという。また、権力者に対する陰謀の成否の鍵は、排除した権力者の代わりに誰をその地位に就けるかにかかっている。マグネンティウスは、蛮族出身の自分が就いては刺激が強すぎると考えたのか、イタリアの生れで今ではコンスタンス帝下で高位の行政官僚の地位にあった、マルケリヌスを立てることにしたのである。この人物はどうやら、親代々の「ローマ市民」であったらしい。

コンスタンスの率いていた軍は、蛮族の撃退が目的である以上、一定の基地に駐屯しつづけることは許されない。蛮族侵入との報が入るやその地に急行できるように編成されていた軍勢で、それゆえに各地を転戦する日々が過ぎていたのだが、紀元三五〇年のその年は、リヨンからパリへ向う街道を三分の一ほど北上したところにある、オータンの街で宿営中だった。

その一夜、誰が招待したのかは不明なのだが、皇帝配下の将たちの全員が招ばれた宴が開かれていた。だが、彼らにとっては上司になる、皇帝コンスタンスの姿はなかった。三十歳になっていた大帝の三男はことのほか狩を好み、宿営地が移動するたびにまずやるのは、獲物を求めて周辺の山野に馬を駆ることだったのである。宴は配下の将たちとの人間関係を強めるのに役立つのだが、コンスタンスは、そのようなことよりも自分自身の欲望を優先したのである。父の死によって帝位に就いてからの十三年、大規模な蛮族の侵入でも阻止してきたという自信が、心のゆるみをもたらしたのかもしれなかった。

コンスタンスを廃し代わりにマルケリヌスを擁立することが決まったのは、その夜の宴の席であったという。コンスタンスがそれを知ったのは、宴を抜け出した給仕役の少年奴隷の注進によってであった。

コンスタンスは、そのままで逃げた。ライン河に近い基地には他の軍団も宿営していたのだから北東の方向に逃げる方策があったにかかわらず、なぜか南西に逃げたのである。ピレネーを越えてスペインに入り、この属州ヒスパニアを一路南下して、古代ではヘラクレスの二本の柱と呼ばれていたジブラルタル海峡を渡って北アフリカに上陸し、豊かなこの北アフリカを地盤にしての捲土重来を考えていたのかもしれない。

コンスタンス

しかし、ピレネー山脈のふもとまで逃げてきたところで、騎兵の一隊に追いつかれた。騎兵隊長の受けていた命令が、殺せ、だけであったのか、追いつかれると同時に殺されたのである。遺体は、山犬の餌食になるがままに放置された。これが十年もの間、広大な帝国の三分の二を支配下に置いていたローマ皇帝の最期であった。

十年前に兄を殺され、今は弟を殺され、大帝の息子のうちで残ったのは、次男のコンスタンティウス一人になってしまった。ローマ帝国はただ一人の皇帝が統治してきた例のほうが断じて多いのだから、これで正常の形にもどったとも考えられる。父の皇帝も、晩年の十三年間にしろ、ただ一人の「アウグストゥス」（正帝）で通したのだ。

三十二歳のコンスタンティウスも、一人だけで帝国全土を防衛し統治するという大任を、少なくとも当初は、引き受ける気でいたようである。しかし、中近東とヨーロッパの二方に同時に敵をもつことは不可能だった。中近東ではペルシアとの戦いを続行しながら、ヨーロッパでは帝位簒奪者との戦いを始めるのは無理だったのだ。遠く離れた二地方で同時に戦闘行為に入るなどということは、帝国が絶頂期にあった五賢帝時代の皇帝たちでさえも避けている。ましてや四世紀のローマ帝国には、それを行えるような余力は残っていなかった。

コンスタンティウスは、ペルシア王シャプールとの間は休戦にし、蛮族出身の将マグネンティウスが実権をにぎった、西方対策を優先することにしたのである。なぜなら、蛮族出身者たちをこのままで放置しようものなら、帝国の西半分は確実に、ブリタニアもガリアもヒスパニアもイタリアも、ゲルマン民族に占領されてしまうからであった。もしもこのような事態が現実になろうものなら、大帝が遺したローマ帝国は、早くも息子の彼の代でその半分の西方を失い、東ローマ帝国とでも呼ぶしかない規模に縮小されてしまうのである。

西方の敵を倒すほうを優先すると決めたこの時点でのコンスタンティウスの判断は、正しかったと思う。試験問題でも、容易に解答できそうな問題から手をつけるものだ。紀元三五〇年のその年に皇帝コンスタンティウスが直面していた東と西の敵は、敵であることでは同じでも、そのありようならば大きなちがいがあったからである。

第一のちがいは、東方の敵であるペルシア王国は、攻勢には出てはいてもローマ帝国領内深く侵入していたのではない、ということにあった。両国間の戦闘も、歴史的にローマ帝国との境界とされてきたユーフラテス河ではなく、その東を流れるティグリス河に近接した地方で展開されていたのである。

それに反して西方の敵は、皇帝配下の蛮族出身の将たちが中心になっていることから、すでにローマ帝国内部にいる敵と思うしかなかった。それゆえに、こちらのほうを先に排除する必要度のほうが高かったのである。

ちがいの第二だが、それは、戦闘の展開が予想される地方が、敵地か自国内か、のちがいにあった。ペルシア問題を解決するには、戦闘が行われているメソポタミアの北部から、ペルシア王国の首都があるメソポタミアの中部に進攻しなければならない。それは即ち、敵地で闘うということだ。それがヨーロッパならば、兵糧補給路もそのためのシステムもすでにある、自国の内部で闘うというメリットがあった。

もう一つ、コンスタンティウス帝にして初めて、享受できる有利がある。それは、正統な皇帝のコンスタンスを殺して帝位を奪った者は、ローマ法では国家反逆罪になることだ。皇帝には、それを罰する権利が認められていた。また、さらに加えて帝位簒奪者が将軍たちであることから、最高司令官への反逆罪も加わる。つまり、刑事法上でも軍事法的にも重罪を犯した者を、帝国の司法と軍事の最高責任者である皇帝が処罰に向うのだから、コンスタンティウスの西への行軍には、ローマ帝国に住む人ならば納得するにちがいない大義名分があった。そして、このような場合での民衆の同意はイコール支持であり、それを背にして敵に向う者にとっては、兵糧補給をはじめとするあらゆる面で、有利に戦いを進めていけることを意味していたのである。

シャプール2世

ペルシア王シャプールとの休戦協定は、意外なほど簡単に締結することができた。ローマ領最東端の城塞都市のニシビスを的(まと)にしたペルシア軍の猛攻が失敗の連続で、現場で自ら指揮していた王シャプールの威信が地に落ちていたという理由もある。ローマ時代のニシビスは現代ではシリアとの国境ぎりぎりに位置するトルコの街ヌサイビンだが、この城塞都市に対してペルシア軍は、紀元三三八年には六十日間、三四六年には八十日間、そして三五〇年のその年には百日余りも攻めたてていながら、どうしても陥落させられなかったのである。ローマ側も全力で防衛したからだが、辺境の城塞都市にすぎないニシビスの攻略を、十二年の間に三度もくり返しながらいずれも失敗に終わっていた事実は、ペルシア宮廷内でのシャプールの地位まで脅かすようになっていた。

しかも、そこに降ってわいたように発生したのが、ペルシア王国の東北部への蛮族の侵入である。現代ならばイランかアフガニスタンの北部に侵入してきたのだが、辺境のドナウ河から蛮族が大挙侵入してくれば、ローマにいようがコンスタンティノープルにいようがローマ皇帝には放置は許されないのと同じで、現代ならばイラク領になるメソポタミア中部に首都を置くペルシアの王シャプールにとっても、放置するなどは許されなかったのである。とりわけ専制君主色の濃いペルシアでは、臣下の不満組が外敵を利用して王を倒すことも珍しくはなかったから、国内に侵入してくる北方蛮族対策は、ペルシアの王たちにとっても頭の痛い課題であったのだ。

このような事情があって、ペルシア王シャプールにとってのローマ皇帝からの休戦の申し出は、願ったりかなったりであったと思う。両者の間で簡単に休戦協定が成立したのも、両者の利害が一致したのだから当然だった。こうして、ローマ皇帝のほうは東方を気にせずに西方の敵に対処できるようになり、ペルシア王のほうも、西方を気にすることなく北方に専念できるようになったのである。

皇帝コンスタンティウスが軍を西に向けたとの知らせは、ガリアで主人を気どっていたマグネンティウスにも届いていた。蛮族出身ゆえに自分が帝位に就くのは遠慮したこの将軍は、マルケリヌスという名のローマの行政官僚を皇帝に擁立していたのだが、この〝あやつり〟皇帝は早くも姿を消し、結局は彼自身が皇帝を名乗るようになっていたのである。だが、そうこうするうちに事態は、より複雑化していた。蛮族出身者が皇帝を名乗ったと知って反撥したドナウ河中流を守るのが任務のイリリア地方駐屯の軍が、ヴェトラニオという名の自分たちの司令官を皇帝に擁立したのである。殺されたコンスタンスが一人で担当していた地域に、二人もの〝皇帝〟が並び立ったことになった。これにあせったマグネンティウスは、西に軍を向けてきたコンスタンティウスに、話し合いによる解決を申し入れたのである。
条件は、自分を「カエサル」(副帝)に任命し、ガリアとブリタニアとヒスパニアの統治と防衛を一任するというものだった。代わりにマグネンティウスの配下の軍は、アルプス山脈を越えてその東には足を踏み入れないことを誓う、というのである。

コンスタンティウスは、この申し出をもって訪れた使節団のうち一人を除き、他の全員を牢に投げこんだ。一人だけ除外したのは、拒否の回答をマグネンティウスに持って帰る者が必要であったからである。そして翌朝、重臣たちを召集した席で次のように言った。昨夜見た夢を語るというやり方で拒否の理由を述べたのだが、夢の中のお告げは、生前の大帝コンスタンティヌスの得意とした「芸(アルス)」でもあったのが思い出される。

「昨夜眠りについてから見た夢の中に——と三十二歳の皇帝は切り出した——大帝コンスタンティヌスの影が現われた。その大きな影は両腕に、殺されたわたしの弟コンスタンスを抱きかかえ、われわれの誰もがいまだに覚えているあの声で、わたしに向って、息子を殺した者への復讐を求め、誰に対してであろうと帝国を割譲してはならないと説いたのである。そしてつづけて、父のこの忠告に従うかぎりその息子であるわたしは、敵への勝利と不滅の栄光と、そして不正を放置しない統治者としての名誉に輝くだろうと、明言してくれたのだった」

重臣たちの一人として、異論を差しはさんだ者はいなかった。また、夢に現われた大帝のお告げとなれば、それに反対するなどは論外だった。大帝コンスタンティヌスの威光は、その死から十三年が過ぎても効力をもっていたのだ。そして息子のコンスタンティウスは、それを活用するのが実に巧みだった。

しかし、妥協ではなく対決と決まりはしたものの、ただちに軍事行動に移れたわけではなかった。敵は今や二人なのである。その一人は、後世ではバルカンと呼ばれるようになる、ローマ時代には大帝コンスタンティヌスもその一人である勇将と勇敢な兵士の産地としても知られた、ドナウ河中流の一帯を地盤にしている。もう一人は蛮族出身というハンディをもっていたが、そのマイナスをとり返しても余りあるメリットを享受していた。マグネンティウスは、ガリア、ブリタニア、ヒスパニアという、ローマ帝国の中でもローマ化の歴史が長くそれだけに豊かな地方を手中にしていたからである。しかも、彼に同調した将たちの多くも蛮族出身者であるために、帝国内に住む元蛮族や辺境のすぐ外に住む蛮族からも、兵士を集めるのも容易という利点も加わる。つまり、皇帝が自ら率いてくる軍勢にさえも劣らない、強大な軍事力を手中にしていたということであった。

さらにマグネンティウス下の将兵たちは、実戦のベテランでもあった。四世紀当時のガリアは、ライン河を渡って侵入してくる東からの蛮族と、北海にそそぎこむ河川伝いに侵入してくる北からの蛮族の双方に対する防衛を、一日たりとも忘れることは許されない地方になっていたからである。これらベテランで成る大軍は、コンスタンティウスからの拒否の回答で残るは戦いしかないと決めたマグネンティウスの命令一下、翌・三五一年の春を期してアルプスを越え、東に攻め入る準備が始められた。

ガリアからくるマグネンティウスとイリリアで皇帝を名乗っているヴェトラニオの二人に共闘を組まれようものなら、敗北の可能性はコンスタンティウスのほうにあった。コンスタンティウスは、まず先に一人を片づけることに決める。そしてその一人に対しては、軍事よりも外交戦を選んだ。正確な年齢は不明だが老将であったことならば確かなヴェトラニオは、大帝コンスタンティヌスの時代に軍務を積んだ人であったのかもしれない。三十二歳の皇帝は、父大帝の威光を活用したからである。

コンスタンティウスはヴェトラニオに、直接の話し合いを申し入れた。会談の場は、ローマ時代にはセルディカと呼ばれていた、現代ではブルガリアの首都ソフィアである。老将はこのソフィアに、騎兵二万とそれより少し多い数の歩兵の、合計四万の軍勢を従えて現われた。皇帝コンスタンティウスのほうも、自軍を従えての到着である。だが、トップ会談の常で、真の交渉は舞台裏で行われる。舞台裏での話し合いでは夢の中のお告げにも言及したのか、老将は実に簡単に、引退後の安全な生活を保証されただけで、率いてきていた全軍をコンスタンティウスに返還したのである。

翌朝、ソフィアの町の郊外に集結した両軍の兵士の前でくり広げられたのは、セレモニーに過ぎなかった。まず若き皇帝が老将に向って、皇帝に反抗するような行為はしてくれるなと訴え、それをバトンタッチした感じでコンスタンティウス配下の兵士たちが、歓声と拍手で賛意を表す。それに伝染したヴェトラニオ下の兵士たちも拍手をしはじめた頃合を見計って、コンスタンティウス下の兵士の幾人かが、音頭をとるかのように声をあげる。そしてそれに、両軍の兵士全員が唱和する。

「帝位簒奪者どもを打ち倒せ！　大帝の息子に長き生と栄光を。この人の旗の下でのみ、われわれは敵と闘うだろう！」

ここで初めて、老将はコンスタンティウスの前に進み出る。そしてかぶっていた帝冠（ディアデマ）をとり、コンスタンティウスの足許に置いた。

セレモニーは終わった。つい先頃ヴェトラニオを皇帝に擁立したイリリア駐屯の四万の将兵は、そっくりそのままでコンスタンティウス下の軍に吸収されたのである。老将ヴェトラニオはその後、小アジア西部の町プルサに隠居し、六年の引退生活の後に安らかに生を終えた。

一人は片づいた。しかし、事を起こした張本人であり、より手強い一人がまだ残っていた。

しかもこのマグネンティウスは腹を決めたのか、弟のデケンティウスを「カエサル」（副帝）に任命し、自らは「アウグストゥス」（正帝）と名乗り始めていた。しかも、大帝の娘の一人のコンスタンティーナが、この蛮族出身の帝位簒奪者に接近しつつあったのだ。夫を殺された後の彼女はローマに居を移していたので、バルカン地方にいるコンスタンティウスに知られずに、ガリアにいるマグネンティウスと連絡をとり合うのは充分に可能だった。

皇女コンスタンティーナは、十三年前の虐殺事件で、アルメニアの王位を約束されていた夫のハンニバリアヌスを殺されていた。その後は未亡人の生活を送っていたのだが、その間ずっと、自分から夫だけでなくアルメニア王妃の地位までも奪った兄を憎悪していたのである。皇帝を名乗っているマグネンティウスと結婚すれば帝国西方の支配者の妻になり、これで初めて皇女にふさわしい地位につけると計算したのかもしれない。その彼女にとって、働きかけている相手が、もう一人の兄のコンスタンスを殺した張本人であることなど、問題ではないのかもしれなかった。

マグネンティウスからも、積極的な反応が返ってきていた。今は皇帝を名乗っていようと出身は蛮族であるこの男は、大帝コンスタンティヌスの実の娘を妻にするメリットを充分に知っていたからだ。コンスタンティウスにすれば、妹の策略が成功する前に敵をたたく必要が絶対にあった。だが、この時期のコンスタンティウスは、もう一つ別の問題の解決にも迫られていたのである。

ペルシア王シャプールが、いつまで休戦協定を守ってくれるかの保証はまったくなかった。ペルシアの東北部から大挙して侵入してきたという蛮族の撃退に成功した後のペルシア王の関心が再び西に向いてくることは、これまでの例からも充分に予想できた。もしもそのようになれば、自分が西方に来たことで最高司令官が空席になっている東方駐屯のローマ軍が、ペルシア王とその軍の攻撃に耐えきれるだろうか。これが、コンスタンティウスの心配の種であったのだ。なにしろマグネンティウスとの対決は、その勢いの強さから、いつ決着がつくかの予想は立たなかった。

コンスタンティウスは、ついに「カエサル」を任命することに決めたのである。任命された「副帝」はシリアのアンティオキアに常駐し、ペルシア軍の動向を睨(にら)みながら帝国東方の防衛と統治に専念する。副帝が東方を分担してくれれば、正帝のコンスタンティウスも、西方の敵一掃に専念できるからであった。

ところがここで、新たな問題が表面化したのである。それは、適切な人がいない、という問題だった。

副帝ガルス

コンスタンティヌス大帝の息子のうちで一人残った、紀元三五一年の時点では三十三歳になっていたコンスタンティウスという人物だが、この男について勉強し調査していた段階で浮んできた想いは、一言で表わすとなると、苦笑、であった。思慮が浅かったのは確かだが、こう評したのでは彼の本質には迫れない。日本の俗語ならばオッチョコチョイだが、そうなってしまうのも、考えもなしに決行したからではなくまじめな熟慮の末なのだから、苦笑するしかないのである。良かれと思ってやったことが、ほとんど常に彼の予想していたのとは逆の結果に結びつき、おかげで後始末まで彼がやる羽目になるのだから、苦笑でもしなければこの男の人生は追えないのである。

確実な史料が存在しないところから研究者たちはこの問題を避けて通るのだが、史実の研究ではなく犯罪の捜査と考えれば、大帝の死の直後に行われた粛清を背後から糸を引いていたのは、非常に高い確率でコンスタンティウスであったと思われる。当時は二十歳だったこの次男は、いとこ二人を殺せば帝国は実の兄弟三人のものになると考えて、虐殺を断行したのだろう。実際そのようになったのだが、兄弟三人の分担システムは三年と続かず、まず長兄が殺されて退場し、その十年後には末弟も殺されて、残るは彼一人になってしまったのである。

もしも仮に、父帝の死の直後にいとこ二人を殺していなかったならば、そのうちの一人でアルメニア王位を約束されていたハンニバリアヌスが、コンスタンティウスがマグネンティウス討伐に西へ向わざるをえなくなっても、帝国東方の防衛と統治の肩代わりを果してくれたにちがいない。攻勢に出ていたペルシアの勢いをくじくことによって誰が利益を得るかといえば、それは帝国の東方全域を管轄するコンスタンティウスよりも、北部メソポタミアとアルメニアという、ペルシアの攻勢の的にされている地域の直接の担当者である、ハンニバリアヌスのほうだからである。

また、蛮族出身のマグネンティウスが皇帝に名乗りをあげたのに反撥して、これまた皇帝に名乗りをあげたヴェトラニオ対策も、もしもダルマティウスが粛清の犠牲になっていなかったら、コンスタンティウスがわざわざ出向くまでもなかったかもしれないのである。このダルマティウスが大帝から託されていた地方はドナウ河下流一帯を占め、老将ヴェトラニオの基地のあったドナウ中流のすぐ隣りなのであった。

ところがコンスタンティウスは、肩代わりをできる立場にあり、そのための資格も充分だったこの二人を殺してしまっていた。おかげで安心して西へ行くために、ペルシア王とは休戦協定を結ばざるをえなかったのである。この時期のローマ対ペルシアの戦況はローマ側に有利に進んでいたのだから、敢闘していたローマ兵と現地の住民にしてみれば、惜しくもあり残念な休戦ではあったのだった。

しかし、それほどまでして得た休戦も、いつまで続くかの保証はない。また、帝国の西方に皇帝とその軍が居つづけるのも、帝国は東方を重要視していないと受けとられる危険があった。だが、コンスタンティウスの肩代わりを務めるに充分な資格をもつ人が、いとこ二人は殺し、兄と弟は殺された今、一人もいなくなっていたのである。また、名だけの「カエサル」にしろ、任命できる肉親もいない。三十三歳になっていながら、コンスタンティウスは子に恵まれなかった。

ここに至ってコンスタンティウスは、思い出した、のではないかと思う。父の大帝の死直後の粛清で殺された近親は、ハンニバリアヌスとダルマティウスの二人の「カエサル」にこの二人の父と叔父だったが、この叔父には年少の息子二人がおり、生き残ったこの少年二人は、小アジアもアルメニアに近い山の中にある城塞に送りこまれて、キリスト教の司教の厳しい監視の下、事実上の幽閉生活を送っていたのである。その間コンスタンティウスがこの二人を気にかけていたことを示す史実はないから、肩代わりをできる人のいないのに気がついてはじめて、この二人の存在を思い出したのではないか。殺させた人の息子を登用せざるをえなくなったのだから、それを決めたときのコンスタンティウスの胸の内が、複雑であったとしてもやむをえなかった。

紀元三五一年三月、「皇帝(アウグストゥス)」コンスタンティウスから「副帝(カエサル)」に任命されたガルスには、帝国東方では最大の都市アンティオキアで、昨日までとは打って変わった生活が待っていた。父が殺された年には十二歳でしかなかった彼も、二十六歳になっている。「カエサル」に任命されると同時に、皇帝の妹と結婚させられていた。殺される前のハンニバリアヌスの妻だった人で、マグネンティウスに接近して兄をいら立たせていたコンスタンティーナである。皇帝コンスタンティウスにしてみれば、東方での肩代わりを決めたことに加え、何かとやっかいな存在だった妹まで同時に始末できた想いであったかもしれない。ガルスには異母弟が一人おり、そのユリアヌスは二十歳になっていたが、ガルスが副帝に任命されるとともに彼も幽閉生活から解放され、小アジアやシリアでの学究生活を送る許しは得られたのであった。

こうしてひとまずは東方への心配から自由になれたコンスタンティウスには、マグネンティウスとの決戦に打って出る態勢が整ったことの自信がもてたのだろう。総司令官の決意は、春夏と睨み合いで過ごしてしまった将兵たちの心中にも影響し、決戦近しの気分が燃えあがるのを助けていた。

賊将マグネンティウス

紀元三五一年のその年、バルカン地方でコンスタンティウスの軍と対決していたマグネンティウスとその軍は、月並な評言であろうと、歴戦の強者(つわもの)としか評しようのない、ベテランの集団だった。兵士の数ならば、四万を切る。だが、ガリア人とスペイン人というローマ帝国の軍団では伝統的な顔ぶれに加えて、四世紀のローマ人にとってさえ国境の彼方に住む蛮族だった、ゲルマン、フランク、サクソンの出身者までを多数かかえていた。元首政時代のローマ軍の主戦力は、ローマ市民が受けもっていたのである。それが今では、ローマ軍の主戦力でありながら、その内実は、ガリアとスペインにフランクとサクソンの混成に変わっていた。濃い茶色の髪と眼の色の集団であったのが、金髪と青い眼が相当な割合で混じり合った集団に変わっていたのである。そして、このローマ人と蛮族の混成軍を率いるのが、自身も蛮族出身のマグネンティウス。数は四万足らずでも、その倍はいたと言われるコンスタンティウスの軍とも対等に闘えるとは、コンスタンティウス下の将兵さえも思っていた事実だった。

戦場には、現代ならばハンガリーとクロアツィアの境になる、ドラーヴァ河がドナウ河に流れこむ平原が選ばれた。その地で闘うことになったのは、総司令官でもあるコンスタンティウスが固執したからだが、その理由というのが二十四年前に、父の大帝が最後に残ったライヴァルのリキニウスを破った地であったからだ。豊かな水量のドラーヴァ河がさらに水量豊かな大河ドナウに流れこむ地点なので、その流域に広がる平野は大軍同士の対決の場としては好適だ。大帝コンスタンティヌスは戦場選択眼でも、優れていたということであった。

しかし、その息子コンスタンティウスは、速攻を得意とした父とはちがって、慎重なうえにも慎重にことを進める人である。二倍の戦力を有しながら戦闘に打って出る決断がつかないままに、つまり、両軍ともが睨み合ったままで、春が過ぎ夏も過ぎていたのだった。それが秋に入って一変する。ガルスを副帝にして東方をまかせたことで、コンスタンティウスの心配の種が、今のところにしても消えたからである。興味深いことには、この三十代に入ったばかりのローマ帝国最高の権力者は、心配事が一つでも残っていると動きが鈍ってしまう性質（たち）だった。本質的に、小心者だったのだろう。

しかし、父の大帝が死んでから、十四年しか過ぎていなかった。大帝の威光は、まだ充分に残っていた。具体的には、大帝の時代に軍団キャリアを積んだ将兵がいまだ多い、ということである。その一人であるフランク族出身の騎兵団長シルヴァヌスは、配下の騎兵全員を率いて、上官であるマグネンティウスを捨て、大帝の息子のコンスタンティウスの側に寝返ってきた。これで、マグネンティウス率いる兵は三万六千に減り、反対にコンスタンティウス側の兵力は、八万をはるかに越える規模になったのである。

紀元三五一年九月二十八日に行われた会戦は、父の大帝がリキニウスに勝ったことからコンスタンティウスが強く望んでいたキバラエではなかったが、そこからはわずか三十キロ北に位置するムルサの平原を舞台に展開した。マグネンティウスの軍はドラーヴァ河を左に見る地に布陣し、コンスタンティウス軍は河を右に見る地に広く陣を布いた。

総司令官のコンスタンティウスは、布陣した兵士を前にしての恒例の激励演説をした後は戦場から離れ、後方にあった教会の中で祈りを捧げながら、戦闘の結果を待ったのである。一方のマグネンティウスは、終始戦場を離れなかった。

だが、陽が差し始める頃には両軍とも布陣を終えていたにかかわらず、戦端はなかなか開かれなかった。両軍とも睨み合ったままで、太陽が真上にくるまでの時間が過ぎていった。

それが、午後に入るやついに戦線は切って落とされたのだ。どちらが先に攻勢に打って出たのかはわかっていない。ただし、会戦とはいいながら、かつてのローマ軍のような、一貫した戦略と臨機応変に戦術を駆使しての会戦ではなかったことははっきりしている。戦場の各所で激突がくり返されているという混戦状態で、四世紀ともなると、会戦のやり方もローマ的ではなくなり、蛮族の戦法に似てきていたのかもしれない。それは、力で押す、であるから、このムルサの会戦が、陽が落ちた後になっても明らかな結果が出なかったのも当然だった。それでも、コンスタンティウス側の騎兵がマグネンティウス側の歩兵を壊滅したときに、会戦の行方は決まったのである。コンスタンティウスが勝ったのだ。キリスト教の司教とともに教会の中で祈りつづけていた三十三歳の総司令官に、勝利の第一報は告げられたのだった。

しかし、長時間にわたった激突のくり返しであっただけに、戦死者はすさまじい数に達した。マグネンティウス側では三万六千の兵士のうちの実に二万四千が戦死し、勝ったコンスタンティウス側でも、八万五千のうちの三万もの兵士が、戦場に遺体をさらしていた。合計して、五万四千の戦死者を出したのだ。内戦なのだから、死者の全員がローマ軍の将兵ということになる。しかも、わずかにしろ遺っている記録によれば、戦死した将兵の多くは歴戦のベテランであったという。それは、内戦にすぎないこのムルサの会戦後、ローマ帝国の軍事力が決定的に低下した、と言われる原因になった。

だが、三分の二の兵力を失いながらも総司令官のマグネンティウスは、残りの三分の一を率いての敗走に成功したのである。ドラーヴァ河を上流に向って逃げ、ローマ時代でも現代でも「ユリウスのアルプス」（羅 Alpes Iuliae　伊 Alpi Giulie）と呼ばれている山脈を越えてイタリアに入り、イタリア半島の最北東の重要都市アクィレイアにまで逃げのびたのだから、敗走とするよりも撤退とすべきかもしれない。現代ならば、ハンガリーの国境沿いにクロアツィアを横断し、スロヴェニアを抜けイタリアまで逃げのびた、ということになる。マグネンティウスは出身は蛮族でも、将としてはなかなかの資質の持主であったことがうかがわれる。そして彼は、この北部イタリアを基地（ベース）にして、捲土重来を期すつもりでいたのだった。

しかし、慎重な性格のコンスタンティウスは、勢いに乗るということもしない。そしてこの場合は、勢いに乗らなかったことが成功につながった。

皇帝コンスタンティウスは、帝位簒奪者マグネンティウスが待ち受ける北部イタリアに攻め入るよりも、敵の勢力下に入っていた地域のうちの、スペインと北アフリカの奪還を優先したのである。日本式に言えば、外堀を埋める、であった。ためにマグネンティウスは、一年以上をイタリアで待機しながら、皇帝配下の軍が北アフリカを奪還し、ジブラルタル海峡を渡ってスペインも再び勢力下に収めるのを、手をつかねて傍観するしかなかったのである。

しかし、ヒスパニアまでが敵の手に落ちてしまっては、ピレネー山脈にまで敵が迫ったということである。北部イタリアでコンスタンティウスを迎え撃つつもりでいたマグネンティウスも、自らの勢力地盤であるガリアが危険にさらされるようになっては、そこにもどるしかなかった。そのガリアでの本拠地は、リヨンに決めた。

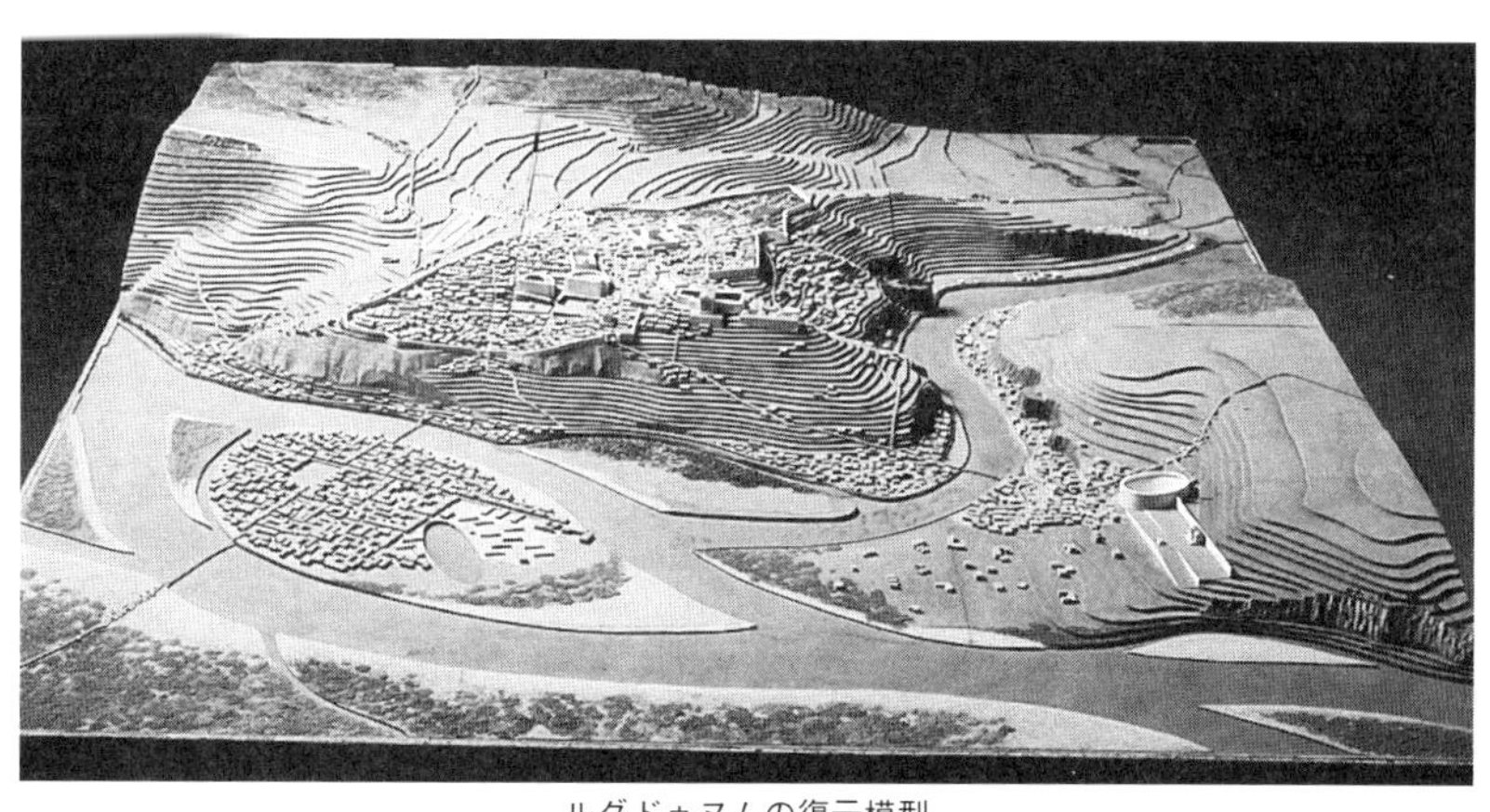

ルグドゥヌムの復元模型

四百年も昔の紀元前一世紀にガリアを征服しローマの覇権下に組み入れたのはユリウス・カエサルだが、この人の支配のための政略（ストラテジア）は実にローマ的だった。征服されたガリアの諸部族（小部族までふくめれば百はあった）に、彼らがもともと本拠にしていた地に住みつづけることを認めたのである。そして、このカエサルの考えを継承したアウグストゥスの時代になると、ローマ帝国は、これらの部族の本拠地を互いに結ぶ形で、当時の高速道路であるローマ街道網を張りめぐらせていったのだ。ゆえに後代のフランスにあたるローマ時代のガリアの主要都市は、カエサル以前は部族の集落であった地が、カエサル以後はローマ式（スタイル）の都市に変わったのがほとんどなのである。その中では、リヨンだけがちがった。リヨンだけは、ローマ人が初めから建設した都市であったのだ。以前にも小さな集落ならばあったようだが、ガリア内に割拠していた他の諸部族とは比較にならない。要するにリヨンは、ローマ人がローマ的な考えによって、ゼロから新設した都市なのである。

ルグドゥヌム（Lugdunum）と呼ばれていたリヨン（Lyon）のローマ時代の地図を一見するだけで、ローマ人がなぜこの地に都市を建設することに決めたかがわかる。ソーヌ川とローヌ河が合流する地点に位置し、パリのそれより広い中の島まであって、防衛と発展という、ある意味では矛盾する目的を二つとも満たすことが可能な、いかにもローマ人が好みそうな立地条件にある。ローマ帝国がこのリヨンを、属州リヨンの州都としてだけでなく、ガリア全体の首都と見なしていたのも当然だった。

元首政時代には「防衛線（リメス）」と呼んでいたライン河に沿って数珠つなぎに軍団基地を配置していたので、ガリア内の都市ではローマ兵の姿を見かけることが少なかったのである。それがリヨンにだけは、ローマは、一千兵から成る大隊を常駐させていたのである。帝国の西方で一個大隊が常駐していた都市は、他にカルタゴがあるだけだった。カルタゴは豊かな北アフリカの物産の集結地であったからだが、リヨンには、早くも初代皇帝の時代から、皇帝に管轄権があった帝国の金貨と銀貨の鋳造所が常設されてもいたからであった。

これまた元首政時代の現象だったが、ライン河防衛線（リメス）担当の総司令官は、冬の自然休戦期を利用して首都ローマに帰ることができなくても、リヨンにあった総司令官の官邸には帰っている。父親のドゥルーススがこの任にあった時期にリヨンで生れたのが、四代目の皇帝のクラウディウスだった。一、二世紀を通じてこのリヨンの重要性は、パリシー族の本拠地であったことからパリと呼ばれるようになる、現フランスの首都パリよりも断じて上であったのだ。出身は蛮族であってもガリアを熟知していたマグネンティウスにしてみれば、本丸に立てこもって決戦を待つ、の心境であったろう。しかし、その彼の気概は、発揮する機会さえもないままに消え去ることになる。

いったんはマグネンティウスに従ったとはいえ、ガリアの他の諸都市が、風向きが完全に変わったことに無関心でいるはずはなかった。マグネンティウスが共同皇帝にしたデケンティウスの前に、まずトリアーの街が城門を閉ざす。他の諸都市も、これにつづいた。マグネンティウスに対しても、態度が変わってくる。ガリアにもどってきてから一年が過ぎた紀元三五三年の八月十一日、事態の悪化に絶望したマグネンティウスはリヨンで自殺した。そしてそれを告げられたデケンティウスも翌朝、首をつった姿で発見された。

皇帝コンスタンティウスは、末弟のコンスタンス殺害ではじまった内乱の処理を、三年かけて解決したことになる。それも最後は敵の自死で終わったのだから、解決は、戦闘の結果ではなかった。だが、三十五歳でついに父同様に唯一人の皇帝になったコンスタンティウスは、敵二人の自死だけでは満足しなかった。マグネンティウス側であったと目された人の全員は、裁判もなしの虐殺の犠牲になったのである。それは、容赦ない徹底した処刑の遂行で、牢に投げこむ労さえも惜しむかのように殺された。幸いにも死刑は免れたのは軍人ではなかった人々だが、その彼らも追放と資産没収からは免れられなかった。小心者のほうが、かえって残忍になれるのである。

しかし、この徹底した粛清の結果、ガリアは事実上の無防備地帯になってしまった。兵士だけでは戦力にならない。率い指揮する将がいてこそ、戦力として機能できるのである。紀元三五一年のムルサの会戦で、そして三五三年のこの大粛清によって、ライン河や北海から侵略してくる北方蛮族に抗してガリアを守っていたローマ軍の上級と中級の将兵の、ほとんどが消えたからであった。紀元三五三年の皇帝コンスタンティウスは、一戦も交えずに敵を倒すことに成功した。だがその後の結果ならば、五万四千もの犠牲者を出した、ムルサの会戦の後と変わりはなかったのである。この人を次に悩ませることが、無防備化したガリアの防衛になるのも当然であった。

組織体ともなれば、大は帝国から小は数人の職人をかかえるだけの手工業に至るまで、協力者なしでは成り立っていかないという点では共通している。それで、リーダーにとっては、どうやれば良き協力者を得られるかが非常に重要な問題になってくるのだが、ローマの歴史を追う中で浮んでくるのは、次の二つのやり方なのであった。

㈠一度目は失敗に終わっても、もう一度機会は与えてみるやり方。とはいえ二度目は、その人の資質が何に向いているかを見極め、それに沿った方向で機会も与える。ゆえに、一度目と二度目は、「機会（チャンス）」は同一である場合もあり、ない場合もある。

㈡失敗すればそれで終わりで、チャンスは二度と与えられない。ゆえにリーダーのやることはただ単に、人間を入れ替えるだけになる。それも、ローマ帝国後期の皇帝のように専制君主色が濃厚になると、失敗した者の排除の手段が処刑になるのは通例のことになった。

皇帝コンスタンティウスの治世は、父が死んだ年の紀元三三七年から彼自身が死ぬ三六一年までの二十四年間になる。最初の三年は兄弟三人で、次の十年は弟との分担統治だったが、その間ずっと正帝を意味する「アウグストゥス」であったから、皇帝としての統治は四分の一世紀に及んだのであった。大帝の尊称づきで呼ばれる父のコンスタンティヌスも、「アウグストゥス」になって以後の治世は二十五年になる。父と子の二人で、実に半世紀もの間、ローマ帝国を支配したことになる。

それでいてこの父と子のやり方は、ある部分では重なるが、別の部分では重ならない。重ならない部分の最たるものが、協力者への対し方、ではなかったか。子のコンスタンティウスが得意としていたのは、㈡であったからだった。

紀元三五三年夏のマグネンティウスの自殺で、この蛮族出身のローマ軍の将に殺された弟コンスタンスの復讐も果し、マグネンティウスの支配下にあった帝国の西方も正統な皇帝の許に帰ってきたのだから、もともとが閉鎖的な性格のコンスタンティウスでも、喜びと安堵で心を開くように変わったとて当然だった。この帝位簒奪者を始末するのに三年もかかったが、帝国の西方の混乱は捨て置くわけにはいかなかったのだから、ペルシア王と休戦してでも西方の事態の収拾のほうを優先したのは正しかったのである。

だが、コンスタンティウスという人は、肉体はまだ三十五歳でも、精神は若くはなかった。心配の種が一つ消えれば、次の心配の種の処理を、別のやり方でやってみようとする柔軟性がない。心配の種はどれも同じで、だから対処法も同じであるべきと考え、それを疑ってもみない頭の固さがあった。

このような性格の人は、常に不安を隠しもっている。隠しもっているのだから多くの人は気づかないが、常にそば近くにいる者にはわかる。皇帝コンスタンティウスは、父の教えを父以上の律義さで守った人だが、大帝コンスタンティヌスが確立したことの一つである臣下たちと距離を置くやり方も、父よりもより徹底して実践したのである。この彼と臣下たちの間をつないでいたのが、去勢高官のエウセビウスだった。ということは、コンスタンティウスにあがってくる情報の多くが、この去勢高官を通して伝達される、ということである。

去勢者（エウヌコス）は、子というつながりも肉親という背景ももっていない。だからこそ忠誠が才能よりも重んじられる専制君主の宮廷で重要な役職をまかされてきたのである。言ってみれば権力者と取り巻きの関係なのだが、それだけに自らの運命が仕える主人の意向に左右される度合が、他の健全な男たちに比べて高いのだった。こうであれば当然の帰結だが、彼らにも自己防衛の必要が生じてくる。それには、主人の感情を自分に好都合な方向にもっていくことが不可欠だ。そしてそれを現実化する最良の方法は、主人を常に不安にさせておくことであった。心配の種がつきないかぎり、主人は彼の言に耳を傾けつづけるからである。宦官エウセビウスは、その肥え太った肉体に似合わず、この種のデリケートな技能では天才的だった。彼にすれば、必要から生れた世渡りの技（わざ）ではあったのだが。

兄と弟

紀元三五一年の三月十五日に就任したのだから、正帝コンスタンティウスによるガルスの「カエサル」（副帝）任命は、一年前に遡る。帝国東方の防衛のトップになれる人を必要としていたからだが、それは、事実上の幽閉生活を長年にわたって強いておきながら、そこから突如呼び出し、ただちに「カエサル」に任命した事実からもうかがわれる。十四年前とはいえ殺させた人の息子を登用するのだ。しかも副帝という、自分に次ぐ高位に抜擢するのである。マグネンティウス打倒に専念するためのやむをえない処置だったが、大帝コンスタンティヌスの血縁者で残っていたのは、当時は二十六歳だったガルスとその弟で二十歳のユリアヌスしかいなかったからで、力量を見込んでの任命ではなかったのである。だが、ピンチヒッターであっても好機を活用するのは、その人のもつ力量が証明されることでもある。だがガルスには、この種の、良い意味の野心が欠けていたようであった。

父親が粛清の犠牲になってから、十四年の歳月が過ぎていた。母親はすでに亡かった。殺された父は再婚していて、それから生れたのが弟のユリアヌスだった。大帝の死直後の粛清では、彼ら二人は命拾いはしたものの、伯父も、その息子である年長のいとこ二人も殺されている。孤児になってしまった十二歳と六歳の兄弟の保護者は、父を殺させた人であるコンスタンティウスになったのである。

父死後の六、七年間は、初めは首都コンスタンティノープルのどこか、次いではニコメディアに住んでいた母方の祖母の許で暮らしていたようである。ただし、自由を満喫していたわけではなかった。後見人でもある皇帝コンスタンティウスの意に反することは、教科書に何を使うかでさえも、自由勝手は許されなかった。兄弟二人が受けた教育はキリスト教に沿ったものであったのも、いまだ洗礼は受けてはいなかったが熱心なキリスト教徒ではあった、皇帝コンスタンティウスの意向による。

それでもなお、ニコメディアで暮らしていた時期は、厳格なアリウス派の聖職者だけが、彼ら二人の教師であったのではなかった。ユリアヌスの亡き母の娘時代からの家庭教師であったという、マルドニウスという名のスキュタイ人の去勢奴隷が、高位の聖職者たちよりはより身近で、兄弟二人の教師役を務めていたのである。

現代ならばウクライナになる古代のスキュタイに生れたマルドニウスが、なぜ去勢され奴隷にされていたのかはわからない。そして、いつどのようにして、古典ギリシアの文化を習得したのかもわかっていない。わかっているのは、この老奴隷は親身に年少の兄弟に向って、古典ギリシアの哲学と文学への自分自身の愛情を伝授する努力を惜しまなかったことであった。マルドニウスは兄弟に、古代ギリシアの哲学者たちの著作を読んで聴かせ、その意味するところを説明した。また、ホメロスをヘシオドスをピンダロスを、読ませ暗唱させたのである。文学作品を読むだけでなくそれを暗唱させるのは、その作品の世界に身を投じ、そこで遊ぶ愉しさまでも教えることである。これを乾いた海綿が水を吸いこむように吸収したのは、弟のユリアヌスのほうであった。年少のユリアヌスは、厳格で欠点のないキリスト教の神の前にひざまずくよりも、人間的で欠点ばかりと言ってよい、ギリシアの神々とたわむれながら成長していったのであった。

この環境が激変したのは、兄のガルスは十八、九歳、弟のユリアヌスは十二、三歳の頃と思われる。確実な史料がないのでその前後とするしかないのだが、この時期に兄弟二人は、帝国東方では有数の都市であったニコメディアから、小アジアの山中にある古城に移転させられたのである。理由はわからない。皇帝から兄弟の監視を一任されていた、司教の死が契機になったとする説もある。また、直接の預かり先であった祖母の死が、原因だとする人もいる。さらに、皇帝コンスタンティウスに宦官エウセビウスが、兄弟が人の往来の激しいニコメディアに居つづける危険を吹きこんだのが原因、とする説もあった。いずれにしろ二人の兄弟をめぐる環境は、この時期を境に一変したのである。

二人が送られた地は、カッパドキアのマケルムだった。ただし、一九九七年にプリンストン大学出版局から刊行された『Barrington Atlas of the Greek and Roman World』にも記されていない。すぐ近くにあるカエサリアは四本のローマ街道が集まる都市だが、その近郊にあるマケルムは、狩猟に出向いたときに使う城だけが目立つ村落にすぎなかったからだろう。カッパドキアの王の狩用の城であったと言うが、それならばカッパドキアがローマの属州になる以前から存在していたはずで、優に三百年は経っている。それ以後の所有主はローマ皇帝だが、この古城に滞在して狩猟を愉しんだ皇帝はいなかった。同盟国のアルメニア王国と接する属州カッパドキアの防衛線を自ら視察してまわったのはハドリアヌス帝だが、狩りを好んだこの人でさえも、荒野の中にそびえ立つマケルムの古城には足を向けていない。狩猟は、緑豊かな森林で成されるとはかぎらないのである。アフリカの草原では、猛獣狩りが行われる。古代の中近東での狩猟と言えば、ライオンを始めとする猛獣狩りと決まっていた。

周囲の山野も荒地だったが、滞在する人が絶えて久しい城塞そのものからして荒れていただろう。十代の兄弟二人は、このようなところに送られてきたのだった。監視の責任者は、今度はカッパドキアの司教のゲオルギオス。この人の許しがなければ、近くのカエサリアの街に行くことすらできなかった。

この孤立した環境で出会う顔ぶれは、警護のためという一隊の兵士たちと、使用人の役を務める奴隷たちとその家族。家庭教師役だったマルドニウスは、同行さえ許されなかった。後年、ユリアヌス自身が書いている。マケルムで過ごした歳月は、監禁と拘束と隔離の歳月であり、本格的な学問からは遠ざけられ、体育や競技の仲間といっても、奴隷の子たちしかいなかった、と。

これが、現皇帝の血縁者が味わった、幽閉生活の実態であった。おそらく兄のガルスは、十八歳から二十五歳までの七年間、弟のユリアヌスは十二歳から十九歳までという、兄弟ともに一生のうちで最も多感な時期をこのような環境の中で育ったのである。正常な神経の持主であっても、精神に狂いが生じないほうが不思議だった。

すべての面で苛酷な現実の中でも精神のバランスを失わないで生きていくのは、苛酷な現実とは離れた自分一人の世界をつくり出せるかどうかにかかっている。ユリアヌスが救われたのは、マルドニウスの手引きで入った、昔のギリシアの哲学と文学の世界に遊ぶことができたからであった。もはや親身にそれを手助けしてくれる人はいなかったが、暗記の結果の蔵書で、少年の頭の中の図書室はいっぱいになっていたのである。また、カッパドキアの司教は、亡くなったニコメディアの司教エウセビウス以上に狂信的なアリウス派のキリスト教徒だったが、古書を集めるのが趣味で、ごくたまにはそのうちの数冊は貸し与えてくれていたらしい。

この時代に「古書」と言えば、新興のキリスト教関係の書物ではなく、数百年も昔に遡るギリシアの古典を意味したのである。こうしてユリアヌスは、想像の世界で遊ぶことを知っていたおかげで、精神を傷つけることから免れることができたのだった。

しかし、兄のガルスはそうではなかった。老奴隷が心をこめて教えていた時期から学問や文学に関心がもてなかったガルスは、環境が一変して苛酷な現実の中に放りこまれたとき、精神だけでも自由にする想像の世界をもてなかったのである。兵士や若い奴隷たちを従えて荒野に馬を駆るのは好んだので、肉体は美しくたくましく成長した。しかし、心のほうは、眼に見えない壁に突き当るたびに傷つき、眼には見えないその

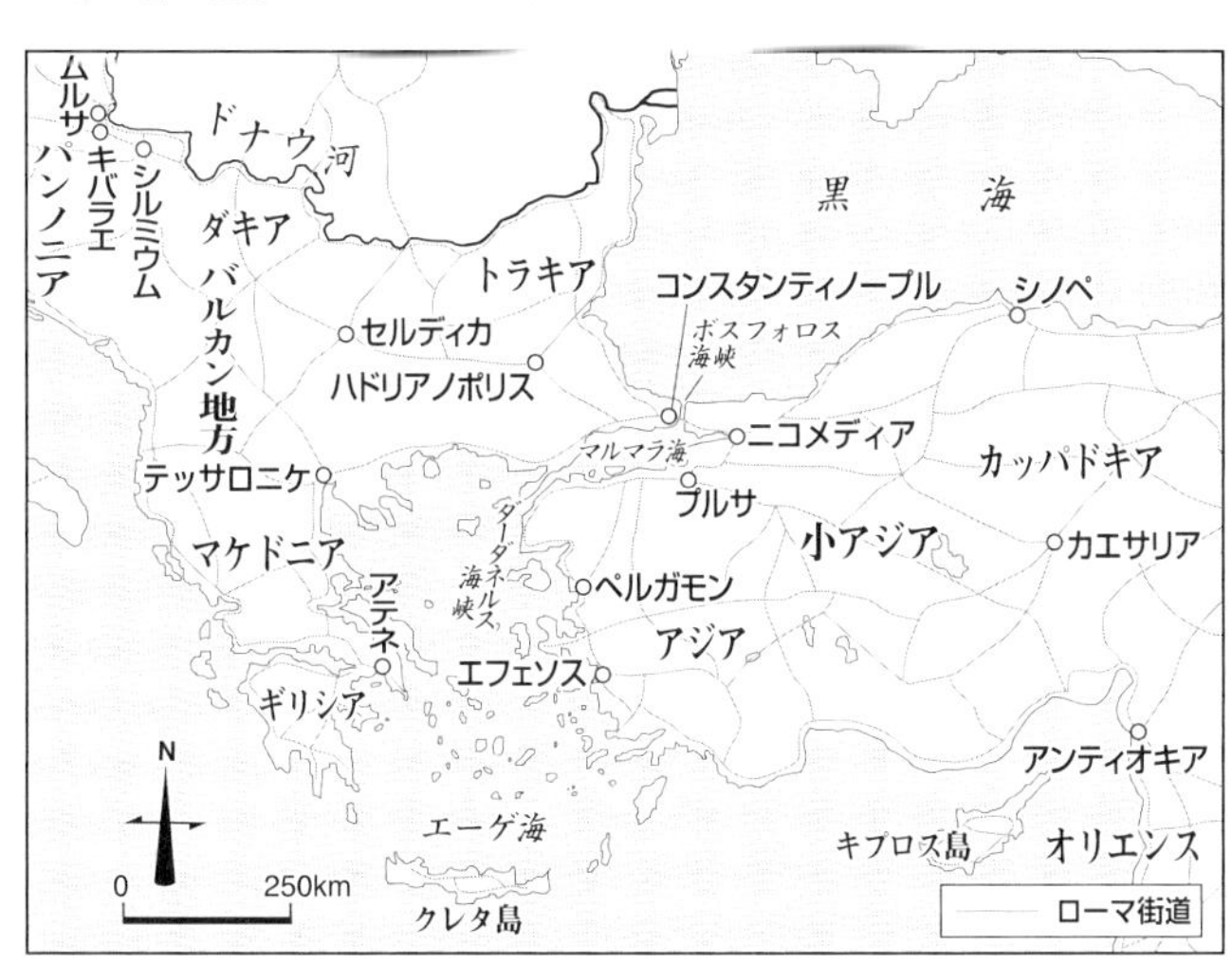

バルカン・小アジアとその周辺

傷からは血が流れつづけていたのである。十二歳で父を殺されるまでのガルスは、大帝コンスタンティヌスの一族に属す皇子だった。十二歳まで皇子の生活をしていたガルスと、皇子の日常は六歳までで、覚えていることからして少ないユリアヌス。ガルスは、副帝に任命されたときにすでに、性格の破綻をきたしていたのである。

だが、ガルスはまだ二十六歳だった。もしも副帝に任命されて以後のガルスの日常が、彼が好んでいた分野で成されていたらどうであったろう。もしも、ペルシア王シャプールが休戦協定を破り、北部メソポタミアの奪還を目指して大軍を率いての軍事行動に出てきたとしたら、それを迎え撃ち、ローマ領になって半世紀が過ぎている北部メソポタミアの防衛に前線に出ていかねばならないのは、帝国東方のローマ軍の総指揮権をゆだねられている副帝の彼なのであった。正帝のコンスタンティウスは西方に行って留守だが、将たちの大半は東方に残っている。これらの将兵を率いる資格をもつトップがいなかったのだが、今ではガルスがいた。哲学や文学には関心がもてなかったこの若者は、

馬で山野を駆けまわっての狩猟ならば誰にも負けなかった。もちろん、狩猟と戦闘はちがう。だが、アクティヴな行動ということならば似ていた。

もしも「カエサル」就任後のガルスの生活が戦場で始まっていたとしたら、まずもって思索的ではまったくなかった彼に合っていたであろうし、失われた十四年を取りもどすのも、彼自身にも彼の占める地位にも、また彼が一任されたローマ帝国東方の安全の維持にとっても良い方向で、成されていたのではないかと考える。そして、副帝就任でまたも激変した生活の場が、大都市アンティオキアの豪華な皇宮ではなく野営地のテントであったとしたら、これまでの歳月で受けた数多くの人には見えない傷も治り、破綻状態にあった性格もバランスを取りもどせたのではないか。そしてその結果、戦闘でも好成績をあげようものなら、彼自身も自尊心を確立できたろう。自分に自信をもつ人だけが、他者に対しても公正になれるのである。

しかし、ペルシア王は、侵入した蛮族の撃退に手間どってでもいるのか、ローマ皇帝との休戦協定を守りつづけたのである。野営地でのテント生活は、遠ざかる一方であった。

それでもガルスは、「正帝（アウグストゥス）」に次ぐ「副帝（カエサル）」として、帝国東方の防衛と統治の責任者なのだ。ペルシア王がおとなしくしている時期を利用して、ユーフラテスとティグリスの両河にはさまれた北部メソポタミア地方の最前線基地を視察してまわり、防衛に努めることも、その気にさえなれば実行できる地位にあったのだった。

だが、カッパドキアの古城からアンティオキアの皇宮に変わっても、ガルスを取り巻く眼に見えない壁は消えなかった。皇帝コンスタンティウスはただでも疑い深い性質だったが、ガルスは自分が殺させた人の息子である。やむをえない事情から副帝にはしたが、その副帝と副帝配下の将兵たちの親密な関係の樹立を、あらゆる手段を講じて阻止したのである。軍事力を手中にしたガルスが、自分に反旗をひるがえす可能性の、根さえも張らせないための策だった。これにも、皇帝側近の宦官エウセビウスと、アンティオキアの皇宮を取りしきる宦官たちとの連携プレーが有効であったことは言うまでもない。そしてガルスは、この見えない壁を破壊できるほどの、強靭な神経の持主ではなかった。

兄が副帝になってアンティオキアに去って間もなく、弟のユリアヌスの環境も一変した。とは言っても、二十歳になっていた彼に公的な地位が与えられたわけではない。小アジアの西岸部はギリシア文明発生の地で、かつてはイオニア地方と呼ばれていた一帯だが、この地方にはエフェソスを始めとするギリシア起源の都市が多い。そこに滞在しながら哲学の一学徒として生きることは許されたのである。だがそれが、ユリアヌスの幸運だった。ガルスの居場所がカッパドキアの古城からアンティオキアの皇宮に変わっても、幽閉生活ということならば本質的には変わらなかったのに対し、ユリアヌスの環境の変化は、文字どおりの解放であったからである。こうして兄と弟の、別々の場所で別々の生活が始まったのであった。

副帝の処刑

蛮族出身の帝位簒奪者マグネンティウス打倒のために帝国の西方に行ったままの皇帝コンスタンティウスに、東方のアンティオキアから届く噂は、日を追うにつれて悪いものに変わっていった。

副帝ガルスと、アンティオキア暮らしの長い皇宮勤務の高官たちとの関係は最悪で、ガルスは彼らとことあるごとに衝突していた。高官たちは副帝に助言しただけというのだが、それはガルスにしてみれば、正帝コンスタンティウスの威を借りた警告以外の何ものでもない。はじめのうちは耐えていたのだが、それも長くはつづかなかった。副帝と高官たちとの間の不和は、もはや皇宮内の不協和音では留まらず、アンティオキアの住民の中でも上流に属す人ならば知らない者はいないほどになっていく。

男同士の争いに女が一人でも加わると、勢力抗争も興味本位のゴシップと化す。ガルスは、副帝に任命されると同時にコンスタンティーナと結婚していた。大帝コンスタンティヌスの娘で現正帝コンスタンティウスの妹になるこの女人は、父の死の直後の粛清で夫のハンニバリアヌスを殺されている。その後は蛮族出身のマグネンティウスに接近したりして何かと兄を悩ませていたのだが、その兄コンスタンティウスの考えで、副帝になったガルスに嫁いでいたのである。夫よりは、いくつか年上であったらしい。この女人が、どこまでガルスに影響を与えたのかはわかっていない。だが、若い夫の精神の安定に、良い影響を与えなかったことだけは確かだった。アンティオキアに来た後もガルスは、ほんとうに一人であったのだ。

しかし、今ではガルスは公人で、指令を出す側にある。指令を出す人とそれを実施する人の間がうまく行っていないのでは、実施される政策が良い結果を出せるはずはない。アンティオキアは大都市なので、何らかの理由で市場から食糧が姿を消す危険は常にある。だが、ガルス副帝下で起きたそれは深刻で、絶望した民衆が暴徒と化したほどだった。何よりもまず、ガルスの出した指示が微温的な対策に留まっていたのだろう。しかし、それを実施する側のサボタージュにも責任があったのではないかと思われる。とはいえ、いかなる場合でも責任は、指令を出した側に帰されるのである。西方に滞在中の正帝に届く報告も、副帝の無能力を暗示するものばかりであった。

皇宮生活が耐えがたくなるのに比例して、ガルスの中の残忍な性質も頭をもたげてくる。キリスト教化する一方であったローマ帝国の東半分に住むユダヤ教徒は、多神教徒のローマ皇帝たちが統治していた時代に比べ、意外にも暮らしにくく変わった時代を生きていたのである。それはユダヤ教もキリスト教も自分たちの神以外は拒否する一神教であったからだが、キリスト教と、キリスト教の母胎でもあるユダヤ教の間はとくに複雑だった。キリスト教徒はイエス・キリストを死に至らしめたとしてユダヤ教徒を憎悪し、ユダヤ教徒のほうは不安なあまりに神経過敏になっていた。そして、副帝ガルスはなぜか、キリスト教側に好意的であったのだ。

ユダヤ教徒が集中して住んでいたパレスティーナ地方の町の一つが、何が理由かは不明だが反乱を起こしたのが、ことの発端になった。帝国東方の安定維持も任務の一つである、副帝ガルス指揮下の軍が鎮圧に動く。反乱は簡単に鎮圧されたのだが、その後につづいた処罰が度を越していたのだった。町の住民の全員が、反乱に加わらなかった人々でも容赦されず、皆殺しにされたのである。無人になったその町は、死体だけが積み重なる墓場と化した。

コンスタンティウスは、ガルス以上にキリスト教会に好意的な皇帝であった。この人が父の考えを継いでどれほどキリスト教の振興につくしたかは後述するが、それでも四世紀半ばのこの時期は、紀元三一三年に公布された「ミラノ勅令」が生きていたのである。つまり、いかに皇帝たちがキリスト教会を厚遇しようと、公式には「ミラノ勅令」にあるように、ローマ帝国に住む人々が信仰する宗教は、それがキリスト教であろうがユダヤ教であろうが、またこれら以外の多神教であろうが、公認され平等な立場を享受していたのだった。宗教はキリスト教のみで他はすべて邪教とされるようになるのは、これより半世紀後のことである。それゆえ信仰を異にするということが、それを信ずる人の肉体の抹殺の理由にはならなかったのが、四世紀半ばというこの時期の現状だった。ガルスの命じたユダヤ教徒の大量虐殺は、そのような時代に起こったのだ。私的な想いはどうあれ、公的には「起こってはならないこと」が起こってしまったのであり、それを起こした責任者への処罰の法的理由には、充分になりえたのである。ローマ帝国後期ともなると、副帝にとっても勅令はイコール国法であったからだ。ガルスは、失点をまたも増やしてしまったのである。

アンティオキアの皇宮での生活も三年目を迎える頃になると、もはや副帝ガルスの憎悪はコントロール不可の状態になっていた。彼が最も憎んでいた二人の高官、そのうちの一人はコンスタンティウスが送りこんでいた者だったが、軍の一隊を送ってこの二人を逮捕し、アンティオキアの都心を引きずりまわして殺し、死体を町の一方を流れるオロンテス河に投げこむという、もはや不祥事とは言えない事件を起こしてしまったのである。そして、弁明の余地もないこの不祥事が起こった時期が、西方ではコンスタンティウスが、三年後にしてマグネンティウス問題を解決できた時期と重なったのだ。これが、二十九歳になっていたガルスの運命を決める。なぜならガルスは、もはや必要な存在ではなくなっていたのだから。

しかし、副帝ガルスの更迭を決めはしたものの、それを現実に移していくうえでの手順となると、三十六歳に似合わずコンスタンティウスは慎重だった。

まず、ガルスの不安がやわらぐような、年長のいとこから年少のいとこにあてた親身で心のこもった手紙が送られる。ただし一方では、ガルスと、これまでの三年の副帝時代にガルスの直属の部下であった将兵たちとを引き離す策が進んでいた。そして、それを手をつかねて見守るしかなかったガルスの許に、コンスタンティウスからのミラノへの招聘が届いたのである。ようやくにしろ帝国の西方を再び支配下に収めたコンスタンティウスは、西方での本拠地を北部イタリアのミラノに定めていた。つまり、紀元三五四年のその年、ローマ帝国の正帝はミラノに滞在中で、副帝にはそのミラノに来いということだった。

もはやガルスも、招聘が召還であることはわかっていた。それで、実妹なのだからと弁護役に、ミラノには妻を先に発たせたのである。だが、コンスタンティーナは、シリアからイタリアまでの長い旅の途中で病に倒れ、まもなく死んだ。

先行させた妻を追うようにガルスもアンティオキアを発っていたのだが、そこから小アジアをななめに切る感じで旅路を消化した後でコンスタンティノープル（現トルコのイスタンブル）に入った。配下の将兵たちを従えての旅であり、首都コンスタンティノープル滞在中は競技会を催したりしたから、ローマ帝国の副帝(カエサル)としての旅であったのだ。首都からの出発の日は、元老院の全議員が見送った。だが、ハドリアノポリス（現トルコのエディルネ）に着いたとき、彼を待っていたのは皇帝からの命令だった。

国営郵便馬車十台を連ねてミラノに来るようにというのが、正帝からの副帝への命令である。国営郵便馬車といっても公用で旅する要人を乗せることが多かったのだが、この命令の深意は、ガルスを副帝から要人の一人に格下げしたところにあった。ガルスがそれを気づかなかったはずはないが、もはや彼は護送される身である。そして、護送される先もいつの間にか、ミラノではなく、アドリア海の奥に突き出たイストリア半島の、ポーラの城塞に変わっていた。

二十一世紀の今でも円形闘技場を始めとするローマ時代の遺跡が多く見られるポーラだが、ローマ帝国の後期には、皇帝が肉親を処刑にした場所ということで有名になった土地である。二十八年前にコンスタンティヌス大帝が、不義密通を理由に、長男で副帝でもあったクリスプスを処刑したのもこのポーラだ。副帝ガルスも、城塞に着いてすぐに副帝の認章をはぎ取られマントも脱がされ、トゥニカ（短衣）だけの姿にされた。そして、連れていかれた部屋で待っていたのは正帝のコンスタンティウスではなく、正帝の宦官のエウセビウスであったのだ。

宦官の命ずるままに行われたのは、ローマ法による裁判ではなく、中世の異端審問を思わせる拷問でしかなかった。ガルスはこうして、正帝コンスタンティウスの殺害を目的にした陰謀を告白させられたのである。この、彼らによれば裁判、の一部始終は記録され、ミラノにいるコンスタンティウスに送られた。ミラノから届いた返書は、裁判官の下す判決に皇帝は承認を与えると記されてあった。

後ろ手に縛られてひざまずいた姿のまま、ガルスは首を斬られた。同じようにして処刑されたクリスプスは最後まで無罪を叫びつづけたが、まったくの冤罪で殺されるガルスは、無実を叫ぶことすらもなく殺されたのである。紀元三五四年の十二月、二十九歳の死であった。

正帝である彼にとっては副帝であり、血縁上では年少のいとこにあたるガルスの処刑に、三十六歳になっていたコンスタンティウスがどのような想いをいだいたかは知られていない。たとえ片腕的な存在でも、能力が不充分であれば淘汰するしかない、と割り切っていたのかもしれない。だが、ガルスはコンスタンティウスにとって、わずかに残った血縁者でもあったのだ。しかし、コンスタンティウスという人物は、血縁者を次々と失ったり殺したりすることに慣れた人でもあったのである。

父大帝死直後の紀元三三七年に肉親の大量虐殺を決行したが、その中には副帝のハンニバリアヌスとダルマティウスの二人がいた。この二人とも、子を残さなかった。

紀元三四〇年には、長兄のコンスタンティヌス二世が、二十三歳の若さで殺された。この人にも子はいない。

紀元三五〇年には末弟のコンスタンスが、蛮族出身の将のマグネンティウスの蜂起で殺されている。三十歳の死だったが、この人にも子がいなかった。

紀元三五四年、ガルスが処刑された。二十九歳で死んだこの人も、子を残していない。

そして、大帝コンスタンティヌスの実子ではただ一人残ったコンスタンティウスも、子に恵まれないことでは変わりはなかった。三十六歳になっていながら、結婚を二度もしていながら、男子どころか女子にさえ恵まれないのである。これだけは、ローマ帝国の最高権力者であっても、どうにもならないことであったろう。

「カエサル」という称号には、帝位後継者、つまり皇太子の意味の他に、副帝の意味もある。副帝の意味のほうは、帝国も後期に入る三世紀末から四世紀にかけての「四頭政(テトラルキア)」時代に台頭してきた意味であった。「アウグストゥス」(正帝)であるコンスタンティウスは、「カエサル」を、自分の後継者としてよりも、自分の意に沿って協力を惜しまない人、と解釈していたようである。単なる片腕なのだから、必要なしと思えば排除し、協力度低しとなれば斬って捨てるのも、躊躇(ちゅうちょ)せずにやれたのだろう。その彼にとっての計算ちがいは、この考え方できた結果、後継者であろうが協力者であろうが、それに適する人自体がいなくなってしまったことであった。後継者のほうは、二年前に再婚した皇后エウセビアに子が産まれるのを待っている状態だったが、協力者は、待っているわけにもいかなかったのである。

ガルスが処刑されたのは、紀元三五四年の十二月。翌・三五五年に入ってすぐ、ガルスの弟のユリアヌスに、正帝コンスタンティウスからの呼び出し状が届いた。哲学の一学徒として生きてきたユリアヌスは、二十三歳になっていた。兄に起こったことは、彼も知っている。そこに、コンスタンティウスからの、ミラノに来いとの呼び出しだ。二十三歳の若者がどのような想いでそれを受けとったかは、想像も容易だった。

兄のガルスは、皇帝コンスタンティウス殺害を目的にした陰謀の首謀者、の罪で処刑されたのである。その弟では、共謀者と名指しされるのは覚悟しなければならない。また、幽閉生活からは解放されはしてもその後の三年を一学徒としての生活しか経験していないユリアヌスは、皇帝が新たな協力者を必要としていることになど、考えが及ぶ環境にはなかったのだった。それに、皇帝のコンスタンティウスにしてからが、新たな副帝を置く必要があるかないかに、その時期はまだ答えが出せないでいたのである。

小アジア西岸のエフェソスからイタリアのミラノに向うには、兄のガルスが通ったと同じ道筋を通ることになる。皇帝差しまわしの馬車か国営郵便の馬車で旅したと思われるが、そのこともまた、二十三歳の若者の胸を重くしたことだろう。イタリアに入る直前で道を左にとれば、イストリア半島の先端にあるポーラに向う。左に折れないでそのまま西に向っていると知ったときは、安堵の胸をなでおろしたかもしれない。少なくともミラノには、向っているからであった。

しかし、長旅の後にようやくにしてミラノに着いたユリアヌスに、呼び出しておきながら皇帝は、二ヵ月以上もの間会おうとはしなかったのである。皇宮内に放っておかれた感じのユリアヌスに会いにくるのは、皇帝の信頼厚いと評判の宦官エウセビウスだった。皇帝は、側近のエウセビウスを通してユリアヌスを試していたのかもしれない。だが、ガルスとユリアヌスのちがいを正しく把握したければ、自分で会ってみるのが一番なのである。そして、試される側のユリアヌスにしてみれば、この去勢高官に判断されるくらい危険なことはなかった。宦官エウセビウスは、ガルスを刑場に送った〝裁判〟の〝裁判長〟でもあったからだ。ミラノに釘づけになっていた二ヵ月の間、ユリアヌスは、兄と同じ運命をたどることになるか、それとも無実と見なされるかの、危うい線上にいた。もしもこの去勢高官が皇帝に、ユリアヌスには殺されたガルスの復讐をする怖れがあるとでも報告すれば、ユリアヌスもまた、そのままポーラの城塞に送られるからである。

そのユリアヌスを救ったのが、皇后のエウセビアである。ギリシアの高貴な家の生れで、若く美しく教養も高い女人は、最も皇帝が待ちのぞんでいた子を恵むことはできなかったが、皇帝の愛情と尊重の念を誰よりも享受していた人である。本質的には気が弱く、陰気で閉鎖的で残忍なコンスタンティウスにしては、珍しい情感の発露でもあった。

皇后エウセビアは、自分とは同じ年頃のユリアヌスが直面している不幸に、同情したのかもしれない。ミラノの皇宮内での待機を命じられたままで二ヵ月が過ぎた頃になって、ようやくのことでユリアヌスは皇帝に会うことができた。その席上彼は、精力的に自己弁護を展開したという。自分には、学ぶこと以外の野心はないこと。兄ガルスとは性格も正反対で母もちがい、兄弟の仲という感情は強くなかった等々。もともとからして疑い深い相手の疑いを、晴らさねばならないのである。二十三歳の若者の口からどのような言葉が出ようと、誰にも非難はできなかった。肉親でも平然と殺させてきた人を、前にしているのである。そしてこの日だけが、宦官エウセビウスというフィルターを通すことなく、自分に関する情報を、自分の命綱をにぎっている人に直接に伝えることができるのだった。

やはり、面と向っての弁明は効果あったようである。皇帝コンスタンティウスはそれ以後も親しく会ってくれたわけではなかったが、ギリシアのアテネで哲学を学ぶ許可を与えてくれたのだった。ユリアヌスにとっては、それで充分に満足だった。しかし、哲学のメッカの観あったアテネを満喫できたのは、春から秋までの半年に過ぎなかった。その年の秋も終わろうとしていたある日、ユリアヌスの許に、皇帝からの呼び出しが届いたのだった。

この半年の間、コンスタンティウスは、考えを決めかねていたのである。副帝（カエサル）を置く必要は、以前にも増して高まっていた。

今のところはまだ緊急な対策までは求められていない「防衛線（リメス）」は、ペルシア軍と向い合う東方（オリエント）しかなかった。

一方、ドナウ河が防衛線のヨーロッパ中央部は、この大河の北岸一帯を埋めつくした観のある北方蛮族が、いつ、どこから侵入してきても不思議ではない状態にあった。

しかし、このドナウ防衛線（リメス）よりも絶望的な状態で、もはや防衛線とか防壁を意味する「リメス」（limes）とは呼べない状態にあったのが、ライン河である。

アルプス山脈から発して北海にそそぎこむライン河は、紀元前一世紀半ばのカエサルによるガリア征服以降、ローマ帝国の領土になって四百年が過ぎている。その間ずっと、現代ではオランダの南部、ベルギー、ドイツの西部、スイス、フランスを網羅する古代のガリアの、ライン河は防波堤でありつづけたのだった。もちろん、「防波堤（リメス）」として完璧に機能していたのは紀元二世紀までで、「三世紀の危機」が代名詞化した紀元三世紀は、「防衛線（リメス）」としてのライン河は、蛮族の侵入によって破られつづけたのは事実だ。それでも、ライン河の線で敵の侵略をくい止める努力は、紀元三世紀末のディオクレティアヌス帝まではつづけられたのである。

「防衛線（リメス）」のところで敵の侵入をくい止める戦略が完全に放棄されたのは、コンスタンティヌス大帝の時代からであった。ただし、コンスタンティヌスは、ライン河での防衛から侵入してくる蛮族を個々にたたく戦略を、新たにつくり出したのではない。攻めこまれてはじめて撃退するという戦法は、三世紀を通じてほとんど既成事実化していたのである。大帝がやったのは、それをローマ軍の公式の戦略として確立しただけであった。だが、この帝国の戦略の方向転換によって、元首政時代にはライン河沿いに数珠つなぎのように連なっていたローマ軍団の基地の多くが、無人化か、それほどではなくても、農業と兼業の兵士たちが守るだけの要塞になっており、もはや、「防衛線（リメス）」と呼ぶには恥ずかしい程度のものになり下がっていたのである。

ただし、大帝コンスタンティヌスは戦略を放棄したのではなく転換したのだから、「リメス」を形成していた各基地の守りが手薄になるのに反比例して、皇帝直属の遊撃軍団の軍事力が増強されたのはもちろんだ。そして、増強された遊撃軍団の主力を、ローマ帝国に帰化した、としてもよい蛮族出身の将兵が占めるようになっていったのも、コンスタンティヌス大帝の時代からなのであった。蛮族と言っても、出身部族との縁は薄い一匹狼的な人々だったが、それゆえになおのこと、皇帝にとっては信用置ける部下になりえたのである。

しかし、異質の要素（エレメント）でも組み入れて活用するのはリーダーの才能の一つだが、それを息子までが持ち合わせているとしたら、そのほうが稀有なのである。紀元三五〇年に発生した蛮族出身の将マグネンティウスによる大帝の三男コンスタンス殺害は、ローマ軍内の異質の要素の不満が、自分たちの最高司令官である皇帝に向って爆発した好例でもあった。ローマ的な防衛戦略の具体例である「防衛線（リメス）」が事実上放棄されたのと時を同じくして、ローマ軍の内実のほうも動揺が激しくなる一方であったのだ。

蛮族出身の将による反乱は、三年の後に、マグネンティウスの自殺で終結した。だが、この三年の内戦で、ローマ軍のベテランの多くが戦死していたのである。ベテランの多くはマグネンティウス同様に、ローマ帝国に帰化した蛮族出身者。そして彼らは、今ではローマ軍の主力。この人々の死がローマ軍の戦力の低下につながったのも、以上の理由によったのであった。

そして、三年にわたったこの内戦で、戦力的には最も深い傷を負ったのは、マグネンティウスの勢力の地盤でもあった、ライン河から西のガリアであったのは当然である。いかに少なく見積っても、内戦の三年間で三万は失っている。三万を越える戦闘のベテランの補充は、容易にはできることではない。広大なガリアの防衛力は、決定的に低下していたのである。しかし、この事実に早くも気づいたのは、皇帝コンスタンティウスよりも、ライン河の東にいて西への侵入を常に狙っている、蛮族のほうであったようだった。

三五三年八月、マグネンティウス、リヨンで自殺。内乱終結。

三五四年十二月、副帝ガルス、斬首刑に処される。

三五五年二月、ユリアヌス、ミラノに呼び出される。五月から、アテネで学究生活。

三五五年十一月、再びミラノに呼び出されたユリアヌスを、正帝コンスタンティウス、「カエサル」（副帝）に任命。

ユリアヌス、副帝に

紀元三五五年十一月六日、ユリアヌスにとってその日は、二十四歳の誕生日だった。だが、誕生日を祝ってくれた人はいなかった。祝うどころか、それに気づいた人さえもいなかった。ひとかどの家庭ならば、幼少時からともに学びともに育ち、成人してからも傍近くで仕える奴隷がいるのが、ローマの上流階級だった。だが、六歳から二十歳までを、隔離され幽閉されて過ごしたユリアヌスには、そのような人さえもいなかったのである。

その日、大勢の人の前に立ったこともなかったユリアヌスは、「正帝（アウグストゥス）」コンスタンティウスから、召集を受けて集まったローマ軍の将兵たちに、「副帝（カエサル）」として紹介されたのである。昨日までのユリアヌスは、ギリシア哲学者の商標の観のあったあごひげを伸ばし放題にしていたのだが、それもきれいに剃られ、まるで毛を刈りとられたばかりの羊のように変わっていた。身にまとうのも、市井の人の着る自然色の長衣（トーガ）と何の飾りもない革のサンダルから、白い短衣（トゥニカ）の上に着けた皮製の胸甲に紅（くれない）の大マントという、ローマ軍の将軍の正装に変わっている。どうやら紫色の大マントは「正帝」のもので、「副帝」と将軍たちのマントは赤であったようだが、赤よりも紫に染めるほうが、断じて高くついたからかもしれない。

このように正式なローマの軍装に身を固めて兵士たちの前にデビューしたユリアヌスだったが、背丈は並でも威風堂々とした体軀の持主ではない。どちらかと言えば、弱々しい印象を与える。それに、軍装を身につけることからして、その日が初めてなのだ。兵士たちも、笑い出すよりもびっくりして声も出なかったらしい。だが、彼らの最高司令官である皇帝が任命した副帝である。左手でささえる盾（たて）を右手にもつ剣でたたいて音を出すという、ローマ軍では伝統的な兵士の賛意を示すやり方で、ユリアヌスの副帝就任にＯＫを出したのであった。

軍装姿の皇帝

副帝に就任させられると同時に、ユリアヌスは結婚もさせられた。妻となったのは、大帝コンスタンティヌスの娘の一人で、正帝コンスタンティウスには妹になるヘレナ。二十四歳になったばかりのユリアヌスよりは、相当に年上であったらしい。そして、副帝に就任した日から一ヵ月も経っていない十一月三十日、ユリアヌスは、雪の降るアルプスを越えてガリアに向った。

副帝に就任したことと、就任直後の最前線への派遣の裏には、皇后エウセビアの夫への働きかけがあったからだと、小説家たちは書く。ちなみに、ユリアヌスの生涯は反逆的でしかも劇的でもあるので小説の主人公に向いているのか、彼を主人公にした歴史小説は多い。日本にも、辻邦生の『背教者ユリアヌス』がすでにある。アメリカ人の作家ゴア・ヴィダル（Gore Vidal）の『ジュリアン』（Julian）は、世界的なベストセラーであったというのも納得がいく出来栄えである。これらの小説仕立てにした諸作品に共通しているのが、皇后エウセビアのユリアヌスに対する思い遣りの深さ、ないしはプラトニックな愛情、なのであった。

おそらく、これら歴史小説家たちの見方は当っているのだろう。決断を下さねばならない場合でも、慎重というよりも迷うのがコンスタンティウスであったから、最愛の妻からの助言は、一歩を踏み出す力を彼に与えたのかもしれない。

しかし、たとえ愛する皇后の推挙がなかったとしても、コンスタンティウスには、血縁者ではただ一人残ったユリアヌスを呼び出し、副帝にし、ガリアに送りこむ必要は充分にあったのだ。

幸いにも今のところはペルシア王の攻撃を心配する必要まではなかったが、ドナウ河では北から南に、ライン河では東から西へと、部族ごとに分れてのゲルマン民族による侵入が激増していたのである。

ドナウ河とライン河の両方の防衛を、コンスタンティウス一人で担当するのは不可能だった。現代ならば、フランスを荒らしまわる蛮族を相手に闘うのと、バルカン地方に侵入した蛮族の撃破を同時に行うようなものである。これはもう、一方を他の誰かにまかせないかぎり、ドナウ河もライン河も守れなくなるのは眼に見えていたが、ユリアヌスにまかせると決めるのに、半年は迷ったのである。だが、いかに迷おうと、帝国の防衛の最高責任者でもあるコンスタンティウスには、他に選択肢はなかったのだった。

しかし、ユリアヌスにまかせたのが、ドナウ河ではなくライン河であったのは、いかにもコンスタンティウスらしかった。より困難な地域に、副帝を送りこんだことになるからだ。この場合の困難度は、侵入してくる蛮族の量ではない。守るローマ軍の、質と量のほうだった。三年にわたった内戦で、ベテランをより多く失ったのが、ユリアヌスが送りこまれたガリアであったからだった。ユリアヌスは、主戦力の多くを欠いた軍勢を率いて、ライン河を越えて侵入してくる、いやすでに侵入してガリアの中を我がもの顔で闊歩しはじめていた、蛮族を撃退しなければならなかったのである。

とはいえ、小説家たちの書くように、ユリアヌスの大成功までは望んでいない正帝が、わざと副帝ユリアヌスには充分な兵力を与えなかった、とするのは、正帝コンスタンティウスには気の毒な見方ではないかと思う。コンスタンティウスもまた、ガリアほどではなくても内戦の三年で相当数のベテランを失ったドナウ河防衛軍を率いて、侵入してくる蛮族の大群に対処せねばならなかったのである。同時に、東のペルシア王の動きにも、注意を怠ることは許されなかった。そして、もしもペルシア王が動き始めようものなら、ただちに東方に駆けつける必要が彼にはあったのだ。ローマ帝国の皇帝（インペラトール）にとっての責務の第一は、ローマ帝国全体の安全を保障することである。副帝は帝国の一部の防衛の責任者だが、正帝は、ローマ軍の最高司令官でもある以上、帝国全体の安全保障の責任者なのであった。正帝コンスタンティウスには、いざとなれば東方に向う可能性も常に頭に置いて、兵士をかかえておく必要もあったのだ。

また、ユリアヌスはまったくの無経験者である。戦場などは、それまでに見たことさえもなかった。机上の教育も受けていない。兵士たちと身近に接触したことさえもなかったのだ。それが二十四歳の若さで、ガリア方面担当のローマ軍司令官に就任したのである。このユリアヌスの成功か失敗かの賭でもしていたら、失敗に賭ける者のほうが圧倒的に多かったろう。正帝コンスタンティウスも、さしたる期待もせずに送り出したのではないか、と思ってしまう。そして、結果の予測さえもつかないこのユリアヌスに対しては、充分な兵力を託す気持もなかったろうし、もしあったとしても、その余力は、紀元三五五年当時のコンスタンティウスにはなかったのであった。

二十四歳になったばかりのユリアヌスは、自由勝手に闊歩しているのは蛮族で、なるべくそれらとは遭遇しないよう身を隠しているのがローマ軍という状態のガリアに、文字どおりの身一つで放りこまれたのである。だが、期待されていないということは、自由にやれるということでもあった。ただし、副帝にはなってもユリアヌスの場合は、正帝コンスタンティウスの疑いの眼をかわしながらでしか、得られない自由ではあったのだが。

コンスタンティウスとキリスト教

軍事上の才能では父大帝にはるかに及ばなかったコンスタンティウスだが、新興の宗教キリスト教への貢献度ならば、なかなかに見事な第二走者であった。つまり、父大帝の敷いた路線の上を忠実に、しかもそれを補強しながら走ったのだから。

この「路線」がどういうものかを改めて考えるうえでも、そのスタート・ラインとなった「ミラノ勅令」

を、もう一度振り返ってみたい。内容の要約ではなく、第十三巻ですでに紹介済みだが、書いた人の行間の想いにまでも迫れる全文の翻訳で。紀元三一三年六月に帝国全域で公布された、当時はまだ存命したリキニウスとの連名の勅令である。

「以前からわれわれ（コンスタンティヌスとリキニウス）二人は、信仰の自由は妨害されるべきではないと考えてきた。それどころか、信仰とは、各人が自分自身の良心に照らして決めるべきことと考えてきたのである。それゆえすでに、われわれ二人の統治する帝国の西方では、キリスト教徒に対しても彼らの信仰を認め、信仰を深めるのに必要な祭儀を行う自由も認めてきた。しかし、この黙認状態が、法律を実際に施行する人々の間での混乱を呼び、ゆえにわれわれのこの考えも実際には死文化していたことは認めねばならない。

それで正帝コンスタンティヌスと正帝リキニウスの二人は、帝国のかかえる数多の課題を話し合うためにミラノで落ち合ったこの機会に、神への信仰という、帝国民の誰にとっても非常に重要な問題に対しても、明確な方向づけが成されるべきとの結論で一致した。

それは、キリスト教徒にも他のいかなる宗教を奉ずる人にも、各人が良しとする神を信仰する権利を完全に認めることである。その神が、何であろうと、統治者である皇帝とその臣下である国民に平和と繁栄をもたらすならば、認めらるべきなのだ。われわれ二人は、われわれの臣下の誰に対しても、この信教の自由を認めることが、最も合理的であり最善の政策であることで合意に達したのである。

今日以降、信ずる宗教がキリスト教であろうと他のどの宗教であろうと変わりなく、各人は自分が良しとする宗教を信じ、それに伴う祭儀に参加する完全な自由が保証される。それがどの神であろうと、その至高の存在が、帝国に住む人のすべてを恩恵と慈愛によって、和解と融和に

コンスタンティウス

導いてくれることを願いつつ」

勅令はここから、勅令という形をとった国家の政策を、帝国の各地方で実際に施行する行政官に向けての指令に変わる。

「以上がわれわれ二人の決断であるからには、これまでに発令されたキリスト教関係の法（具体的にはディオクレティアヌス帝による弾圧の諸法）は、今日以降はすべて無効になる。それは、これ以降は、キリスト教への信仰を貫きたいと願う者には、信仰は何の条件もつけられずに完璧に保証されるということである。

しかし、キリスト教徒に認められたこの信教の完全な自由は、他の神を信仰する人にも同等に認められるのは言うまでもない。なぜなら、われわれの下した完璧なる信教の自由を認めるとした決定は、帝国内の平和にとって有効であると判断したからであり、それには、いかなる神でもいかなる宗教でも、その名誉と尊厳を損なうことは許されるべきではないと考えるからである。

そして、これまでに損なう処遇を受けること多かったキリスト教徒に対してはとくに、没収されていた祈りの場の即返還を命ずることで代償としたい。また、彼ら信徒の属す教会や司教区が所有していながら没収されていた資産のすべても、ただちに返還を命ず。それらが没収後に競売に付され、それを買い取って所有している者には、返還に際しては正当な値での補償が、国家によって成されることも明記する」

この勅令で特筆さるべきことは次の二点である。

第一に、他の諸々の宗教同様に、キリスト教も公認されたこと。

第二は、弾圧時代に没収された教会資産の返還を命じ、それに必要な補償は国家がすると決めたこと。

いずれも、ローマ帝国皇帝としては前例のない決断であった。そして、この十年後にはリキニウスは敗死し、その後はコンスタンティヌスの、つまりは「ミラノ勅令」を主導した人の世の中になっていくのである。

「ミラノ勅令」は、諸宗教の信仰の自由を保証した文面になってはいるが、それは建前であり、本音はキリスト教に公式な立場を与えることにあるのは、文面を追うだけでも明白だろう。実際、その後のコンスタンティヌスは、キリスト教優遇への道をひた走りすることになる。

コンスタンティヌスは、皇帝私産、と言っても国庫の一部、を使って教会を建て寄贈していった。自ら新設した首都コンスタンティノープル内の諸教会は当然としても、ローマの聖ピエトロ大聖堂やイェルサレムの聖墳墓教会を始めとする帝国の主要都市の教会は、そのほとんどがコンスタンティヌスが建てたものである。神に祈りを捧げると同時に、何かと言えば信徒たちの集まる場所を、皇帝自らが提供したのだ。

また、キリスト教会には、教会という建物だけでなく、諸々の教会活動をしていくための経費が必要だ。信徒の寄附でまかなうのが理想だが、恒常的な経済基盤が確立されるならば、そのほうが理想的である。古代の経済基盤はまず何よりも農耕地で、それにつづいて原材料を加工する手工業、製品を売る商店も加わる。コンスタンティヌスはこれらも、キリスト教会に寄贈したのである。

これがキリスト教の振興にどれほど大きく寄与したかは、第十三巻で詳述したのでここではぶくが、キリスト教がローマ伝来の宗教とちがったことの一つが、専業の聖職者階級をもつ点にあったことは忘れるわけにはいかない。市民の兼業ではなくそれだけしかしない専業なのだから、聖職者の日々の生活に要する経費は不可欠であり、その経費を産む経済基盤を寄贈してくれる人は、キリスト教会にとってこれ以上はないありがたい存在になるのだった。

さらにコンスタンティヌスは、これらキリスト教会の聖職者たちの公務免除も法制化している。「聖職者は、他の諸々の任務にわずらわされることなく、聖なる任務にのみ専念するべきである。そのほうが国家にとって、計り知れない貢献を成すことになる」というのが、国策化の理由であった。

そして、「他の諸々の任務にわずらわされることなく聖なる任務に専念すべき」と言った以上は、次にくるのは聖職者への免税になるのは当然の帰結である。「聖なる任務」となれば報酬は期待してはならないはずで、報酬がなければ税も課せないからである。コンスタンティヌス大帝のキリスト教優遇策が、聖職者の公務免除、課税免除、そのうえ、元首政時代の税制では独身者にとって不利であった点の解消、と進んだのも、「支配の道具」（instrumentum regni）としてであろうとキリスト教の振興に力をつくすと決めたコンスタンティヌスにしてみれば、当然すぎるくらいに当然な方向なのであった。

ここまでやり終えて、父皇帝は息子にバトンタッチしたのである。死ぬ直前に洗礼を受けることから何から、父をまねること多かったコンスタンティウスだ。一研究者によれば、バトンタッチ後は、「確信をもって歩みを進めた」のであった。

紀元三四六年、帝位に就いてから九年が過ぎたコンスタンティウスは、キリスト教会に限定されていた免税枠をさらに広げる。父の時代にはまだ、司教、司祭、助祭と教会内のヒエラルキーを下ってきた線の内側に留まっていた免税対象者だったが、教会関係の使用人や教会所有の農地や工場や商店に働く人々までもが、「徴税者名簿」としてもよい「census」からはずされると決まったのである。この時代の主な税は人頭税と地租税だが、人頭税は払わなくてよい、となったのだ。

しかし、ここまで皇帝の親キリスト教会の政策がつづけば、教会側もついつい図に乗ったのだろう。リミニで開かれた公会議では、地租税も免税にとの請願が司教たちから出された。だが、この時点では皇帝コンスタンティウスは、税の免除は人頭税のみとする、という線は譲らなかったらしい。ただしこれも、わずか二年後には別の法が公布された結果、司教たちの夢は実現することになる。政教分離が文明国の証明のように思われている現代でもなお、宗教法人への非課税は存在する。「聖なる任務」が意外にも「聖でない任務」よりも大なる収入をもたらすのは、人間社会の歴史的現実であるにもかかわらず、人間は、宗教を旗印にかかげられるとついついひるんでしまうのかもしれない。その論議は措くとしても、もしも紀元四世紀のローマ社会を図解するとしたら、次頁のようではなかったか、と思えてならない。なにしろ、コンスタンティヌス大帝とその息子によるキリスト教会優遇策は、これで終わりにはならなかったからであった。

それまでは、聖職者になって以後の私有財産の保持は認められていなかったのである。聖職に就くや、それまで所有していた資産は、教会に寄附するか、でなければ肉親の誰かに贈ると決まっていた。それが、息子コンスタンティウスの時代になって、聖職者になって以後も所有しつづけることが認められたのである。コンスタンティウス帝の定めたこの法が、どれほど資産家の心情に影響したかは計り知れない。

第一に、資産をもてばもつほど人間は、それを所有しつづけることに執着する生きものであること。第二は、それまでは課税の対象にされていた資産も、所有者が聖職に就けば、聖職者非課税の法の適用範囲に入ることになり、課税対象からははずされるというメリット。

貧しい人々に心の救いをもたらしてきたキリスト教会は、裕福な人々にも〝救い〟をもたらすことも忘れてはいなかったのである。

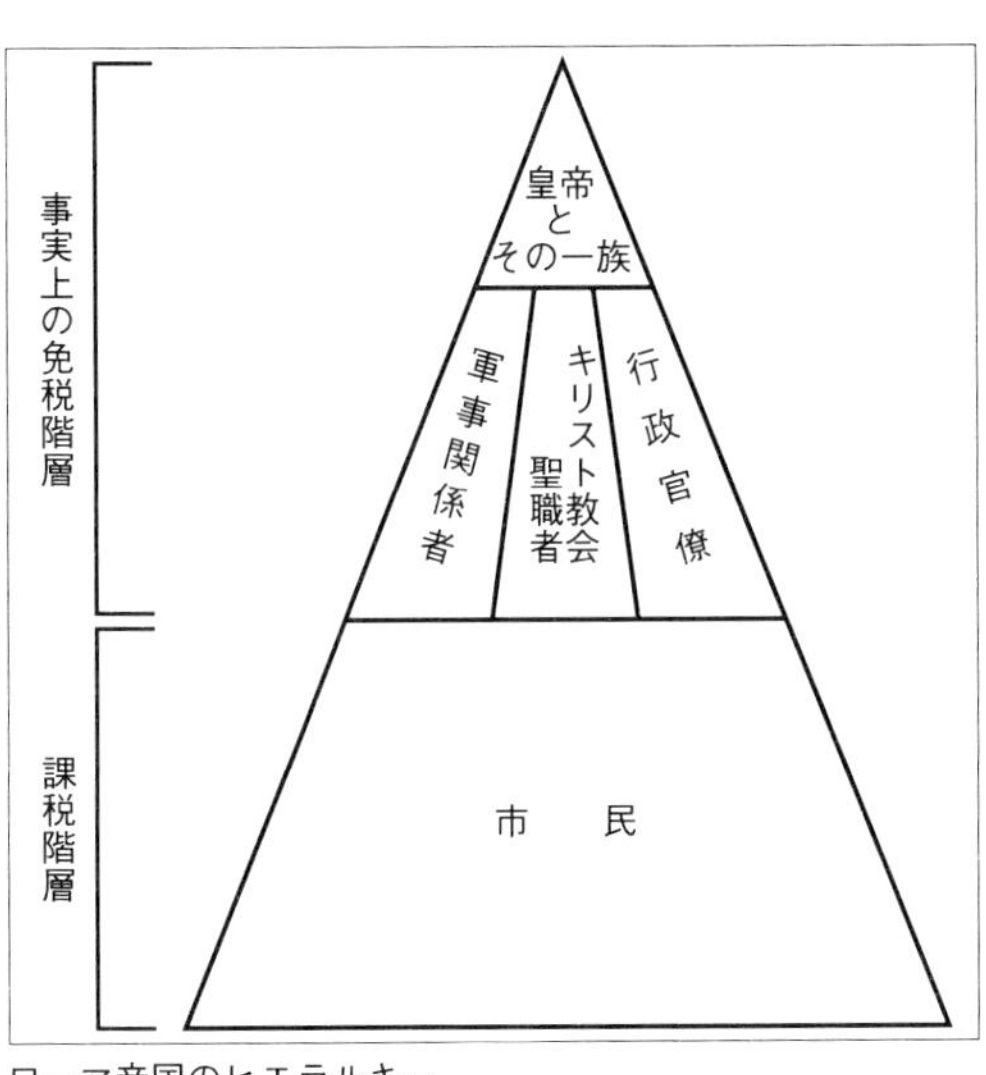

ローマ帝国のヒエラルキー

「確信をもって歩みを進めた」と言われるだけに、皇帝コンスタンティウスの親キリスト教政策が、他の宗教、それもとくにローマ伝来の宗教を排斥する方針を明確にしてくるのも当然であった。「ミラノ勅令」当時はまだ、ローマ伝来の宗教は敵視されてはいなかった。だがそれも、皇帝たちの親キリスト教路線が明確になるにつれて変わってくる。

まず初めに、夜中に犠牲を捧げることが禁止された。大切な財産である家畜を殺しそれを焼く煙の中で祈るのは、古代の宗教にとっては、後代のキリスト教会で蠟燭に火を点けて祈るのに等しいのだが、それを夜中に行うことが禁じられたのである。

そしてこれにすぐつづいて、日中に行われるのが普通だった、ローマ伝来の神々に捧げる公式の祭儀と、それに伴う犠牲を捧げることも禁止された。

しかし、この二つの禁令も、それが発布されるやただちに異教の神に捧げる祭儀と犠牲式は姿を消した、というほどの効力は発揮しなかったようである。三年後に、禁令は再び発布されているからだ。ただし、その年の禁令には、違反した者は死罪に処す、と明記されてあった。

同時期、偶像崇拝を禁ずる法も発布された。ギリシア語でもラテン語でももともとは「イメージ」を意味する言葉から派生した「偶像」を崇拝することを、辞書は次のように説明している。

一、宗教的な象徴として、具象化された像を尊崇すること。

二、特定人物を、絶対的な権威として尊敬すること。

最高神ゼウスも海の神ポセイドンも知の神アテネも、ましてや神君カエサルや神君アウグストゥスに至ってはもちろんのこと、偶像と見なされて断罪されることになったのだが、イエス・キリストや聖母マリアやペテロや天使となると偶像ではなかったのだろう。ちなみに、日本語では偶像と訳されている言葉の語源は「idolo」、「アイドル」も「イディオータ」(馬鹿)も、この派生語である。

そして、偶像崇拝禁止令につづいたのが、神殿の閉鎖命令であった。この禁令の対象になったのは、ギリシア・ローマの神々に捧げられた神殿だけではない。シリアの太陽神殿もエジプトのイシス神殿も、閉鎖されたことでは同じなのである。事実、エジプトのアレクサンドリアでは、閉鎖に反対した住民たちの暴動まで起こっている。だが、ローマが支配してきた帝国内で圧倒的に多かったのは、何と言ってもギリシア・ローマの神々に捧げた神殿であった。キリスト教徒が「異教」と言えば、それはギリシア・ローマの宗教の意味であったのだから。

「閉鎖」までくれば、「破壊」に進むのはもはや時間の問題である。だが、皇帝コンスタンティウスは、異教の神殿の破壊までは命じていない。勅令では、建材に転用するのならば神殿から調達してくるのを許可しているだけである。しかし、実際問題としては、この公式な認許こそが破壊の第一歩になるのは明らかだった。円柱をとりはずせば、建造物は立っていられなくなるのだから。

ただし、この四世紀半ばの時期はまだ、偶像の崇拝は禁じられても、偶像と見なされた像の破壊まではいかなかったのである。

大帝コンスタンティヌスが新設した東の首都コンスタンティノポリスからして、「偶像」であふれ返っていたからだ。建設当初からこのコンスタンティノープルには、キリスト教の首都として建設したからには当然だが、ギリシア・ローマの神々に捧げられた神殿は一つもなかった。だが、古代人は、とくにローマ人は、立ち並ぶ彫像で飾られた都市でなければ都市とは見なさない。大帝コンスタンティヌスも、「新しきローマ」と呼んだこの新都建設にあたって、ギリシアを中心にしたローマ帝国の東方全域から、大理石の彫像を多量に徴発して運ばせ、それらを並べ立てて新都を飾ったのである。おそらく、このキリスト教の首都はしばらくの間、キリスト教の教会とギリシア・ローマの神々の像が共存する都市であったろう。ギリシア人は最も美しい形は裸体であると信じていたので、その優先権は神々に与えている。というわけで神々の像となれば常に、裸体か半裸体で表現される。キリスト教の教会と裸体の彫像の共存は、キリスト教的に考えれば許しがたいが、人間性の現実から見ればより自然な光景ではなかったか。だが、裸体の神像の生命も、この後半世紀足らずでしかないのだった。

大帝コンスタンティヌスとその息子コンスタンティウスの二代にわたって実施されてきた、キリスト教の振興を目的にした諸政策は、時代順に分ければ次の三段階になる。

第一段階、公認することで、他の諸宗教と同等の地位にする。

第二段階、キリスト教のみの優遇に、はっきりと舵を切る。

第三段階、ローマ伝来の宗教に、他宗教排撃の目標を明確にしぼる。

第一段階と、それに加えて第二段階の本質的な部分までは大帝コンスタンティヌスが、第二段階の残りと第三段階までを、息子のコンスタンティウス帝が継続したと考えてよいだろう。息子は多くの面で父ほどの才能の持主ではなかったが、キリスト教優遇策においては終始一貫していたのだった。そしてこの路線で、半世紀が過ぎていたのである。

俗界の支配者がこうも首尾一貫していたのだから、聖界もそれを感謝し、こちらのほうも一致して俗界の支配者に協力してきた、となるべきところだが、実際はまったくそうではない。迫害を受けていた三世紀後半からすでに内部抗争はあったのだが、ローマ皇帝が支持にまわり迫害や弾圧も過去となった後は、かえってそれが激化したのである。

ちょうどこの時期、隠遁の賢者として有名だったアントニウスが、シナイ半島の修道院で、百歳は越えると噂された長寿を終えつつあった。エジプト中部のヘラクレオポリス生れのこの人は、キリスト教会内での修道院主義の創始者である。天然の洞穴が容易に見つかる砂漠地帯は、外部との接触を完全に断っての祈りと瞑想の生活に適しているのか、エジプトやシリアに、「修道院主義」と呼ばれる信仰の一スタイルが生れたのであった。

キリスト教会側の伝承を信ずるならば、この砂漠の隠者の生年は紀元二五〇年、没年は三五六年になる。ディオクレティアヌス帝によるキリスト教弾圧を経験し、コンスタンティヌス大帝によるキリスト教公認もその優遇路線も体験した一生になった。それでいながら、『聖アントニウスの生涯』と題されたこの人の言行録には、反キリスト教でも親キリスト教でも、ローマ皇帝への言及は一箇所しかない。紅海に近い地に修道院を建ててからは共鳴者たちの訪問が絶えなかったから、世間の事情に疎(うと)かったのではない。文面からも、帝国東方のキリスト教事情には相当に通じていたことがうかがわれる。

それでいてこの砂漠の隠者の口が火を噴くのは、キリスト教を弾圧する皇帝に対してではなく、キリスト教会内部の、彼にしてみれば「異端」、を非難するときであった。

この聖者の憎悪は、外の敵ではなく内の敵に向けられたのだ。異教徒よりは、キリスト教徒でいながらその教理の解釈ならばちがう人々に向けられたのである。あるときなどはわざわざ砂漠を離れてアレクサンドリアまで出向き、この大都市の司教区を牛耳っていたアリウス派の高僧たちを、面と向って糾弾している。お前たちは最後の異端者であり、アンチ・キリストの最初の先ぶれであると言って。そして、彼を慕って集まる信者たちに向っては、次のように言っている。アリウス派の聖職者たちとは付き合ってはならない、アリウス派の説く教理は十二使徒の説いたこととはまったく反対のことで、あれは悪魔の教理であり、実も種もない頭から生れた考えだ、と。他の箇所では平和で穏やかな信仰生活を説く人が、異端に話が及ぶや一変し、「口にするだけでも忌(いま)わしいアリウス派！」と罵倒する。アリウス派のほうも負けてはいずに、アタナシウス派（三位一体説ゆえにカトリック）の教会や修道院を襲って破壊する。教理の解釈のちがいが感情的な対立を産み、ついには憎悪に駆られての暴力行為に行きつくケースも珍しくはなくなっていたのである。ただし問題は、アリウス派もアタナシウス派も、自分たちの解釈が正しく相手側の解釈は誤っている、と信じて疑わなかったところにあった。

日本語では「異端」と訳され、辞書には、正しいとされる宗教・思想・学説などから外れたもの、とあり、「異端視」は、異端として排斥的に扱うこと、とある。しかし、この日本語訳も源をたどれば、ギリシア語とそれを受け継いだラテン語の「haerĕsis」にたどりつく。ところが、ギリシア人もローマ人もこの言葉を、「選択」の意味で使っていたのである。ギリシア・ローマ時代の「異端」は、「熟考した末に選択した説」であって、「正統な解釈から外れた説」ではなかったのだ。こうであれば選択の結果にすぎないのだから、排斥までは行きようがなかった。それが一神教が支配的になるにつれて、選択は姿を消し、正しいか誤りか、でしかなくなったのである。異端は、耳にするのも忌わしい、となってしまったのだ。「選択」ならば共生は可能だし、道理さえ認めれば相手に歩みよることも可能だ。しかし、誤りの意味の「異端」となっては、たのだった。

共生も歩み寄りも不可能になる。残るは、自分が排斥されない前に相手を排斥する、しかなくなってしまったのだった。

互いに異端視し合っていたのは、聖職者の世界にかぎらなかった。中近東は、世界の三大宗教のうちの二つ(もう一つのイスラムはまだにしても)を産んだ地方である。市井の人までが、良く評せば宗教的なのだ。それに染まっていない数少ない人のうちの一人が遺した記録は、当時の様子を次のように伝えている。

——町のあらゆるところでは人々が、われわれには理解いかないことを熱心に論じ合っていた。街路のわきで、広場で、市場で。布地を売る商人も、両替商も、食糧品を売る店でも。もしもきみが、この品はいくらするのかとたずねようものなら、きみは、商品の値を告げられるよりも先に、父と子と聖霊についての彼の考えをぶつけられるのを覚悟する必要がある。「旦那、息子は父より下位にくる存在だと思いますか?」と。もしもきみが、浴場(テルマエ)の使用人に、湯加減はよいかね、とでも問えば、次の答えが返ってくるだろう。「旦那、神の子は何から生れたと思います?」。そして、もしもきみがパンの値段を聞いたら、パン屋は、値を言う前にまず言う。「父は偉大だ!」と。——

父なる神とその子イエスと聖霊は同質であるがゆえに三位一体であると主張するアタナシウス派と、父と子はちがうとするアリウス派を始めとする各宗派の間での論戦の、これが市井版であったのだった。

しかし、双方ともが敵視し合っていたのでは、ローマ伝来の宗教に代えてキリスト教を帝国の精神上の柱にしようとしている皇帝には困った状態になる。キリスト教会全体が統一していてこそ、支柱になりうるからである。大帝コンスタンティヌスもニケーアの公会議を召集して三位一体説をとると正式に定めたはずだが、大帝の威光も教理論争の場では、その人の生命がある間にかぎったようである。息子のコンスタンティウスの時代になっても、しばしば公会議を召集し、調整に努めねばならなかったのだ。これらの公会議での論戦を逐一追っていくならば、神の意を伝える資格をもつとされている司教たちの言と、反対にその資格はない市井の信者の言が、他者の考えには耳も傾けない排他性において共通していたのがわかる。そしてローマ帝国もますます、排他的になりつつあった。三位一体派が勝つか、アリウス派が勝つか、にかかわらず。一神教の本質そのものが、排他性にあるからだろう。

そしてこれが、「ミラノ勅令」が公布されてからの半世紀の、キリスト教会の実態であった。ユリアヌスが登場したのも、この時代であったのである。

ガリアのユリアヌス

庶民でも、真冬のアルプス越えは避ける。兵士でさえも、冬営という言葉があるように、冬の間は宿営地で過ごすことが許されている。ユリアヌスは、帝国では「正帝」に次ぐ地位の「副帝」だった。ミラノ滞在中の正帝コンスタンティウスがこの若年のいとこを副帝に任命したのは、紀元三五五年の十一月六日である。アルプス山脈を越えてガリアに赴任するのは、翌年の春を待ってでよい、と言えたはずだった。強制されての結婚とはいえ、正帝の妹のヘレナとの生活も始まったばかりである。それなのに、十一月の三十日にはすでに、ユリアヌスはミラノを後にしていた。しかも、新妻も同行せずに。当時の彼には行動の自由はまったくなかったから、副帝(カエサル)に任命されてから一ヵ月もしないでの出発が、正帝コンスタンティウスの意向であったのはまちがいない。二十四歳になったばかりの副帝に随行していたのは、三百六十人の護衛兵のみであったという。

こうも急いで送り出さねばならないほどに、ガリアの現状は逼迫していたのか。

それとも、正帝コンスタンティウスの胸の奥深くに、半ばは死地に追いやる気持があったのか。

もしもそうではなかったとしても、赴任先のガリアで冬の間、翌年の春という戦闘に適した季節にそなえての軍の編成に取り組めとでもいうつもりの、真冬のアルプス越えであったのか。

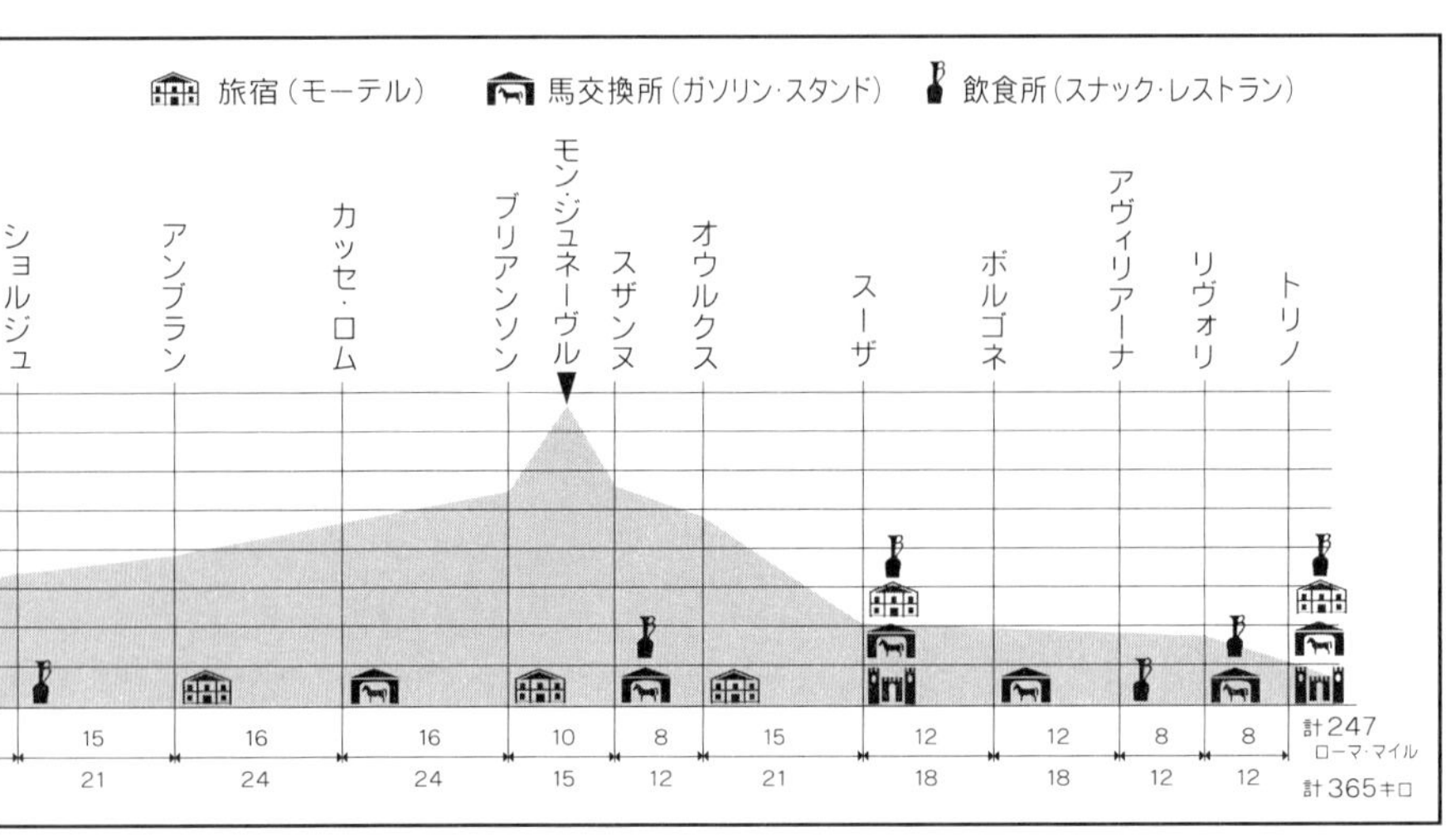

いずれにしろ、コンスタンティノープルに生れ小アジアで育ち、二十歳になって以後は少しばかり行動の自由を享受できたにせよ、せいぜいが小アジアとシリアとギリシアというローマ帝国の東方の、それも一部の地方を知っていたにすぎないユリアヌスにとっての初のヨーロッパ体験は、どんよりと雲が低くたれこめる冬のミラノと、雪の降りしきるアルプスであったのだった。

ミラノを発ってからアルプスを越え、ローヌ河に沿うヴィエンヌに向うには、道筋は二つある。

ミラノから西にアオスタに向い、そこからアルプス越えに入ってグルノーブルに降りてくる。グルノーブルからはヴィエンヌまで、ほとんど直線でつづく街道を行くだけだった。

道筋の二番目は、ミラノからはまずトリノに向い、トリノからはスーザの谷を登っていくことでアルプスを越える。アルプスから降りてくる先はこの道筋でも、ローマ時代はグラティアノポリスと呼ばれていたグルノーブル。

紀元三五五年冬のユリアヌスも、この二つのうちの一つを通ったものと思われる。いずれもローマ式の舗装が成されている、当時の高速道路であった。

また、日本語では社会基盤、社会資本、下部構造等々と

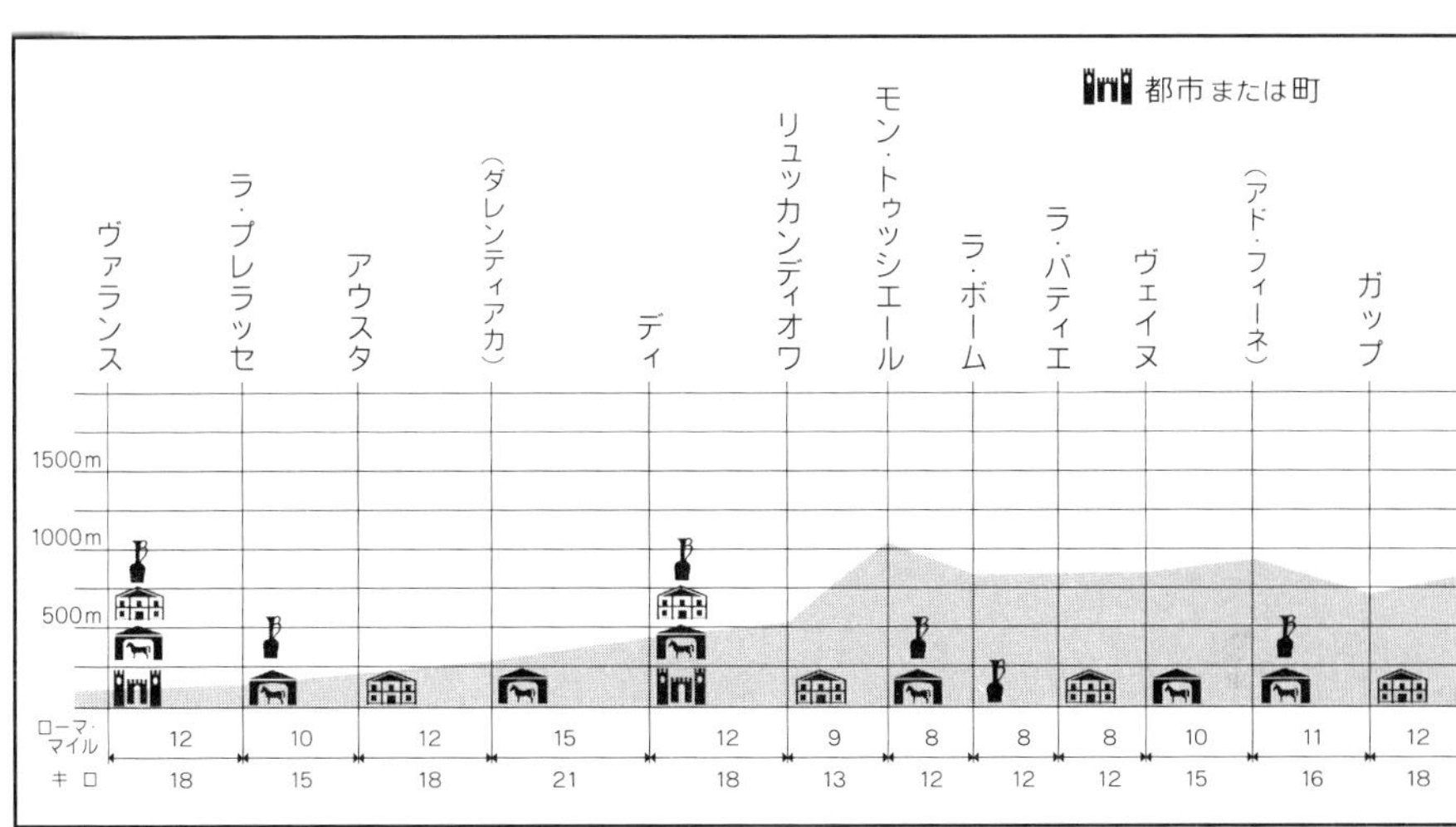

アルプス越えのローマ街道沿いの諸設備（ヴァランスからトリノまで）

訳されるインフラストラクチャーとは、個人の力の限界を越えることだから国家なり地方自治体が代わって行う、ローマ人の言葉を使えば、「人間が人間らしい生活をおくるために必要な大事業」なのである。それゆえに、街道を敷設すればそれで終わり、という問題ではない。その街道を行く人の旅の安全と快適さまでも、可能なかぎり保証されて初めて、ローマ人の考えるインフラになるのだった。ならば当然の話だが、上の図にも見られるように、アルプス越えの難路でさえも、現代の高速道路並みの諸設備が完備していたのである。

ただし、これらのインフラが完璧に機能していたのは、「パクス・ロマーナ」が機能していた時代の話であった。後世に生きるわれわれは、遺された史料から、ローマ街道の恒常的な改修工事の最後が、「パクス・ロマーナ」の終焉と重なり合うことを知っている。その後も一部分のメンテナンスならば幾度か行われたが、それさえも紀元三七五年が最後で、この前後からは確実に、放置された状態でつづくことになる。

街道がこの状態では、街道が通うからこそ成り立っている旅宿や馬の交換所や馬車の修理所等々の諸設備も、これに準じたことだろう。つまり、旅をするのは元首政時代に比べて、速度でも安全度でも快適さでも、格段に低下していたということである。

だが、インフラとは、初めにきちんと作っておけば、放置されてもしばらくの間は機能しつづけるものでもある。ローマ時代のインフラ工事を担当したエンジニアたちは、本格的な改修工事なしでも百年はもつ、と豪語したものだった。街道も街道沿いの諸設備も、サーヴィス度は低下しても機能面ならば、しばらくの間はつづいたのだろう。前頁の図も、紀元三三三年にガリア南部のボルドーからパレスティーナのイェルサレムまでの長旅を敢行した、一人の巡礼者が遺した記録をもとにして作成されている。

ということは、「パクス・ロマーナ」が終わってから百五十年が過ぎた後でも、ローマ人が作ったインフラは、以前ほどではなくても存在し機能しつづけていたということだ。三三三年ならば、ユリアヌスが初めてアルプスを越えた年の二十二年前のことにすぎなかった。とはいえ、歴史上の現象には、数字を通しているだけでは迫れない。紀元三三三年前後とは、大帝コンスタンティヌスの死の四年前にあたり、この皇帝の隠れもない業績の一つであったローマ帝国内への蛮族侵入の阻止が、相当な程度と期間、成功していた時期になる。パクス・ロマーナ時代ほどではないにしても、一応は「パクス」は維持できていたのだ。だからこそ、西ヨーロッパから中近東まで往復するという、長旅までが可能であったのだった。

しかし、その「パクス」も、蛮族出身のマグネンティウスの蜂起で皇帝コンスタンスが殺された紀元三五〇年からは一変する。それ以後の三年間はマグネンティウス対皇帝コンスタンティウス、そしてマグネンティウスが死んでからの二年は、ローマの軍事力低下を利用した蛮族の大規模な侵入で過ぎたのだ。同じ帝国内でありながら、アルプスの西側にあるガリアは蛮族、東側のイタリアはローマ軍と分れてしまっては、アルプス山脈は「通路」ではなく「障壁」になってしまう。そこを往き来する人も物産も、減少するのは当然だった。往来が減れば、そのために常駐していた人も馬も減る。つまり、種々のサーヴィスも低下するということだ。ユリアヌスが越えたのは、このような状態のアルプスなのであった。二十年前には一般市民でも十日で踏破できた山脈越えも、副帝の一行ということで特別なサーヴィスを受けられたにしても、それ以上の日数を要したかもしれないのである。そして、アルプスを越えて入ったガリアの状態も、一巡礼者が安全に敏速に旅ができた二十年前とは様相が一変していたのだった。

だが、ユリアヌスは若かった。若かったからこそ、帝国の東方しか知らなかった彼にとって、アルプス越えから始まったこのガリア行きが、帝国の西方の実態を自分の眼で見る絶好の機会になりえたのだと思う。なにしろ、ガリア全域をまかされた副帝が赴任する先からしてヴィエンヌで、そこからはローヌ河を二十キロ北上すれば着けるリヨンではないことが、何よりも当時のガリアの現状を映し出していた。元首政時代はガリア全体の首都的存在であり、金貨と銀貨の鋳造所を置けるほど安全だったリヨンも、五年前のマグネンティウスによる皇帝コンスタンス殺害とそれ以後の混乱で、ローマ帝国の副帝でさえも安心して本拠をかまえる地ではなくなっていたのである。

紀元三五五年も暮近くになって、副帝ユリアヌスはヴィエンヌ入りした。ローマ時代はヴィエンナ(Vienna)と呼ばれていたこの町は、グルノーブルからリヨンに向う途中の町として発展したので、リヨンの代わりを務めることになろうとは誰も予想もしていない。ユリアヌスが到着した先も、皇宮といっても名ばかりの建物だった。だが、私的な供(とも)は四人しか連れていくことを許されなかったユリアヌスだ。建物と住む人の釣合ならば、このほうが適していたかもしれない。

四人とは、二人の従者に一人の侍医、それに一人の図書係である。侍医とは親友の仲であったので少なくとも一人きりの日常ではなかったが、図書係とてこれだけは検査もされずにパスしたらしい多くの書物(当時は巻物)の係の他に、書記もやり秘書も兼ねる。宮廷人や召使の大群を従えでもしないかぎりは移動しない皇帝の行幸スタイルが通常化していたこの時代、ユリアヌスの小さな宮廷は、彼を迎えた人々に、この副帝の占める地位の軽さを印象づけたにちがいない。

ユリアヌスが心を許すことができたのは、この四人だけであった。後にユリアヌスに招聘されてきた哲学者二人が仲間入りするが、それもまだ先のことである。ガリア行きに際して正帝コンスタンティウスが附けてくれた宮廷人が数人いたが、この人々は正帝のスパイと思うほうが安全だった。ヴィエンヌで副帝を迎えた人々の多くも、油断は許されないことでは同じだった。宦官高官のネットワークは、ガリアにも張りめぐらされていたのである。

マグネンティウス下の隊長でありながら、ムルサでの戦闘前夜にこの蛮族出身の将を見捨て、コンスタンティウスに寝返ったシルヴァヌスの不幸な最期が良い例だった。シルヴァヌスはこの功で、コンスタンティウスによってガリア担当の騎兵団長に昇進していたのである。ところが、四年もしないうちに皇帝の許に、このフランク族出身の将が帝位を狙っているとの情報が入る。コンスタンティウスは、マグネンティウスを倒したと思ったらもう一人の蛮族出身者かと怒り、耳もとでささやく宦官高官の言葉を完全に信じてしまったのだ。皇帝が自分を第二のマグネンティウスと言っていると聞いたシルヴァヌスは、もはや他に道なしと、ケルンに立てこもってほんとうに反乱を起こしてしまう。帝国西方では歴戦の勇将であるシルヴァヌスだけに、その討伐にはわざわざオリエントから、帝国の東方での歴戦の勇将ウルシチヌスを呼び寄せねばならなかった。このシルヴァヌスが処刑されたのは、ユリアヌスがヴィエンヌに入るつい三ヵ月前のことだったのである。

だがこれで、前線での優秀な才能がさらに一人、失われたことになった。とはいえ、閉鎖的で疑い深い性質で、しかも絶対専制君主である皇帝コンスタンティウスにしてみれば、真か偽かはともかくとして芽のうちにつみとるからこそ、帝位の安泰は保証されている、と確信していたのだろう。実際、三兄弟の中で彼だけが長期の治世を享受できたのも、ことが起こる前に消すやり方で、ライヴァルになる可能性を少しでも持つ者の粛清を重ねてきたからだった。父を殺され兄も殺されているユリアヌスは、十三歳年上の最高権力者の仕掛けた罠(わな)には、何よりも注意しなければならなかったのである。

四辺を監視の眼に囲まれている感じで始まったユリアヌスのガリアでの生活だったが、少数にしろ彼に協力を惜しまない人に出会うという好運もあった。ガリアに来てユリアヌスは、諸事にわたっての格好の相談相手には恵まれたのである。その人の名は、フラヴィウス・サルスティウス。ガリアの軍事長官で、副帝のユリアヌスが総司令官ならば、その下で実際上の軍事を担当する地位にある。皇宮内の陰謀とは縁遠い武人肌の人であり、軍事ではまったくのシロウトのユリアヌスが書物で得る知識を、実戦の場に移し変えて説明してくれる人でもあった。なにしろユリアヌスは、赴任地がガリアということで、ユリウス・カエサルの『ガリア戦記』も勉強したのだという。この、公正な精神の持主でもあったサルスティウスのおかげで、二十四歳のユリアヌスは、軍事のみでなく内政面も加えたガリアの実態を学んでいくことになる。

副帝としてユリアヌスが託された地域は、ガリアとブリタニアとヒスパニアである。それを安全保障の面で言えば、ブリタニアとヒスパニアの安全はガリアの安全を回復できるか否かにかかっている、ということだった。これらの帝国西方の各属州の安全を脅かしているのが、ガリアの東の境界であるライン河を越えて侵入してくる北方蛮族であったからだ。

こうなると、今のところはブリタニアとヒスパニアは差し置いて、ガリアの安全の回復に全エネルギーを集中すべきとなってくる。そして、エネルギーを集中して投入する地域も、アルプスから発して北海にそそぎこむライン河をはさんだ両岸にしぼられてくるのだった。

ライン河を「防衛線(リメス)」と最初に定めた人は、ガリアを征服したユリウス・カエサルである。その後、カエサルの後継者アウグストゥスによって帝政に移行したローマは、このライン河の西側を、モーゼル河を境に上流部と下流部に二分し、上流部は「高地ゲルマニア(ゲルマニア・スペリオール)」、下流部は「低地ゲルマニア(ゲルマニア・インフェリオール)」の二つの属州にする。二属州ともが「ゲルマニア」と名づけられたのは、カエサルのガリア征服当時からすでにライン河の西側には、それ以前からガリアに侵入していたゲルマン民族が住みついていたからだった。

帝政の最初の一世紀のローマの国境は、このような事情からライン河になる。ローマ軍の基地は国境でも

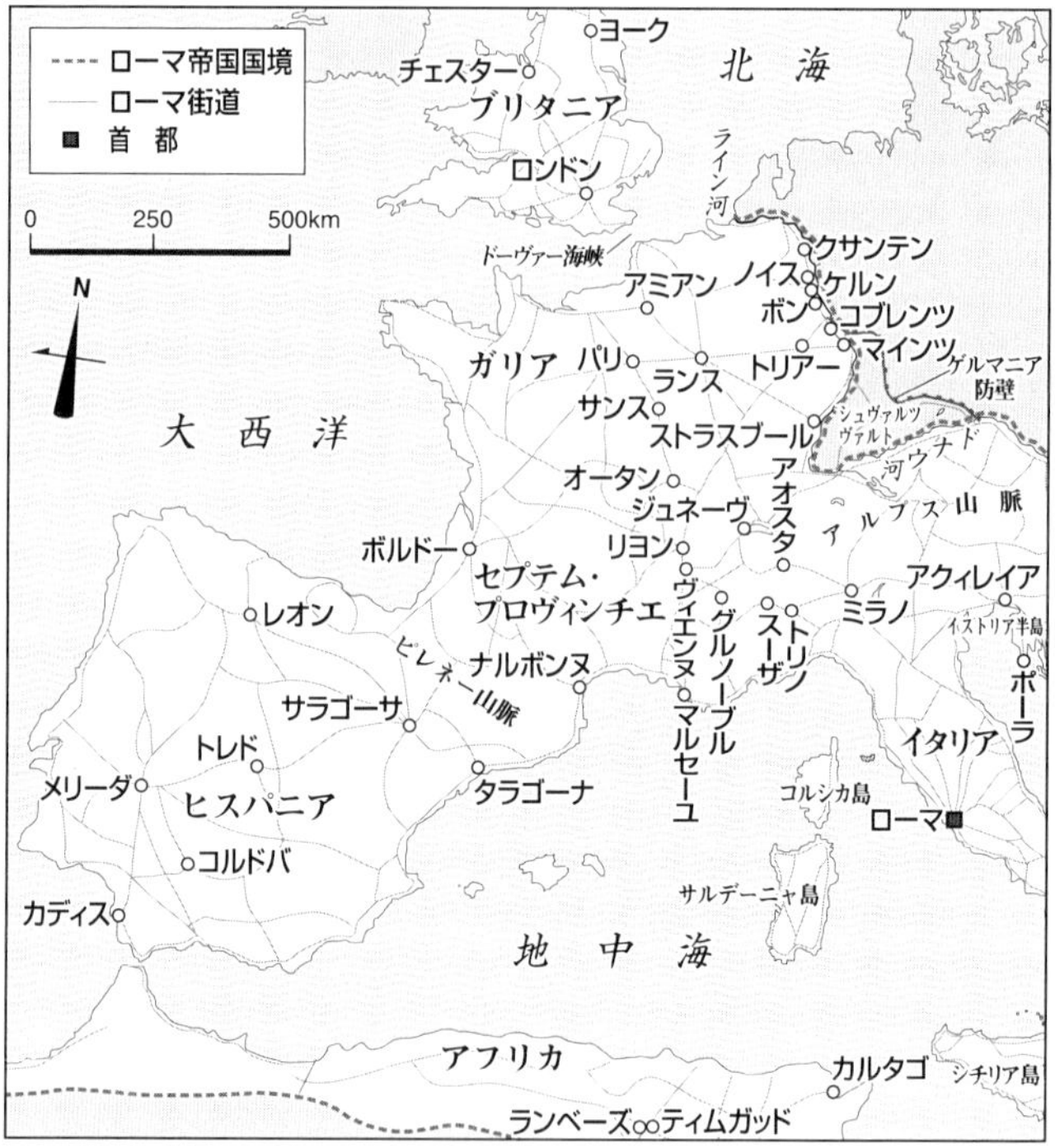

あった「防衛線（リメス）」に沿って配置されるのが普通だが、ライン河でも、「低地ゲルマニア」ではクサンテンにノイスにケルンにボン、「高地ゲルマニア」はマインツにストラスブールと、国境に張りついている、と言いたいくらいに、連なって建設されていた。

それが二世紀に入ると、ライン河とドナウ河の上流地域をシュヴァルツヴァルト（黒い森）ごとかかえこんだ「ゲルマニア防壁（リメス・ゲルマニクス）」が建設され、それがローマ人と蛮族を分離する境界として定着したのである。ローマ時代はモゴンティアクムと呼ばれていたマインツも、アルジェントラーテと呼ばれていたストラスブールも、国境に沿う基地ではなくなってしまったのだ。だが、ローマ人は、ローマの軍団基地から始まって今や帝国内の主要都市の列に加わっているこの二都市から、基地としての役割をとりあげなかった。都市を機能させる要素には、歴史や伝統もあるのだ。それで、軍団はそのままで配置しつづけ、この両基地と前線である「ゲルマニア防壁」を結ぶ地域に街道網を張りめぐらせたのである。蛮族が侵入してくるやいなや、敏速に軍を派遣できるために。昼なお暗いシュヴァルツヴァルトさえも突っ切って複数のローマ式の

ローマ帝国西方

街道を貫通させたのだから、ローマ人の考えるインフラとは、やるからには徹底してやる事業、でもあったのだった。

しかし、百五十年にわたって完璧に役割を果してきた「ゲルマニア防壁（リメス・ゲルマニクス）」だが、それも、現職の皇帝がペルシア軍の捕虜になるという未曾有の不祥事の余波を受けて放棄されてしまう。当面の危機脱出に懸命で、そこ以外の地への防衛に割ける余力がなかったからである。だが、「ゲルマニア防壁」が放棄された紀元二六〇年を境に、マインツもストラスブールも、再びローマ帝国の最前線基地にもどる。ということは、ライン河の東側に住む蛮族の侵入の危険に、ダイレクトにさらされる日々の再来、ということであった。

だが、この線で守れていたのも紀元三五〇年までで、ユリアヌスがガリア入りした三五五年末は、情勢は一段と悪化していた。蛮族侵入の危険にダイレクトにさらされる、どころか、すでに蛮族に家の中にまで侵入され占拠されていた、になっていたのだ。すべては、三五〇年に起こった皇帝コンスタンスの殺害と、その首謀者であるマグネンティウスの反乱に原因があった。このマグネンティウスは、討伐に向ってきた皇帝コンスタンティウスとの戦闘で、率いていた三万六千の兵のうちの二万四千を失っている。この将兵たちは、それまではライン河防衛線を守っていた兵士であったのだ。ライン河を越えての蛮族の侵入がこの時期を境に激増した理由は、だから、ガリアの防衛戦力が三分の一に減ってしまったことにあった。マグネンティウスの起こしたこの反乱は三五三年に彼自身の自殺で終結したが、それがガリアの安全の回復につながらなかった理由も、ローマ軍同士の戦いで、ガリア防衛のローマ軍の兵力が大幅に減少したところにある。

副帝ユリアヌスが送りこまれたのは、このような状態のガリアであったのだ。しかも、正帝コンスタンティウスは、ドナウ河を越えての侵入を狙っている蛮族撃退の必要を理由に、支援の兵力も送ってくれない。兵力増強のための資金も、許可してくれたのは必要にはほど遠い額だった。常識的に考える人ならば、この情況ではいかに努力しても現状の維持が限界だ、と判断しただろう。ユリアヌスも、副帝の標章をつけたマントを身にまとうだけで満足するならば、正帝の疑惑を呼び起こさないことだけを注意していればよい、名ばかりの総司令官でいられたのである。それは、一応は副帝の〝政府〟の所在地となっているヴィエンヌに居つづけることだった。ヴィエンヌならば、いざというときの逃げ道に不足しない。アルプスを越えて東のイタリアに逃げる道もあり、ローヌ河を下って南へ難を避けることもできた。古代では「プロヴィンチエ」(Provinciàe)と総称されていた後代フランスのプロヴァンスは、いまだ北方蛮族の馬のひづめには荒らされてはいなかったからである。

積極戦法

しかし、二十四歳のユリアヌスは、これらの可能性のすべてを捨てるほうを選んだ。年が変わり、人間も馬も筋肉がほぐれる春を待って、ヴィエンヌを後に、東でも南でもない北に向って発ったのである。

紀元三五六年は、ユリアヌスにとっては、副帝としての一年目にあたる。その彼に届いた第一報が、オータンの街が蛮族に攻められて危うかったのが、近くに移住していた退役兵たちが再び武器を手に応援に駆けつけてくれたので難を逃れた、というものだった。ユリアヌスの手許には、弓兵の一隊と重装騎兵の一隊がいるだけだった。だが彼は迷わなかった。その兵士のみを従えて、オータンに向った。

幹線道路を行くならば、ヴィエンヌからリヨンまでは、ローヌ河に沿う街道を北上し、ローヌとソーヌの両河が合流するリヨンからは、ソーヌ川に沿って北上する。だがこの道筋は幹線だけに、蛮族に見つかる危険も多かった。一千にも満たない兵力で、数万はいるという敵と出会っては終わりである。ユリアヌスは、平地を行く幹線よりも、距離は短くても難路な山間の道を選んだ。小規模の兵力には、それなりのメリットもあったのだ。

円形闘技場は当然にしても半円形の劇場が二つもあるオータンは、ローマ時代の名はアウグストドゥヌムといい、要所ごとに塔で固めた城壁に四辺を囲まれ、中央に立つフォールムのところで交叉する二本の大通りと、その通りと外を結ぶ四つの門という、ローマ軍団の基地を思わせる造りになっている。とはいえ、この形の都市の内部を家々が埋めていくのが、ローマ式の都市ではあったのだが。だがそれゆえに、街路も縦(たて)横(よこ)ともに規則正しくチェスの盤のように通っているので、敵の来襲となればその箇所に防衛人員を集中的に投入するのも、敏速に行えたのだろう。ローマ軍団の基地の造り自体が、敵の襲来にそなえて造られていたのだから。蛮族は、数も多く勇敢でもあった。だが、戦略的な、つまり持てる力を効率的に活用する闘い方では劣っており、数箇所に同時に攻勢をかける能力はまだなかったのである。これが、オータンのような中程度の都市でも、数では劣勢でも防衛には成功した要因ではなかったか。ユリアヌスも、それに気づいたのにちがいない。この程度の都市でも来襲がくり返されないかぎりは自衛が可能ならば、敵は、待つよりも追うほうが有効ではないか、と。ユリアヌスは、オータンに留まって敵を待つよりも、敵を追ってさらに北上するほうを選んだのである。プロヴァンスを除くガリア全域に散っている、散っていると言うより蛮族を避けて隠れていた、ローマの残軍のすべてにランスへの集合を命じ、彼自身もランスへと向ったのだった。

ランスは、古代ローマ時代には七本もの幹線道路が集まる、北部ガリアでは一、二を争う要地であり、散っているローマ軍を一箇所に集結させるには適していたばかりではなく、東に進めば、ローマ街道網を使って、「高地ゲルマニア」に駆けつけられる地点にあった。ユリアヌスは、ライン河上流から西に広がるこの一帯をわがもの顔で徘徊しているアレマンノ族の一掃を、最初の目標に定めていたのである。

ランスには、どうやら二万前後の兵は集まったようだった。この兵力で、ゲルマン民族の中でも強大な兵力を誇るアレマンノ族に、戦いを挑む決意であったのだ。常識的に考えれば無謀だが、若さは無謀を有望に変えることさえできる。だが、若いだけに気分も動揺しやすい。昨日までの自信も、日が代わっただけで不安に変わる。そのようなときにユリアヌスは、次の一句を叫んだりしては、自分で自分を鼓舞するのだった。

プラトン

「お、、プラトン、プラトン、哲学の一学徒というのに何たる大仕事！」

ユリアヌスの当面の敵になるアレマンノ族だが、ゲルマン民族と総称される北方蛮族の中でも有力な部族として知られていた。ライン河の下流から侵入を狙うフランク族に対し、アレマンノ族のほうは、ライン河の中流から上流にかけてのローマ領土を侵略していたのだ。一方、ドナウ河の北から侵入してくるゲルマン民族もおり、こちらのほうの有力部族は、サルマティア、クワディと、さらに強大なゴート族。これらの部族がドナウ河防衛線を脅かすゲルマン民族とすれば、フランクとアレマンノは、ライン河防衛線を脅かすゲルマン民族であったのだ。

帝国滅亡時に現代のフランスに侵入して定着したのがフランク族で、フランスの名も、もともとはゲルマン民族だったフランク族に由来している。一方、アレマンノ族のほうも侵入し定着したことでは同じだが、その地は後に、フランスとドイツの抗争の地になるアルザス・ロレーヌ地方。アレマンノという名称はドイツを意味しているのだが、フランス人の先祖のように思われているフランク族も、反対にドイツ人の同胞と見なされているアレマンノ族も、古代まで遡れば同じゲルマン民族中の部族同士なのであった。つまり、ローマ帝国副帝のユリアヌスがガリアの安全を回復するために敵にする相手は、フランク族もアレマンノ族も、当時のローマにとっては、同じ北方蛮族だったのである。

すでにこの二部族は、フランク族は下流から、アレマンノ族は中流と上流からと侵入地点は別ながら、いずれも大挙してライン河を渡り、略奪を期待できそうな都市を次々と攻略し焼打ちしてまわっていた。ライン河に沿ってあるケルン、ボン、マインツ、ストラスブールはもとより、モーゼル河の上流にあるトリアーも、来襲を免れられなかった。これらの都市に比べれば防衛力無しとするしかない村落に至っては、蛮族の去った後は無人の廃墟しか残らなかったのだ。

ゆえにユリアヌスが、古代にはルテティアと呼ばれていたパリを通る線でガリアを西と東に二分し、その線からライン河までのガリア東部を、蛮族撃退を目標にかかげた戦場にする、と考えたのは正しかったのである。いや、正しいと言うよりは、それしか戦略はなかったのだ。

というわけで二十四歳の副帝は、ランスに集合した軍のほとんどを率いて、勇躍、敵を求めて東に向った。ところがアレマンノ族は、長年くり返してきたライン河を渡っての侵入と略奪行で、この地方の地勢は熟知している。そして若くて未経験なユリアヌスは、このような場合には有効な、敵の裏をかく戦略を知らなかった。まるで味方の地を行くかのような隊形で、行軍したのである。つまり、細く長く。しかも、雨雲が低くたれこめる丘陵を縫いながら。

行軍の先頭で馬を駆りながら兵士たちを激励してまわっていたユリアヌスは、行軍の後尾にいた兵士たちが、音もなく襲来してきた蟻の大軍に喰いつくされでもするかのように殺されつつあるのに、しばらくの間気がつかなかった。気がついたときはもはや、行軍の後ろ半分にいた兵の多くが、アレマンノ族の矢と槍の犠牲になっていたのである。記録では二個軍団壊滅とあるが、四世紀のローマの一個軍団の規模は、共和政時代のように四千兵ではなく、元首政時代のように六千兵でもない。帝政後期の一個軍団は、せいぜいが一千兵であったと言われている。それでも二千の損失は相当な痛手であったことは確かで、ユリアヌスに、勇敢であるだけでは戦いはできず、不測の事態への配慮も欠いてはならないことを教えたのである。

ただし、この最初の痛烈な一撃でひるまず、守りよりも攻めで通したところは偉かった。失敗は誰でもするのだが、早期の挽回は、誰にでもできることではないからだ。安全なランスに引き返さず、なおも東への行軍をつづけたユリアヌスとその軍を、緒戦で気を良くしたアレマンノ族が、今度は正面から襲撃してきたのだった。

今度ばかりはローマ軍も予想していたので、ローマ軍式に、つまり会戦方式で闘えたのである。結果はローマ軍の優勢で終わったが、完璧な勝利ではない。敗走する敵を追撃し撃破するまではいかなかったからである。だがこれで、将兵たちのユリアヌスを見る眼が変わった。なおもさらにライン河までの行軍を命ずる若き副帝に、誰もが率先して従うようになったのである。

実に久しぶりに、ローマ軍はライン河にもどったのだ。とはいえ、今のところやれたのは、焼打ちに遭って冷たい雨の中に暗くたたずむケルンの廃墟を、ローマ市民である住民が立ち去っただけでなく、破壊し焼打ちした蛮族までが見捨てたケルンの市内を、言葉もない想いで通っただけであった。

公式の名は「コローニア・アグリッピネンシス」となるこの都市が後代にケルンと呼ばれるようになったのは、ラテン語では植民都市を意味した「コローニア」がドイツ語式に転化したにすぎない。ライン河に沿うこの都市の始まりは、ローマの軍団基地が置かれたことで始まったボンやマインツやストラスブールとはちがう。ガリアを征服したユリウス・カエサルが、ライン河の東側に住むゲルマン民族のうちでも、ウビィ族が親ローマ派であるのに眼をつけ、彼らをライン河の西側に集団移住させたのが、後のケルンの始まりなのである。この地がローマ市民の植民先という意味の「コローニア」に昇格したのはクラウディウス帝の時代になってからだが、それ以前からすでに、ケルンは、ライン河防衛線の要（かなめ）の地位を占めていた。しばしば、前線で冬越しをする総司令官とその軍の冬営地としても使われている。カリグラ帝も、父の任地だったケルンで育った。このケルンの重要性は、同じく軍団基地から始まったわけでもないロンディニウム（ロンドン）が、軍団基地が置かれたことで都市化していったヨークやチェスターよりも、属州ブリタニアの要（かなめ）でありつづけたのと似ている。

このケルンが廃墟と化したということは、ライン河がもはや「防衛線（リメス）」として機能していないということだ。廃墟のケルンに自分の足で立って初めて、ユリアヌスは、ライン河防衛線の再建と蛮族に荒らされた町々の再建を、心に誓ったのではなかろうか。冬の迫りつつある中、冷雨の下でくすむ廃墟は、それがつい先頃までは人と馬と物産の往来で賑わっていた都市だけに、受ける印象は強烈であったろう。ユリアヌスは軍勢に、西にもどるよう命ずる。サンスの町で、冬を越すつもりだった。サンスには、無事に着いたのだ。ところが、兵士たちを冬営先に送り出してまもなく、アレマンノ族が襲ってきたのである。

パリの南東百キロ、ランスからは南南西に百五十キロの地にあるサンスも、城壁をめぐらせた都市づくりになっている。だが、ランスほどの大都市ではない。だからこそ冬営の兵士たちを他の町に送らざるをえなかったのだが、リヨンやパリのようにいざとなれば立てこもれる川中島もないここで、敵に包囲され攻め立てられては、耐えきれる可能性は実に低い。冬営先にいるはずの騎兵長官に急ぎ救援の命令を送ったが、それがなぜかいつになっても姿を現わさない。ユリアヌスは、手持ちの兵力と住民の協力だけで、絶望的な防戦に立ち上るしかなかったのである。

しかし、幸いにも蛮族のほうが、三十日後に包囲を解いて立ち去った。北方の民族ゆえに厳しい天候には慣れた彼らでも、こもる場所とてない平野に天幕を張っての真冬の包囲戦は厳しすぎたのである。だが、この三十日間の攻防は、部下の将兵たちの心の中に、何もかもが不足している事態にもかかわらず、不屈の意志と忍耐を示しつづけたユリアヌスへの敬愛の念を、燃えたたせた効果はあったのだった。だが、ユリアヌスのほうも、冬営地の選択もまた戦略の一つであることを学んだにちがいない。

ゲルマン民族

紀元三五七年の春とともに、ガリアでのユリアヌスの二年目が始まった。ユリアヌスも、二十五歳になっていた。

だが、行軍を命ずる前にすでに、重要なあることはやり終えていたのである。それは、「騎兵長官」（magister equitum）のマルケルスを解任し、代わりにその地位に、一兵卒あがりでも勇敢で積極戦法でも知られていたセヴェルスをすえたことである。マルケルス解任の理由は不服従。サンスからのユリアヌスの救援命令を、言を左右にして結局は果さなかったことが理由にあげられた。ガリアでの総司令官はユリアヌスだ。侵入をくり返す北方蛮族を迎え撃つ必要からも、ローマ軍の主戦力は、もはや伝統の重装歩兵から騎兵に完全に移っている。それゆえ、騎兵戦力のトップは要職中の要職であり、その人の解任は、ナンバーワンがナンバーツウを切ったと同じことになった。

これは、常の場合でも相当なニュースになるが、ユリアヌスの場合は、この解任が正帝の皇宮内に巣くう噂すずめたちの格好の「餌」になるのを覚悟しての、決死の想いで下した決断であったのだ。ガリアでも高官たちのほとんどは、正帝コンスタンティウスが任命した人々で占められていたのである。ユリアヌスは副帝としてガリアのすべてをまかされたのだから人事権もあり、法的には解任は正当だ。しかし、ユリアヌスの「首」からして、正帝の胸しだいなのであった。

兄のガルスも、副帝としてシリアに赴任中に、正帝が任命して送りこんできた高官二人を、実にドラスティックなやり方で排除している。不満を爆発させた民衆の前にまるで生贄(いけにえ)のように供し、彼らに殺させるというやり方で排除したのだ。これが、彼の失脚を狙っていた人々に格好の理由を与えてしまったのだった。と同時に、正帝コンスタンティウスの決めた人事に逆らおうものなら、その疑い深い正帝はいつの日か代償を払わせないでは済まさない、ということを示す一例にもなったのである。

ユリアヌスは、ガルスの弟だった。そして、兄のガルスは首を斬られたが、斬らせたコンスタンティウスは、ただ一人の最高権力者として健在だった。決死の想いで下した決断になった理由も、ここにあったのだ。

しかし、それでもなお、ユリアヌスには態度を明らかにする必要があった。ヴィエンヌでわかったのは、ガリアの内政を担当する高官たちの、副帝ユリアヌスに対する、明確な不服従ではなくてもサボタージュだったが、一年間の軍事行動でわかったのも、軍事を担当する高官たちの、ユリアヌスに対する消極的な協力であった。

これでは、蛮族の撃退など夢である。その目標を全軍に明確に示すためにも、消極戦法を代表していた者は解任する必要があったのだった。

ただし、兄ガルスとちがってユリアヌスは、総司令官による騎兵長官の解任という、法的には何ら問題のないやり方をとったことは忘れてはならない。任命したのはコンスタンティウスだが、それはガリアでの人事権をもつ副帝ユリアヌスの就任以前のことであり、就任後ならば、人事権もユリアヌスに移っていたのだから。陰謀渦巻く中で生きていくには、意外にも、狡く立ちまわるよりも堂々と正面突破するほうが、効果ある場合が多い。実際、コンスタンティウスは、あれほど要請しても送ってくれなかった支援軍派遣にさえも、良い返事で答えてくれるようになったのだった。

ユリアヌスは、紀元三五七年も前年同様に、積極戦法で行く考えでいた。だが、準備は、前年の経験も踏まえたうえで慎重に成される。

まず、使える軍事力だが、一万三千というのが正直な数だった。元首政時代のローマ軍団では、指揮官クラスを除けば十七歳から四十五歳までが「現役（ユニオーレス）」とされていたのだが、帝政も後期に入る三世紀からは、二十年の兵役期間も死文化してしまっている。元首政時代には満期除隊した退役兵を意味していた『ヴェテラーヌス（ヴェテラン）』（veteranus）という言葉も、兵役期間があいまいになった帝政後期には、現役兵の中の老兵の意味でしかなくなっていた。それに、ローマに敵対しない蛮族を傭兵契約を介して使う習慣も恒常化していたので、ローマ人でない彼らには、ローマ的な、ということは、ミリタリーにも兵役期間を設定し、その後はシビリアンの生活に入るという考えに立っての、満期除隊制度自体が馴染まなかったのである。一万三千が正直な数と言ったのは、元首政時代の考えに立った「現役」を選んだ結果が、一万三千になったということだ。言い換えれば、一万三千でも精鋭集団ということであった。

それでも、元首政時代ならば、二個軍団にすぎない。軍団長に指揮がまかされる規模の軍事力であって、総司令官が率いていく軍事力ではない。「パクス・ロマーナ」が完璧に機能していたあの時代でさえも、皇

ガリア東部

帝出馬となれば、この五倍の軍事力を率いるのが常であったのだ。

それなのに、ローマが主導する世界秩序、の意味である「パクス・ロマーナ」も過去の話になった秩序なき時代に、率いていける軍勢がたったの一万三千である。これよりわずか五年前に、蛮族出身のマグネンティウスがガリアから、正帝コンスタンティウスとの戦闘に率いていった軍勢が三万六千だった。そのときの敗北で二万四千が戦死したが、彼らの多くはガリア出身の兵士であったという。ローマ帝国はもはや、ローマ軍同士の内戦で失った数を、外敵に向う必要に迫られているというのに、補充できなくなっていたのだった。そして、一万三千で向ってくるローマ帝国副帝ユリアヌスを、蛮族アレマンノ族の族長クノドマルは、三万五千で待ちうけていたのである。

とはいえこの年の戦闘では、正帝コンスタンティウスが派遣する援軍との共同作戦が実現しそうだった。バルバティウス将軍率いる三万がミラノを発ち、北上しつつあったのだ。

共同作戦は、次のように進むはずになっていた。まずユリアヌスが、一万三千を率いてサンスを発ち、東に進んでストラスブールを目指す。アレマンノ族はこの二、三年、ライン河の西岸に接したストラスブールを攻略し、そこをローマ帝国内での彼らの前線基地にしていたのである。

一方、バルバティウス率いる三万は、ミラノを後にしてからは、アルプス山脈中に散在する湖を渡ったりしながらこの難路を消化し、ライン河沿いの都市となればストラスブールよりは上流になるバーゼルを目指す。そして、バーゼル（ローマ時代の名はバジリア）のあたりでライン河を渡り、その北に広がる一帯に進攻する。以前は「ゲルマニア防壁（リメス・ゲルマニクス）」の内側にあったその一帯こそ、アレマンノ族の本拠地になっていたからだ。

本拠地が焼打ちされ破壊されては、ストラスブール周辺を我がもの顔で闊歩しているアレマンノ族とて、本拠地とそこに住む同胞を守るためにも、ライン河を渡って東に逃げ帰るしかないだろう。それを、ユリアヌスとその軍が追う。一万三千でも、逃げる敵を追うのならば充分な兵力だった。共闘作戦の目標は、こうして、南と西の両方から攻めることで、ライン河を渡ってはガリアで好き放題をしてきたアレマンノ族を、本拠地もろとも壊滅しつくすことにあったのである。

しかし、ストラスブール目指して行軍中のユリアヌスが受けたのは、アレマンノ族の本拠地近くまで進攻したにかかわらず、バルバティウス率いるローマ軍はそこで行軍を止め、数日待機した後でUターンし、ミラノに引き返していったという知らせであった。しかも、待機中に出会ったアレマンノ族の分隊に対しても、攻撃をかけるどころか軍事行動にはいっさい出ずに、眼前を通り過ぎるままにまかせたというのである。

この将軍がなぜ、そのような不可解な行動をとったのかは、まったくわかっていない。それで後世の研究者たちも推測するのだが、副帝ユリアヌスの成功を心から喜べない正帝コンスタンティウスの胸の内を憶測した将軍が、ユリアヌスを大勝利の主人公にしないために、待ったが来なかったので引き返した、などという理由であのような行動をとった、と見る人が多い。憶測とは、他者の想いを勝手に推し測ること、である。コンスタンティウスという人は、胸の内を誰にも明かさない人だった。しかも彼は、絶対専制君主であったのだ。絶対専制下での弊害の一つが、主君の意を臣下が勝手に推し測ることなのである。いずれにしろ、それ一つでガリアからの蛮族撃退という難問を、少なくとも半ばまでは解決にもっていけたにちがいない共同作戦は、動き出す前にすでに霧散したのだった。

しかし、この一事はユリアヌスに、他人の力に頼ることの不毛を悟らせる効果ならばあった。二十五歳の副帝は、覚悟を決めるしかなかったのだ。一万三千で、三万五千を相手に闘うしかない、と。

ストラスブールの勝利

兵力に大差がある場合、戦役が長期に及べば及ぶほど、兵力の劣るほうが不利になる。戦略には、完勝でなくても着実に勝利を積み重ねていくことで最終的には目標を達成するやり方もあるが、いかなる勝利も犠牲を伴う。その結果、勝ちつづけているにかかわらず、損失のほうも増えつづける、ということになる。これを、現代でも西欧では、「ピュロスの勝利」と言う。いまだイタリア半島を制覇中だった紀元前三世紀のローマにとって、相対した敵の一人だったギリシアはエピロスの君主ピュロスは、戦場ではローマに勝つのだが、そのたびに自軍の兵力は確実に減り、結局はエピロスに逃げ帰るしかなかった。この戦闘の天才にローマが勝利できたのは、国家ローマには、損失は出してもそれを早期に埋める社会制度が機能していたからである。

ただし、損失を早期に埋めることができたほうが勝つ、という理論は、敵地で闘う場合には通用しにくい。それで、兵站、つまり補充システム、の充分な機能が期待できない敵地で闘うことになった武将は、短期に問題を解決できる方策を探る。敵味方ともが平原に向い合って布陣し、兵たちのあげる雄叫びとともに戦端が切って落とされる、会戦式の戦闘(バトル)のメリットはこれにあった。

古代の名将と言われる人々は、アレクサンダー大王でもハンニバルでもカエサルでも、会戦で戦役の行方を決するやり方を好んだが、それは彼らが、華やかなことを好む性質の持主であったからではない。三人とも、敵地で闘ったからである。そして出血は、少量ではあっても放置しておいては致命傷になることも、知っていたからであった。

ユリアヌスは、自国内で闘っているのである。だが、あらゆる面で、敵地で闘っているのと同じだった。一度の戦闘に賭けるのは、二十五歳の総司令官にとって、ただ一つ残された可能性でしかなかったのである。

ローマ時代はアルジェントラーテ（Argentorate）と呼ばれていたストラスブールには北西に三十キロ行けば着く、という地点に、三軒の一膳飯屋とでもいう意味か「トレス・タヴェルナエ」という名の場所がある。ローマ街道沿いに多くある、宿場町の一つである。そばにはライン河にそそぎこむ支流の一つが流れており、それだけにゆるい起伏はあるが、会戦の戦場には適していた。季節はいつか、記録はない。だが、この会戦後の展開から推測して、春の終わりか夏の初めであったろう。気候面でも、戦闘に適していたのだ。

ユリアヌス率いるローマ軍を迎え撃つ形になったアレマンノ族の兵力だが、族長クノドマルに率いられて本拠地を出、ライン河を三日三晩かけて渡り、ストラスブール入りしたのが三万五千であったというから、実際の戦場に投入された兵数は、四万近い数にのぼっていたのではないかと思う。この蛮族が、ローマ人からとりあげガリア内の前線基地にしていたストラスブールに、同胞を置いていなかったはずはないからだ。

ストラスブールは、三百五十年間にわたってローマの軍団基地でありつづけただけに、そこだけ高い城壁をめぐらせた広く堅固な兵営が、町の中の町という感じで市内のほぼ半ばを占めている。このストラスブールを攻略した後もここに居坐ったアレマンノ族も、整備されつくした兵営があったからこそ、ガリアでの彼らの前線基地にしたのにちがいない。このストラスブールの兵営は、一個軍団が六千の兵で編成されていた、元首政時代に建設されたものであった。蛮族であろうと誰であろうと、前線基地にするには、ストラスブールは最適の地であったのだ。そして、数に自信があったアレマンノ族は、老いてもやる気充分の族長クノドマルの主張する、町の外にくり出しての会戦に全員が賛同した。これは、ユリアヌスにとっても朗報だった。あの堅固で広大な兵営を一万三千で包囲し攻めるのは、絶対と言ってもよいくらいに不可能であったからである。

待ちうけるアレマンノ族の大軍に向って、前進を始めたのはローマ軍のほうだった。数では三倍のアレマンノ軍は、横に広がった陣形になる。反対に三分の一の兵力のローマ軍は狭く固まった形になったが、それでも伝統になっている左翼、中央、右翼の陣形は布いていた。左翼は、セヴェルスが指揮をとる。総司令官が指揮するのが常の中央は、補助戦力を集めた前衛と、主戦力を結集した後衛に分れ、ユリアヌスと彼が率いる親衛隊の二百の位置は、前衛と後衛の間だった。

数では圧倒的に優勢な敵と闘う場合に何よりも注意しなければならないことは、敵に囲まれないことである。それを避けようと、この「ストラスブールの会戦」でも、真先に行動を起こしたのは、ローマ軍の右翼に陣取っていた騎兵だった。もちろん、これを見た中央の歩兵団も前進を始める。だが、セヴェルス指揮の左翼だけが止まったままだ。敵の右翼が丘陵の背後に隠れているのを知って、動くのを止めたのである。敵が樹々の繁るその地点を捨てて出てくるのを、待つしかなかったのだった。

蛮族の戦術はこの四世紀になってもまだ単純で、騎兵がひと暴れしたところに歩兵を一度に大挙投入して勝つ、という戦法である。「ストラスブールの会戦」でも、そのように進み、それでほとんど成功しそうだった。

騎兵団同士の激突は、断じて蛮族側に有利に始まった。はね返された感じのローマ軍の騎兵は頑張ったが、力がつづかずに味方の方角に逃げてきた。そして敵の中央も、大挙してローマ軍の前衛に襲いかかり、前衛の陣形の真中を突破したのだ。

ユリアヌスは、陣頭に立って自ら闘う総司令官に一変する。馬に鞭(むち)をくれた彼とその後につづいた二百騎が、崩れた騎兵を叱咤し、崩れようとしていた前衛を激励して、敗北に向おうとしていた流れを押し止めたのだ。幸いだったのは、騎兵が早くも体勢を立て直せたことだった。そして、主戦力でもある後衛が、大挙して向ってくる敵に対して、微動だにしなかったことである。さらに、丘陵の背後に隠れていた敵の右翼も、戦況の展開に不安でついに姿を現わしたところを、待ちかまえていたセヴェルスの左翼に撃破された。

こうなれば主導権は、完全にローマ側のものである。戦場では、兵士の数よりも戦況の主導権を手にした側が勝つ。全線で攻勢に出たローマの一万三千に対し、その三倍のアレマンノ軍を待っていたのは、後退どころか敗走だった。そして、ライン河に向って逃げる蛮族を、ローマ兵が追撃したのである。

アレマンノ側のその日の死者は、戦場に捨て置かれた者だけでも六千を越え、河を泳いで逃げようとして溺れ死んだ者も多かった。そのうえ、族長クノドマルを始めとする多くを捕虜にした。ローマ側の死者は、四人の大隊長と二百四十三人の兵士。帝国後期に入って以後のローマの戦史では、久方ぶりと言うしかない完勝だった。

会戦終了後にユリアヌスは、捕虜になった族長クノドマルと会った。若い副帝は老いた族長に対し、終始丁重な態度で接した。だが、アレマンノの老将は、勝利の報告とともに正帝コンスタンティウスの許に送られたのである。その後ローマに送られ、チェリオの丘にある兵舎の中で余生をまっとうする。

ユリアヌス

「ストラスブールの会戦」の大勝は、ユリアヌスに、それまでは考えたことさえもなかった力を与えた。部下の将兵たちにとっての彼は、もはや英雄だった。ユリアヌスは、それを活用する。まだ季節には余裕があると、勝ちに乗じてライン河を渡り、敵地に攻めこんだのである。敵地と言っても、百年前まではローマ帝国領であった「ゲルマニア防壁(リメス・ゲルマニクス)」の内側だ。ローマ軍の城塞や要塞が、今では守る人もなく打ち捨てられたままであってもまだ各所に残っていた。敵地に攻め入ることはできても敵の本拠地をたたく時間的余裕も兵力の余裕もなかったが、それらの昔の栄光の跡を見るのは、若いユリアヌスには無駄ではなかった。蛮族相手の大勝利という実績を手にした彼は、もはや立派にローマ帝国の「インペラトール」であったのだから。

アレマンノ族の本拠地を、蛮族そこのけの蛮行で荒らしまわったユリアヌスとその軍は、秋の訪れとともに再びライン河を西に渡る。紀元三五七年から八年にかけての冬を、冬営地と決めたルテティア（パリ）で過ごすためであった。

副帝ユリアヌスがアレマンノ族相手にライン河畔を舞台に敢闘していた紀元三五六年と三五七年、正帝コンスタンティウスのほうはドナウ河畔で、外敵を撃退することによって帝国を防衛するという、ローマ皇帝の責務を果していた。こちらの敵は、ゲルマン民族の中でも元首政時代からローマの国境を脅かしてきた、サルマティアとクワディの二部族である。だから正帝も副帝も蛮族相手の戦いを指揮していたことでは同じだが、ユリアヌスが常に前線にいたのとちがって、コンスタンティウスのほうはほとんどその間、戦場からは遠く離れたイタリアのミラノに滞在していた。

このちがいは、「正帝（アウグストゥス）」と「副帝（カエサル）」のちがいによるだけではない。一万三千の兵しか持たされていないユリアヌスとはちがって、コンスタンティウス配下の軍勢は十万にも達する大軍勢であったからだ。それゆえ彼には、部下の将軍たちに戦場の指揮をまかせることも許されたのである。それでも、ダメ押し的な局面になれば、彼の姿は戦場にあった。ドナウ河を境にその南に広がるローマ領内からの蛮族の撃退はほぼ終了し、いよいよドナウ河を渡って北に進攻するとなったとき、彼も軍とともに馬を進めている。この人がモデルにしていたのは、常に戦場にあった父の大帝であった。

ドナウ戦線の結果も見えてきたと思ったのか、正帝コンスタンティウスは紀元三五七年の春、初めてローマを訪れている。公表された訪問の目的は、凱旋式の挙行。これもまた、父帝を見習いたかったのかもしれない。ミラノからは、エミーリア街道をとっていったんはアドリア海に抜け、そこからはフラミニア街道一本で首都ローマに着く。ローマに入城したのは、四月二十八日。三十九歳のコンスタンティウスにとっては、はじめて見る永遠の都だった。

ローマでの最後の凱旋式

帝国の首都のローマに住む人々が、皇帝の姿を眼にするのは、実に四十五年ぶりであった。紀元三一二年に行われた、大帝コンスタンティヌスの凱旋式以来になる。建都の年から数えれば一千百十年を首都として生きてきたローマだが、ローマ帝国が専制君主政への道を歩みはじめた七十年前から、一国の首都である要因である「頭脳」の役割は、ローマの外に移ってしまっている。「世界の首都（みやこ）」（カプトゥ・ムンディ）と呼ばれて憧れの地であったローマは、専制君主が凱旋式の挙行を理由に、気まぐれに訪れるだけの都になっていたのだった。

皇帝コンスタンティウスのローマ滞在の叙述は、おそらくその立場から現場証人でもありえたにちがいない、一人の武人の記述で代えたい。

この人、アミアヌス・マルケリヌスは、シリアのアンティオキアに生れたギリシア系ローマ人である。生年ははっきりしないが、紀元三三〇年、が一応の定説になっている。となれば、ユリアヌスとは同年輩になる。商都アンティオキアでは社会的にも経済的にも上層に属する人ならば交易にたずさわるのが普通なのに、この人は軍務を選んだ。しかも、成年に達するやすぐに、軍団入りしたらしい。

ただし、上流の家の出であったためか、初めから将官待遇でスタートしている。帝国東方では有名な武将のウルシチヌスの幕僚になり、この将軍が西方に呼ばれればドナウ戦線に、東方に送られればユーフラテス戦線へと、転戦しながら四十代を迎える。だが、四十代の半ばを境に引退した。なぜ引退したのかはまったくわかっていない。一私人の生活に入って以後は帝国の各地を旅してまわり、ローマにも滞在している。

一私人の生活に入ってから、アミアヌスは著作を始めた。タキトゥスは『同時代史』の筆を紀元九六年で措（お）いたが、その後を自分がつづけるという、壮大な意図をもってローマ史の執筆に入ったのだ。古代の著作家は、ギリシア史でも見られるように、このようなリレー方式の歴史叙述を当然と考えていた。
しかし、タキトゥスの著作同様に、アミアヌスの『歴史』(Rerum Gestarum)も、すべて遺っているわけではない。初めの十三巻が、完全に消失している。ただし、紀元三五三年のガルスの副帝時代から三七八年のハドリアノポリスの大敗北までの、二十五年間の記述は遺った。これは著者アミアヌスにとっては「同時代史」であり、ゆえにアミアヌスの記述は、文字どおりに「同時代人の証言」なのである。

いかにバイリンガルのローマ帝国であっても、ギリシア系ローマ人であるアミアヌスにとってはギリシア語が〝ネイティヴ〟であったはずだが、この人は自作をラテン語で書いている。ローマ帝国の上層の教育観によってギリシア語とラテン語をともに習得させられたからと思うが、なにしろリレー叙述の第一走者は、ラテン散文学の名手とされるタキトゥスだ。その人の後を継ぐからにはやはりラテン語で、と考えたのかもしれない。それにアミアヌスは、長年の軍団生活でラテン語に慣れていた。皇帝の布告でさえも東方ではギリシア語、西方ではラテン語と二言語併用方式で通したローマ帝国だったが、軍団内ではラテン語一本槍であったのだ。

この、武人あがりの歴史家の文章は悪くない。凝(こ)った文体ではないが、武の人らしく簡潔で無駄が少ない。ローマ帝国最後の歴史家、とされる由縁(ゆえん)である。そして、もしもこの人が皇帝コンスタンティウスのローマ訪問に随行したうちの一人であったとしたら、これからの叙述は、二十七歳の若い将校の眼に映った情景なのであった。

――まだ、西方でも東方でも問題は解決したわけではなかった。だが、コンスタンティウスは、ヤヌスの神殿の扉を閉じるかのように、敵はすべて撃破しつくしたとでも示したいかのように、ローマを訪れて凱旋式をあげる気になったのである。凱旋とは言っても、それはマグネンティウスの乱から始まって同じローマ人の血を流した結果にすぎないのだから、式をあげる資格は、ローマの伝統に基づくとすればないのである。

彼は、自らの力では外敵に勝ったことはなく、勝ったとしてもそれは配下の将たちの功績によったのであり、危険な戦場で陣頭指揮をとる彼の姿を見た人は一人もいない。とはいえ、凱旋式は挙げたかったのだ。……（中略）……

準備には、多くの人と多額の費用が投入された。北からローマに向う行列は、まだローマの城壁までは百三十キロもあるというのに、いつでも闘いができるような戦闘隊形を組んでおり、道幅いっぱいに武装した兵士の列が延々とつづく。久方ぶりのこの見世物は沿道の人々から歓声と拍手で迎えられたが、その人々の眼が、戦車の上の皇帝に集まったのも当然だった。

首都の城門もまだはるか先というのに、元老院議員やローマの貴族たちが総出で出迎えた。コンスタンティウスは、古の栄光の余光を引きずっているだけのこの人々からの丁重な挨拶を受けて至極満足のようだったが、その背後に群れる民衆を見たときは驚きを隠せなかった。いかにローマには、帝国のどの都市よりも、種々様々な人種と民族が混じり合って生きているかがわかったのだ。

その群衆の中を皇帝は、埋めこまれた数多くの宝玉が陽を受けて光り輝いている黄金造りの戦車に乗って進んだ。その戦車の前後は、紫色の地に金糸で龍を縫いとりした皇帝旗が、折りからの風を受けてまるで蛇のようにくねりながらつづく。戦車の両脇は、二列縦隊になった兵士たちが、今日のためにみがきあげた兜と胸甲と盾を身につけて行進する。騎兵隊は、ペルシアの騎兵式に全身を鉄の鎧でおおった姿。人間というより、プラクシテレスの手になる銅像のようだ。

これらの兵士たちに囲まれて進むコンスタンティウスだが、群衆のあげる大歓声にもかかわらず、戦車の上に立ったままで微動だにせず、終始臣下を前にした君主の像を崩さなかった。あまりにも戦車が高く作られていたので、背の低い彼でも、門の下、ローマ人は街道でも門で飾るのが好きだったからだが、そのようにしてあるいくつもの門の下を通るときには、頭部を下げざるをえなかったのだ。だがそれが、彼がした唯一の所作だった。なにしろ、行列が進む間中、戦車の上の皇帝は視線を前方に向けたままで、視線を右にも左にも流すことさえもしなかったのである。まるで、首が動かない病でも患っているかのようで、あれは生身の人間ではなく影像だと誰かが言ったとすれば、全員が信じたと思う。

　戦車の轍（わだち）の一つが突然かしいだときも、コンスタンティウスは姿勢を崩さず、表情さえも変えなかった。行進の間中ずっと、つばを吐くこともなく、鼻に手をやることもなく、口も動かさず、指一本さえも動かさず、で通したのである。

　これは、本質的には内気な彼の衒（てら）いだった。だがこの人は、このように不動で通すことが、彼のみが占めている高い地位を誰にもわかる形で示す、最良の表現方法であると信じていたのである。しばしば話題になったことだが、治世の間中彼は、自分が乗る馬車には誰も同乗させなかった。また、自分の占める公職を、他の誰かと分かちあうことも絶対にしなかった。これらのことは彼以前の皇帝たちは、何ら問題なくやっていたのだが、彼の病的なまでの虚栄心がそれを許さなかったのである。

　ついに行列は、ローマに入城した。人間の力量の限りをつくした、帝国の聖地であるローマに入って行ったのだ。

　都心部まで直線でつづく街路を通って、行列はフォロ・ロマーノに入った。さすがにコンスタンティウスも、かつてのローマが謳歌していた圧倒的なパワーと栄光の記念碑で埋まったフォールムを眼の前にしては、言葉がないようだった。彼の視線がどこに向けられようと、このフォロ・ロマーノでは、ローマの歴史を飾ってきた数多くの業績を記念する建物にぶつかり、それが成された時代への回顧で、見る人はプレッシャー（ラテン語ではプレッシオ）を感じないではすまないのである。

　その一郭に立つ元老院の会議場（クーリア）では、議員や有力者たちを前にして演説した。その外の演壇（ロストラ）からは、集まった市民たちに演説する。歴代の皇帝たちの住まいであったパラティーノの丘でも、人々は彼を歓声で迎えた。常には無表情なコンスタンティウスの顔も、望んでいた幸福にようやく達せた喜びで少しはゆるんだようだった。

その後につづいた日々も、歴代の皇帝たちの例にならって競技会を主催したり、市民の喜びそうな政策をいくつか発令したりしたが、そのいずれも、援助のしすぎやそれによって生活が自由放任に陥らないよう、釣合は考えられたものになっていた。とはいえ、他の都市に住む人には課したことでも、首都であるローマの市民に対しては課さなかったことがある。これもまた、過去の歴史や現在の状態を考慮して成されたのだろう。

ローマ滞在中の皇帝は、連日、七つの丘から成るこの都市を精力的に見てまわった。都心部だけでなく、都心から離れた城壁の外までも。それも毎日、これほどすばらしいものはもう明日は見られないだろう、と思いながら。といってもこの想いは、翌日になれば打ち壊されるのが常であったのだが。

カピトリーノの丘の上に立つ最高神ユピテルに捧げられた大神殿の壮麗さは、死せる人間が不死の神々に及ばないことを感じさせたし、まるでそれだけで一つの属州のように多くの人の集まる大公衆浴場、ティヴォリ産出の大石を使って建設され、人間の眼ではとらえようもないほどに高くて巨大な円形闘技場（コロッセウム）、円屋根でおおわれた広大な円形が眼を見張らせる、すべての神々に捧げられたパンテオン、高い円柱の表面すべてにほどこされた浮彫りが、螺旋（らせん）状に頂上までつづくトライアヌスとマルクス・アウレリウス両帝の記念円柱。そして数多くの、神殿にフォールムに半円形劇場に音楽堂（オデオン）に競技場（スタディウム）と、この「永遠の都」（urbis aeternae）を飾っている、あらゆるものを見てまわったのであった。

そのうちのある一日、トライアヌス帝のフォールムを訪れたときのことだった。このフォールムは、太陽の下に出現した諸々の人間技（わざ）の中でも唯一無二の建造物で、神々さえも賞讃せずにはいられないと評判の壮麗さだが、コンスタンティウスも圧倒されたのか、言葉もないようだった。しかし、自分もローマ皇帝であるからには、手をつかねて讃嘆しているばかりではいけない、とでも考えたのだろう。それで、このフォールムの中心的存在である広場の、しかもその真中に立つトライアヌス帝の騎馬像と同じ形のものを、自分も作らせたい、と言ったのである。それに、皇帝の隣りに立っていた、ペルシアの亡命王子オルミスダが答えた。

「皇帝、騎馬像を作らせる前に、このフォールムに負けない厩舎を作らせるべきではないでしょうか。完成したあなたの騎馬像の馬が、自由に存分に闊歩できるように」

こう言われては黙るしかなかったコンスタンティウスだが、それでも言い負かされたままではと思ったらしく、今度はオルミスダに質問したのである。これまで観てきたローマに、あなたならばどういう感想を持ったか、と。これに、ペルシアの貴人は次のように答えた。

「これほどのものを創り出した人々でさえも、やはり最後は死んだのだと思ったら、ようやく心の平静をとりもどすことができました」――

「永遠の都ローマ（ウルビス・エテルナエ）」を埋めたこれらの見事な建造物は、共和政時代には凱旋将軍が、帝政時代に移ってからは歴代の皇帝が、造って市民たちに、つまり国家に、贈ったものなのである。三十九歳のコンスタンティウスも、凱旋式をあげたからには先例に従うべきと考えたのだが、何を贈ってよいかわからない。ローマには、もはやすでに何もかもがある。広大なフォールムの中央に立つにふさわしい巨大なトライアヌスの騎馬像と似た大きさの、彼自身の騎馬像を作らせるアイデアも一時の夢で終わったが、凱旋将軍でありながらその記念を何も遺さないのでは、先例に反する。父の大帝でも、他と比較すれば小規模でも公衆浴場を建設し贈っていた。

考えあぐねた末に達したのが、オベリスクを贈り、大競技場に立てることだった。オベリスクは、父帝がコンスタンティノープルに立てるつもりでエジプトの奥から運び出させはしたものの、その死によってアレクサンドリアの港に放置されたままになっているものを、ローマに運ばせることにしたのだ。ただし、大競技場にはすでに、初代皇帝アウグストゥスが、アントニウスとクレオパトラを破った後で持ち帰ったオベリスクが立っている。十五万人は楽に収容できる「チルクス・マクシムス」（Circus Maximus）は、剣闘士闘技と並んでローマ人が熱狂した戦車競走のために建てられているので、トラックの中央には横に長く、背骨と呼ばれた帯状のスペースが置かれている。コンスタンティウス帝の贈るオベリスクは、帯状のこのスペースに、アウグストゥスのものと対になるように立てられることに決まった。ちなみに、アウグストゥスが贈ったオベリスクは、ポポロ広場に移されて現在に至っている。コンスタンティウスのオベリスクのほうは、ローマ四大教会の一つである、聖ジョヴァンニ・イン・ラテラーノの前の広場に立っている。

皇帝コンスタンティウスは、一ヵ月ほどの滞在の後でローマを発ち、再び北にもどって行った。ドナウ河の前線が、またも危うくなっていたのである。ここで蛮族の大挙侵入を許しては、挙行したばかりの凱旋式が空証文になるのだった。それでも、冬越しにはミラノにもどることができた。配下の将たちが、侵入の阻止に成功してくれたからであった。

一方、パリで冬越し中のユリアヌスだが、翌・三五八年の戦線は、ライン河の下流部に移すと決めていた。中流から上流にかけて勢威をふるっていたアレマンノ族に、三五六年、そして三五七年と、二年つづけて痛打を浴びせかけてきたので、翌年はフランク族に、攻撃の目標を移したのである。だが、これらの軍事上の準備にはもはや、最初の頃のような苦労もエネルギーも必要ではなかった。ガリアに来て三度目の冬を越すユリアヌスにとっても、そしてこの若い副帝に心服してしまった将兵たちにとっても、相互に生れた信頼を仲介にしての、やり慣れた作業を進めるだけであったからである。それでユリアヌスには、初めてガリアの統治に心を向ける余裕がもてたことになった。

ガリア再興

ローマ帝国のあらゆる公職が、行政を担当するシビリアンはそれのみのキャリア、防衛を担当するミリタリーはそれのみのキャリア、と完全に分離されてしまってから半世紀が過ぎていた。しかし、皇帝がこの両方の最高責任者であることでは、元首政時代と何ら変わりはなかったのである。考えてみれば当然だ。身の安全が保障されてこそ、日々の生活も成り立っていけるのだから。現代国家でも軍の最高責任者は、大統領なり総理大臣なりが務める。古代のローマでも、共和政時代の執政官も帝政移行後の皇帝たちも、軍事と民事を兼務していたのである。

ユリアヌスも副帝（カエサル）である。ゆえに、彼がガリアで行った内政を、軍事と切り離すことはできない。季節的にならば分離できた。春から秋にかけては蛮族撃退戦を、秋の終わりから春の初めにかけての戦闘に不適な季節には内政を、という具合に。だがこれも、重点的、という断わり書きをつける必要がある。なにしろ、帝国の西方であるガリアとブリタニアとヒスパニアの総責任者になったユリアヌスにとっては、軍事も政事も、常に両方ともに眼を配りながら進めないかぎり、その一方さえも失敗に終わってしまうからであった。

そこでまず、紀元三五六と五七年の二年は、ライン河の西岸部深く侵入していたアレマンノ族の一掃に専念したのである。これが成功裡に終わった三五八年からは戦線をライン河下流部に移すが、ユリアヌスの意図は、彼が冬をどこで越したのかを追っていくだけでも想像は可能だ。ヴィエンヌから始まり、翌年は北上してサンスへ、そして次の年からはさらに北上してパリへ、と。

なぜパリか、だが、おそらくユリアヌスの頭の中には、ストラスブールでアレマンノ族に完勝して以後は、ブリタニアが入ってきたからではないかと思う。いずれにしろ彼は、軍事と政治の担当者たちを引き連れるようにして北へ北へと政府を移すことで、自身の意図を明示したのではないか。まず敵を撃退して安全を確保し、次いで安全になった地方の行政を再整備する。それによって、ガリアの、ひいては帝国西方全域の、再興を果そうと考えていたと思われる。これは所詮、軍事・民事ともの最高責任者である、皇帝（インペラトール）にして初めて実行できることだからであった。

具体的にユリアヌスが行ったことの第一は、蛮族に破壊されたガリアの主要都市の再建である。リヨン、オータン、ストラスブール、マインツ、ボン、ケルン、そしてノイスとクサンテン。最初の二都市を除いたすべての都市は、ライン河に沿って建設された軍団基地を起源にする都市だから、これらの都市の再建はそのまま、「防衛線（リメス）」の強化につながる。この主要都市の他にも、十数箇所にのぼる城塞や要塞が再建され、再びローマ軍の兵士が常駐するようになった。

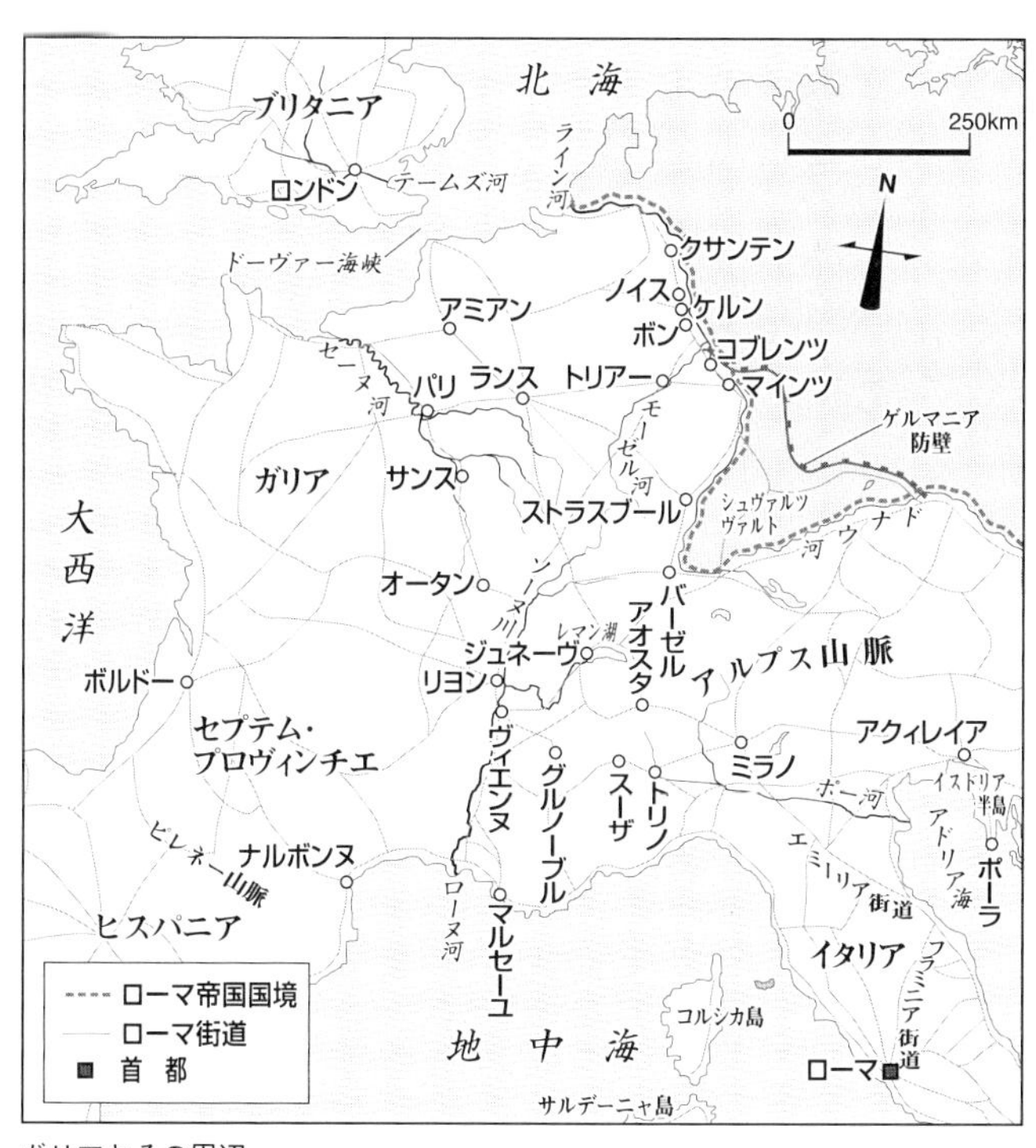

ガリアとその周辺

蛮族を怖れる必要がなくなり、日常生活を営む場も、元どおりとはいかないまでもまずは満足できる程度に確保できれば、後は住民が自分自身の努力で生きていく意欲を引き出すことである。ユリアヌスはそれを、法の公正な執行と、徴税の公正な実施の二つによって実現しようと考える。法の公正は、裁判制度が崩壊しているので、すぐさまの効果は期待できなかった。だが、重要な裁判ならば、皇帝自身が最高裁判所の長官のような立場にあるので、自分で眼を光らせることでの改善は可能だ。ただし、税に関しては、はっきりとした政策を打ち出す必要があった。

前巻でも説明したとおりに、ローマ帝国後期の税制は、元首政時代のそれとは反対の考えに基づいている。税に対する考え方を税哲学と名づけるとすれば、元首政時代のローマ人の税哲学とは、「国家(レス・プブリカ)」は納められる税でやれる範囲のことをやり、「地方自治体(ムニチピア)」は地方自治体なりに、そして、この二つの「公(プブリクス)」でも足りない分野は「私(プリヴァートゥス)」がおぎなう、であったのだ。その好例が、帝国中に張りめぐらされたローマ街道網である。国が敷設したのは八万キロ、地方自治体敷設が十五万キロ、「私」が敷設して「公」にも開放した道が合計で七万キロ、この総体がローマ街道網であったのだから。また、街道が機能しつづけるには常日頃のメンテナンスが不可欠だが、それも、国と地方自治体と「私」の三本立てで行われていた。初代皇帝アウグストゥスが私財を投じて北への幹線フラミニア街道の全線改造を実施して手本を示せば、一私人にすぎない元奴隷の新興成金もそれにならって、南への幹線アッピア街道のうちの、ほんの一区画にしろ修復に要する金額を寄附する、という具合であったのだ。

この「res publica」と「municipia」と「privatus」の三本立てで行われていたからこそ、直接税は収入の一〇パーセント、関税が五パーセント、消費税としてもよい売上げ税は一パーセント、でもやっていけたのである。アウグストゥスの税哲学であった、税制度はシンプル、徴税は広く浅く、も現実化できたのであった。

これが、歴史学者たちが「ローマ帝国後期」と名づける、ディオクレティアヌス帝の治世から一変する。税はいかなるものでも国に一本化され、徴税額もあらかじめ決められる。地方自治体は、中央が決めて通達してくる額を納税者に課し、それで集まる額を国に納入するだけの機関になったのだった。そればかりでなく、地方自治体の議会の議員たちには、納税総額が決められた額に達しない場合の、自腹を切っての穴埋めさえも義務づけられたのである。中央政府が決めたとおりの税を集められないのは、彼らの責任だとされたのだ。その結果、次の現象が生じた。

元首政時代のローマ帝国では、属州出身の有能な人材にとっての憧れがローマの元老院議員になることであり、社会の低層の出身者の夢が地方議会の議員になることだと言われていた。すでにユリウス・カエサルが、軍団出身者と解放奴隷に地方自治体の公職への道を開いている。それが帝国も後期になって、成り手がいなくなってしまったのである。しかし、ディオクレティアヌス、そしてこの政策を継承したコンスタンティヌスの両帝によって、職業は世襲と決まり、親の職業を息子は拒否できなくなっている。これが、帝国後期独特の脱税の一手段を産み出した。

つまり、本音は脱税にある、聖職者コースへの転出である。キリスト教を公認したコンスタンティヌス大帝と息子のコンスタンティウス帝の二人によって、キリスト教会に属する聖職者は免税と決まった。地方自治体の有力者層が、雪崩を打ってキリスト教化した真因は、これにあったのだ。

しかも後期のローマ帝国は、兵士と行政官僚の数を倍増している。そのうえ教会関係者という、非課税の階層をつくってしまった。さらに、ライン河やドナウ河に近く蛮族の襲来に見舞われつづけている地方では、それによる生産性の低下からくる税の減収が重なる。古代の主産業は、何と言おうが農業であったのだから。

この状態でもなお、皇帝は税制を変えない。その皇帝から税の減収の穴埋めを迫られた官僚が、特別税や付加税の名目をつくっては税を集めるようになったのも当然の帰結だった。

こうして、後期のローマ帝国の税制はシンプルどころか複雑化する一方になり、「広く浅く」も「狭く厚く」に変わってしまったのである。このような税制下で、私人に、公益に積極的にかかわる気持が生れるであろうか。それまでに「私」が三本立ての一本になっていたのは、自分が成功できたのは社会がその機会を与えてくれたからであり、それに対して寄贈という形でお返しをするにすぎないという、現代的な言い方ならば「利益の社会還元」的な考え方、に基づいていたからである。これについては、凱旋将軍も皇帝も元奴隷もまったく変わらなかったのがローマだった。

ユリアヌスは、元首政時代には機能していた三本立てのシステムが、過去のものになってしまった時代に為政者になったのである。このユリアヌスのところに官僚が持ってきた税の増収案も、いつものように官僚たちの頭がひねり出した、名称だけはもっともらしい特別税だった。しかも彼らは、ガリアの安全が保障されなかった時期の余波でブリタニアからの税収も入ってこなくなり、この窮状を打破するには増税しかないと、副帝の彼に承認を迫ったのである。

しかしユリアヌスは、決然とそれを拒否した。そして、次の二つの政策をただちに実施するよう命じたのである。

第一は、出費のムダの解消と既存の費用の節約。ムダはあらゆるところにあった。軍事も行政も機構が肥大化すれば、自己保存の力が働いて、無用な部署や費用が増えるのである。ユリアヌスは、それらの大胆なカットを命じたのだ。彼自身も質素な生活に徹し、ガリアの冬に慣れるためと言って、自室には暖房さえも入れさせなかった。

第二の政策は、税の徴収の公正。地位の高い者や富裕者には甘く低所得層には厳しくなりがちだった徴税執行者による手加減を、厳しく罰することで牽制したのだった。

政策の第三だが、特別税による増税どころか、既存の税の減税を命じたのである。税の減収の主因は、蛮族の侵略によって破壊されたガリアの東半分の生産性の低下にあった。それなのに新しい特別税を課したりして増税すれば、蛮族の撃退には成功して平和がもどっても、それはこの地方の活性化にはつながらなくなる、というのがユリアヌスの考えである。反対に減税すれば、この地方の人々の労働意欲を刺激することになり、しばらくすれば税収の増加になって返ってくる、というのがユリアヌスの税哲学であった。

ユリアヌスによる減税は、「人頭税」と呼ばれていた税で早くも実行に移され、それがこれまでは二十五ソリドゥスであったのが、七ソリドゥスにまで引き下げられたという。画期的で大胆きわまりない減税率であり、これならば労働意欲も向上したのではないかと思う。

この大胆な減税政策と併行して、ユリアヌスの命で、ガリア東半分の農地の整備もスタートしていた。農耕地は、ただ土地があっただけでは生産につながらず、農業用の水路や洪水を防ぐ堤防等が整備されてこそ生産基盤になる。これらのインフラが、蛮族の侵入と内戦で荒らされた五年以上もの間、放って置かれたのだった。土地が農耕地にもどりさえすれば、ライン河の西方一帯は、もともとからして肥沃な地方なのである。ガリアの再興の鍵は土地の生産性の回復にあると、ユリアヌスは考えたにちがいない。

また、元首政時代の繁栄は、ローマ帝国という広域経済圏が機能していたからであった。ただしこれも、「パクス」の保証が前提条件になる。北方蛮族は、ライン河やドナウ河を越えて侵入してくるだけではない。北海からガリアに上陸して荒らす部族もおり、彼らは船を操るのが巧みなために、ガリアとブリタニアの間のドーヴァー海峡にまで進出していたのだ。ガリアとブリタニアの交通がとどこおったのも、これらの蛮族の海賊行為に原因があった。

ユリアヌスは、六百隻の船を新造させる。このうちの半ばは兵士を乗せて軍用船にし、海賊一掃に使った。残りの半ばは輸送船にし、ブリタニアからの物産が再びガリアに運送できるようにしたのである。こうして実現したドーヴァー海峡を横行していた蛮族の一掃は、北海からガリア北部を脅かしていた蛮族の一掃につながる。ブリタニアからライン河に沿うガリアの諸都市への物資の流通も、ガリアを横断する陸路に加えて、北海からライン河をさかのぼる道まで再開された。ライン河沿いの諸都市の再建は、ライン河の航行の安全につながったからである。現代的に言えばユリアヌスは、内需の活性化を図ろうとしたのではないかと思う。

生活が安定すれば、民心も安定する。民心が安定することは、軍事による防衛が機能することと合わせて、ソフト面でも安全保障（セクリタス）のシステムが再び動き始めたということであった。そしてこれは、ローマにとっては伝統的であった、総合安全保障の哲学でもあったのだ。ユリアヌスによって、少なくともガリアでは、百五十年ぶりにこれが再現したのだった。

ミラノ滞在中の正帝コンスタンティウスも、副帝の功績を認めたのか、援助として二千リブラ（六千五百六十キロ）の銀を送ってきた。ユリアヌスはそれを、遅延していた兵士たちの給料の払いにあてた。

だが、一方ではコンスタンティウスは、特別税を拒否されたりして内政に口を出すようになったユリアヌスを快く思わず、ことあるごとにミラノの正帝に告げ口していた、高官たちの意見も容れたのである。

軍事・内政ともにユリアヌスにとっては貴重な相談相手であったサルスティウスを、長官の地位から解任し、ミラノへの転任を命じてきたのだった。ユリアヌスは、皇宮に勤務する人の中では数少ない、心から信頼できた協力者さえも奪われてしまう。首はつながったが、片腕は切られたようなものだった。宦官のやることは、このように常に陰湿だったし、それを容れるか容れないかを決めるコンスタンティウスは、自分一人で責任を負うことができない人だった。世間には、半分賞め半分けなすことをモットーにしているのではないかと思う人がいる。この種の人は、この奇妙なバランスをとることで、責任を回避しているのだ。言い換えれば、勇気のない人である。コンスタンティウスも、このタイプの人間の一人だった。

幸いにもユリアヌスは、この種の気配りには無縁の人間だった。サルスティウスという片腕をもがれたのにもめげず、紀元三五八年、そして翌年の三五九年と、ユリアヌスの活躍は目ざましかった。彼が率いていける兵力も、一年前の一万三千から二万三千に増えている。勝てば、兵も集まってくるのだ。このユリアヌスに果敢に攻められて、ライン河下流部から侵入をくり返してはガリア北部を荒らしまわっていたフランク族も、撃破されガリアから撃退された。しかもそれだけではすまず、ライン河の東側にあった彼らの本拠地さえも、ユリアヌスが陣頭指揮するローマ軍の猛攻を受けて、破壊され焼打ちされたのである。ライン河の東方一帯に勢力を張っていたゲルマン民族中の強大な部族であるアレマンノ族もフランク族も、こうして、ライン河にさえもめったなことでは近寄ることもできないほどの、打撃をこうむったのであった。

まず、国内で敵を撃破し国外に追い出す。次いで、その勢いを駆って敵地に進攻し敵の本拠地をたたく。このユリアヌスの戦略は、三五六年から始まった四年間で成功し、ライン河は、まるで元首政時代の昔のように、ローマ帝国の「防衛線（リメス）」にもどったのである。ライン河を渡っての敵地への進攻も、五七年、五八年、五九年と、三度にわたってくり返された。元首政時代の「防衛線(リメス)」が鉄壁と言われていたのも、軍団兵たちが基地にこもり、蛮族の来襲をただただ待っていたから達成されたのではない。たびたび「防衛線(リメス)」を越えては敵地に進攻し、敵をたたいてから引き揚げる戦法をくり返したからこそ、ライン河は「防衛線(リメス)」でありつづけることができたのだ。ユリアヌスの戦略は、それを久方ぶりに再現したのだった。

これによって若い副帝(カエサル)は、将兵だけでなく民衆の心までつかんだのである。ガリアでは、出産までが増加したという。将来に希望が持てるようになった、ということであろうか。

この四年間のユリアヌスは、二十四歳から始まって二十八歳の誕生日を迎えるまでの時期になる。しかも、二十歳までの彼は事実上の幽閉生活を送っており、兄ガルスの副帝就任で幽閉状態からは解放されたが、その後の生活も哲学の一学徒のそれでしかなかった。戦場での指揮経験がないだけでなく、少数の兵さえも率いたことがない。政治面でも、まったくのシロウトであったことでは変わりはない。それでいて、軍事・政事ともになぜ成功できたのかと、研究者でさえも問わずにはいられないのである。なぜ、若輩の未経験者なのに、突然に与えられた副帝の責務を、誰もが予想しなかったほどに成し遂げたのか、と。隠れていた才能が発揮されたのだ、とする人が多い。しかし、隠れた才能が発揮されるには、何らかの強い動機があってこそではないだろうか。では、何が彼を、それほどまでに強く動かしたのか。

私の想像するには、責任の自覚と、任務をつづけていく過程で生じてきた高揚感、ではなかったかと思う。この時期のユリアヌスが学生時代の友人に送った手紙には、次のように書かれてあった。

「プラトンとアリストテレスの弟子を自認していたわたしに、今やっている以外のことができると思うかね。わたしに託された不幸な人々を、見捨てることなんてできると思う？　彼らに幸せな日常を保証するのは、今ではわたしの責務なんだ。わたしがここにいるのは、それをやるためなんだ。

税金の不当な取り立てをくり返すしか能のない皇宮内の無神経な盗人(ぬすっと)どもから、民衆を守るのはわたしの役割ではないだろうか。戦闘中に大隊長(トリブーヌス)が彼に託されていた部署を放棄したりすれば、彼に待っているのは死刑と埋葬すらも許されない不名誉だ。彼より断じて高く神聖な地位を与えられ、それに相応した責務を課されているわたしがそれを放棄したとすれば、どんな処罰がふさわしいだろう。神々がわたしにこの機会を与えてくれたのならば、それを行う間は神々はわたしを守ってくれると信ずる。もしもこの責務を遂行中に苦悩に襲われたとしても、そのときも純粋でまっすぐなこの自覚が、わたしをささえてくれると思うのだ。

サルスティウスのような相談相手を失って困り果てているのは確かだが、いつか誰か、彼の代わりをできる人に恵まれることを願いながら仕事はつづけている。だが、代わりの誰かが送られてくるかどうかさえもわからない。代わりが送られてくれば、その人と協力する気持ちは充分にあるのだが。それでも一人で何もかもやらねばならない今のこの期間を、できるかぎり活用しようとは思っている。一人だから、民衆のための政策を実施するのも自由にやれるからね。その今が、長い間たれこめていた邪悪の雲の、ほんの少しの切れ目でしかないとしてもだ」

責任感に加えてユリアヌスの感じていた高揚感も、彼の成功の要因の一つではなかったかと思っているが、副帝になるまでのユリアヌスは、哲学を学ぶ一学徒でしかなかった。哲学は好きだから選んだ道であり、二十歳から二十四歳までのユリアヌスは、副帝になろうとなどは思ってもみなかったにちがいない。

しかし、好きだから選んだということは、自分の好みに忠実に選択をした結果であって、他者のためになると思って選んだのではない。つまり、自分のためであって、他者のためではない。ところがユリアヌスは、副帝になってはじめて、自分でも他者にとって、必要な存在になりうることに目覚めたのだ。人間は、社会的な動物である。他者に必要とされているという自覚は、非常な喜びを感じさせる。二十四歳で初めて、ユリアヌスは、この種の喜びを味わったのだった。

高揚感は、若者に、それまでやれるとは夢にも思わなかったことまでやらせる力をもっている。哲学の一学徒が、やってみたら、戦争まで勝ってしまったのだ。できないと思いこんでいたことさえもできる、という自覚ほど、若者に喜びをもたらし自信を与えることもない。高揚とは、精神が高まることである。経験量の少ない若者には、とくにこれが起こりやすい。できないと思っていたことができ、しかもそれが人々を幸せにすることにつながるとわかったとき、その人は、これこそが自分にとっての使命、と思うのではないだろうか。二十代後半のユリアヌスを酔わせたのは、責任感と高揚感のカクテル、ではなかったかと想像している。

だがそれも、アルプスの西側にかぎられていたのだが、あることを通して、東側にも広く及ぶように変わってくるのだ。それは、ユリアヌスがガリアに赴任して五年目にあたる、紀元三六〇年に起こる。二十四歳で副帝になったユリアヌスも、二十九歳を迎えていた。

第二部　皇帝ユリアヌス
（在位、紀元361年―363年）

古代のオリエント

ローマ人にとっての「オリエント」（東方）は、現代ならば「中東（メディオ・オリエント）」と呼ばれる地方であった。共和政、そして元首政時代までのローマの東の国境は、この東方を覇権下に置いていたパルティアと接していたのである。つまり、この時代までのローマにとっての東方の敵は、パルティア王国であったのだ。

それが、紀元二二七年を境に変わる。ローマにとってのオリエントの敵は、その年にパルティアを破って中東の覇権をにぎった、ササン朝ペルシアになったのだった。この東の大国の主要機関が集まっていたのは、二つの大河の中間地帯という意味の「メソポタミア」で、ユーフラテスとティグリスにはさまれたこの一帯に首都を置くことでは、つまり政治と経済の諸機能を集中させることでは、パルティアもササン朝ペルシアも変わりはなかったのである。こうして、常に「オリエント」の中心であったのがメソポタミア地方だが、現代ではこの一帯はイラクに該当する。

しかし、パルティアもササン朝ペルシアも、大国ローマから仮想敵国ナンバーワンと見なされてきた真の理由は、メソポタミアという肥沃な地方を持っていたからではない。メソポタミア地方には首都機能を集めながら、その東には、現代ならばイラン、アフガニスタン、パキスタンに該当する広大な後背地が控えていたからである。古代のローマ人が、パルティアやそれにつづいたササン朝ペルシアを強敵視していたのは、これらのオリエントの覇権国が、現代の国別ならばイラク、イラン、アフガニスタン、パキスタンを一緒にした広大な国家であったからだ。ちなみに、現代のトルコ、シリア、レバノン、イスラエル、ヨルダン、エジプトは、古代ではローマ帝国側にあり、ローマ帝国の東半分を構成していた。現代のトルコの東の端は、古代ではアルメニア王国であり、ローマの同盟国だった。現代のシリアとイラクの国境線は、古代のローマ帝国とササン朝ペルシアとの国境線とほとんど重なっているが、これが偶然の一致かそれとも何か必然の要因があるのかまではわからない。

いずれにしろ、ローマ帝国のようなまとまった国家ではなかったにせよ、現代のイラク、イラン、アフガニスタン、パキスタンが一緒になった大国が古代には存在していたことを感じ取らないかぎり、古代のギリシア人やローマ人がもっていた、「オリエント」に対する認識が理解できないのである。認識が理解できなければ、行動も理解できなくなる。

このように考えれば、紀元前四世紀に行われたアレクサンダー大王の東征に対しても、別の面から光を当てることも可能になる。つまり、このマケドニアの若者には王ダリウスを倒してペルシアを征服する意図があった以上、ダリウスを倒した後も東へ東へと征服行を進め、インドとの境になるインダス河まで行きつくしかなかったのではないか、と考えることも可能になるというわけだ。

しかし、ローマとパルティア、次いでササン朝ペルシアとの関係は、アレクサンダーもその一員だったギリシアとはおおいにちがった。ギリシアは、アレクサンダーの登場する二百年も昔から常にペルシアの脅威にさらされてきた。歴史家ヘロドトスの『ペルシア戦役』に詳述されているように、一時はアテネにまで侵攻され、ギリシア最強のこの都市国家の首都はペルシア軍によって、徹底して破壊され焼きつくされたのである。アレクサンダーによるペルシア遠征は、このギリシアにとっては反攻であったのだ。事実、ペルシアに向うアレクサンダーの軍は、マケドニアの兵士が大部分であったにかかわらず、ギリシア諸都市の連合軍であることを旗印にしている。

一方、ローマのほうにはこの「オリエント」に対して、ギリシアが持っていたような、反撃や防衛を目的にする戦争の意味はなかった。アレクサンダーの登場する半世紀前にローマも一時的にしろ首都を占拠されたことがあるが、それは北方蛮族のうちのガリア人のやったことである。このガリア民族に対してローマ人は、侵入されるたびに撃退をくり返し、結局はユリウス・カエサルによるガリア制覇によって、この問題も解決することができた。つまりローマには、パルティアにもその後を襲ったササン朝ペルシアに対しても、ギリシア人がペルシアに対してもっていたような、恐怖と復讐の感情はなかったということだ。それにローマ人は、本質的には「オチデント」（西方）の民であった。「オリエント」にも法も街道もあった。だが、そのネットワーク化による機能の拡大とその定着は、ローマ人の独創である。合理性と効率性の追求こそ「オリエント」と「オチデント」を分ける一つの線ではないかと思うくらいだが、このローマが、インドまでの領有を考えていたとは思われない。その理由の第一は、すでにローマは、西方に広く覇権を打ち立てていたこと。第二は、ローマ人の領土拡張には常に、防衛が可能かどうかが、重要な判断条件であったこと、である。

たしかに、ローマの市内で売っていた当時の旅行用の地図には、西はブリタニアから、東はアレクサンダーさえも達しなかったガンジス河やセイロン島までが描かれていた。だが、地図の正確度となると、当時のシリア（現代でもシリア）と当時のアラビア（現代ではヨルダン）が東の辺境であったローマ帝国内に比べて、その東に広がるペルシアも、さらにその東のインドも、この地図を持って旅しようものなら行方不明になる、と思ってしまう程度の正確度である。ほとんどのローマ人にとってのメソポタミア地方からインドま

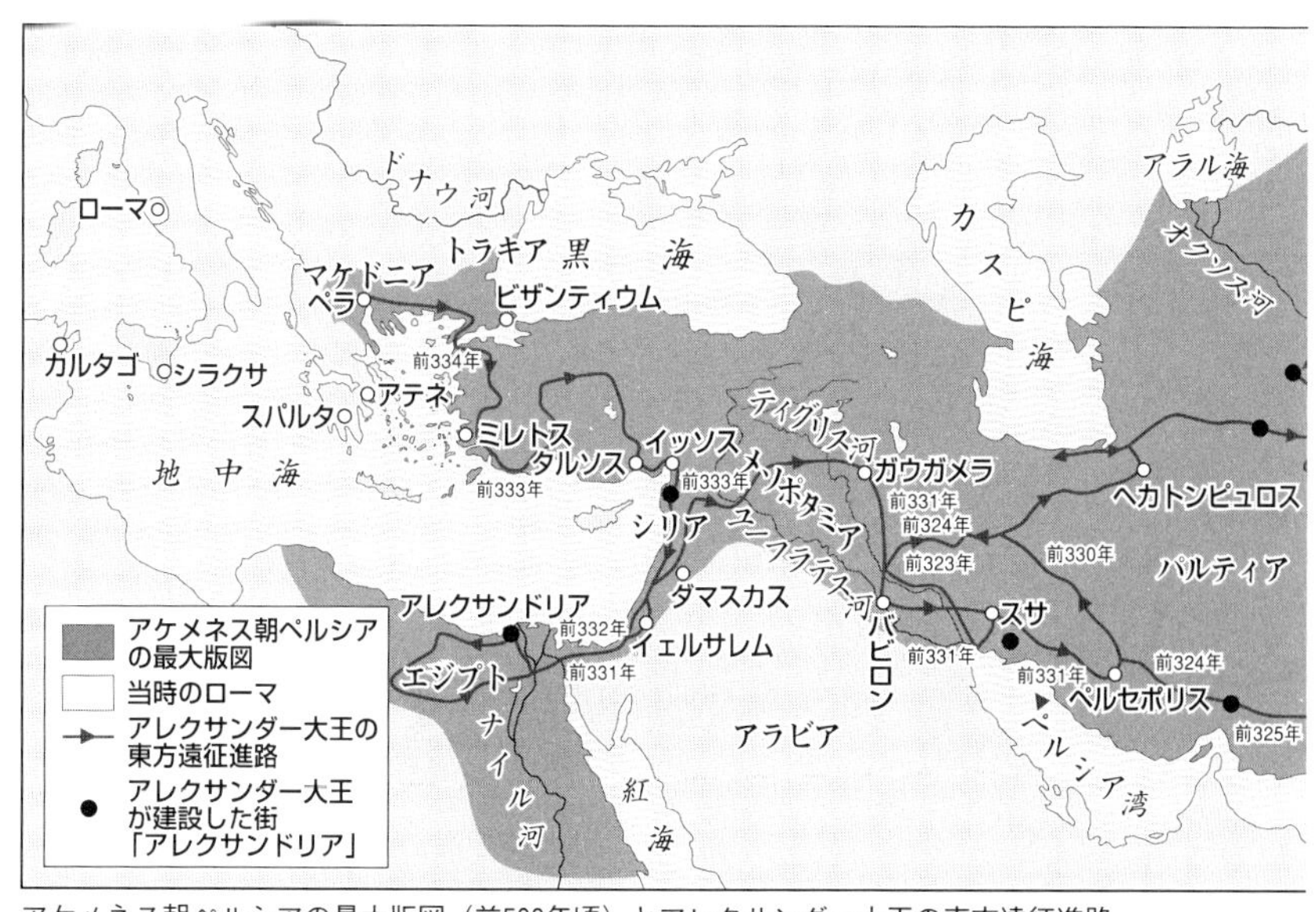

アケメネス朝ペルシアの最大版図（前500年頃）とアレクサンダー大王の東方遠征進路

4世紀中頃のローマとペルシア

では、よく知らないけれども聴いたことならばある、という感じの地方ではなかったか。

しかし、ローマが地中海を「内海（マーレ・インテルム）」にした時代からは、この西と東の大国は隣国同士になったのだ。当然、境界の線引きも、重要な問題になってくる。とはいえローマには、この強大なる隣国を併合する気まではないのだから、ローマにとっての隣国対策が次の二つに集約されるようになったのも当然だった。

第一は、外交派としてよいかと思われる皇帝たちのやり方で、アウグストゥスやネロやハドリアヌスが実施した対処法である。境界はユーフラテス河に定め、それを帝国の「防衛線（リメス）」として強化する。同時に、メソポタミア地方の北に位置するアルメニアに親ローマ派の王権が定着するのに援助を惜しまない。こうして、東の大国の首都機能が集中しているメソポタミア地方への、西からと北からのゆるい囲いこみ政略（ストラテジア）が成立する。

第二の対処法は、軍事で成功した後に有利な条件で防衛線を確立する考え方で、トライアヌス、セプティミウス・セヴェルス、ディオクレティアヌスの諸帝がとったやり方である。もしもユリウス・カエサルが暗殺されずに計画どおりにパルティア遠征を実現していたとしたら、彼こそがこの路線の創始者になっていただろう。また、遠征に向う途上で死を迎えたから戦争まではしなかったコンスタンティヌス大帝だが、この人のペルシア遠征の目的がディオクレティアヌスの確立した「防衛線」を守ることであったから、彼もこの派に属した。いずれも、軍事に自信のあった人であった点でも共通している。

この第二の路線を採った場合の戦略と戦術だが、アルメニア軍も加えての連合軍で、西からと北からの二方からメソポタミア地方に進攻し、首都のクテシフォンを陥落させる。そして、その戦果をもとに敗者から、北部メソポタミア地方の割譲を勝ち取る。そしてこの地方を、対オリエントの最前線化する。

ユーフラテスとティグリスの両大河は、アルメニアの山岳地帯に発した後は大きく二手に分かれてメソポタミア地方に入り、メソポタミア中部のクテシフォンの近くで最も接近するが、その後は再び分かれてペルシア湾にそそぎこむ。この両大河が東と西を流れる中間に位置するのが北部メソポタミアだが、この地域がローマ領内に入るということは、ローマは、それがパルティアであれササン朝ペルシアであれ、東の強敵を一望の下に収めることを意味する。戦略上、これほど有利なこともないのだった。

それに、この北部メソポタミアを手中にすれば、ローマ帝国にとって、その北に位置するアルメニア王国の戦略上の重要度も、以前ほどではなくなるという利点もある。アルメニア王国は、文化文明ともに、ローマよりはペルシアに断じて近い。この国を同盟国にしつづけることに、長年にわたってローマは、あらゆる面で苦労をしてきたのだ。それが、北部メソポタミアを得るだけで変わってくる。西だけでなく北も、防衛システムはローマだけで固めることができるからだ。つまり、仮想敵国の中枢部を、西と北の二方から囲みこむことができるのだった。

しかし、これはペルシア側にしてみれば、安心して眠ることもできない、ということになる。ササン朝ペルシアの王シャプールが、先代の王の時代に飲まされた、屈辱的であり防衛上でも不利極まりないこの現状の打破に執念を燃やしたのも、ペルシアの王であるからには当然のことなのであった。

こうして、北部メソポタミアは、東西の二大国間の係争の地になることが宿命づけられたのである。ローマ側にすれば、帝国の東半分を防衛する必要から。一方、ペルシア側にすれば、首都機能が集中している中部メソポタミアを、敵がいつでも攻めこんでこられる状態にしないために。いずれの側も、安全保障上の理（ことわり）に基づいている。それだけになおこの地方では、国際秩序の意味でもある「パクス」（平和）の確立はむずかしいのであった。

ササン朝ペルシア

四世紀半ばのこの時期にかぎるならば、メソポタミアをめぐる情況は、圧倒的にローマが有利に立っていた。それは、紀元二九七年に、ペルシア王に対して当時の副帝（カエサル）のガレリウスが勝った際に締結された、二国間の講和で定められた状態が、いまだつづいていたからである。このときに調印された条約中で最も重要であったのは、次の二項だった。

一、ニシビスとその東南のシンガラを最前線にして、そこから西を流れるユーフラテス河に至る北部メソポタミア全域を、ペルシアはローマに正式に譲渡する。

古代の「ニシビス」(Nisibis)は現代の「ヌサイビン」(Nusaybin)で、シリアとの国境ぎりぎりにあるトルコの町。古代の「シンガラ」(Singara)は今の「セニャール」(Senjar)で、現代ではイラク国内の町である。この二つの町の間を、現代ではシリア・イラク間の国境線が走っている。

古代でも、この項目の意味するところは、重大だった。これが調印される九年前に正帝ディオクレティアヌスが、一戦も交えないで、つまり軍勢を背にしての交渉だけで獲得したのは、北部メソポタミアへのローマ支配に対してのペルシア側の「黙認」であって、「譲渡」ではなかったのである。「黙認」だけならば一種の中間地帯を置くのと同じだから、その一帯をローマは、要塞を連ねたりすることでの「防衛線(リメス)」化まではできない。だが、「譲渡」ならばできる。正式なローマ帝国領、になるからであった。

二、ティグリス河の東側に位置する五つの地方(プロヴィンチア)への支配権も、ペルシアはローマに譲渡する。

これはもう、メソポタミア地方に流れこむティグリスとユーフラテスの両大河の上流全域をすべて、ローマが押さえたということであった。現代の国で考えれば、ヨルダンとシリアとトルコの三国で、西と北の二方からイラクをコントロール下に置くという図になる。防衛戦略上では、かつて一度もローマ帝国が享受したことのない、圧倒的に有利な情況であった。

それでもペルシア王が受け容れたのは、副帝ガレリウスに大敗を喫したからである。そして、紀元二九七年に結ばれたこの講和による両大国間の非戦状態は、その後四十年もの間、コンスタンティヌス大帝の治世の末期になるまで、一度も破られることなくつづいたのである。防衛戦略上の有利さに加え、勝利に有頂天になる性質でないディオクレティアヌスが、防衛線の強化を徹底させたからであった。それも、ローマ領になった北部メソポタミア地方に留まらず、その南への延長戦上に位置するシリアもヨルダンも、従来の「防衛線(メス)」はさらに堅固化された。ローマ人は「平和(パクス)」を、タダで享受できるとは思っていなかったからである。

　しかし、この現状をペルシアが、いつまでも耐えつづけるわけがなかった。六十歳を越えた大帝コンスタンティヌスをペルシアに向わせたのだから、四十年過ぎればペルシア側も、反攻に出る態勢ができていたということである。それを率いる王も、強気で有能なシャプール二世に代わっていた。

　大帝の死後に息子三人がローマ帝国を三分した折り、東方をまかされたのが次男のコンスタンティウスである。彼が、再起成ったペルシアの反攻の矢面に立たされたことになった。

　大帝の死の翌年に早くも、シャプール率いるペルシア軍は、ニシビスに焦点をしぼって攻勢をかけてきた。ニシビスは、ティグリス河から西に二日の行程にあり、ローマ領になった北部メソポタミアでは最前線に位置し、三重の城壁とその外側をめぐる深い堀に囲まれた城塞都市になっている。ここを数万のペルシア軍が包囲して猛攻を浴びせたのだが、六十日間の攻防でもついに陥(お)ちなかった。

　六年後の紀元三四四年、シャプールは軍を、今度はシンガラの都市の攻略に投入する。シンガラはニシビスから東南に百キロ行ったところにある城塞都市で、ここも北部メソポタミアのローマ側の最前線に位置した。この年は、皇帝コンスタンティウスも参戦し、前線での指揮も、二日ならばとっている。皇帝参戦を知ってかペルシア軍の攻撃はすさまじく、前半の戦況はペルシア側に有利に進んだが、後半はローマ側が耐えきって、結局はペルシア王は軍を引くしかなかったのだった。

　しかし、このシンガラ攻防戦では、ローマ軍にしては珍しい不祥事が起った。激戦の最中に捕われたいまだ少年のペルシアの皇太子を、あろうことかローマ兵の一隊が、鞭打ち拷問にかけ殺したというのである。激昂した兵士たちの起こした事故であったというが、兵士たちはキリスト教徒で、ゾロアスター教の国の皇太子を、邪教者呼ばわりしていたぶっているうちに死なせてしまった、というのだった。

　この二年後、ペルシア王シャプールは再度、ニシビスを攻撃する。だが、八十日に及んだ攻防戦の末に兵を引いたのは、今度もペルシア王のほうだった。

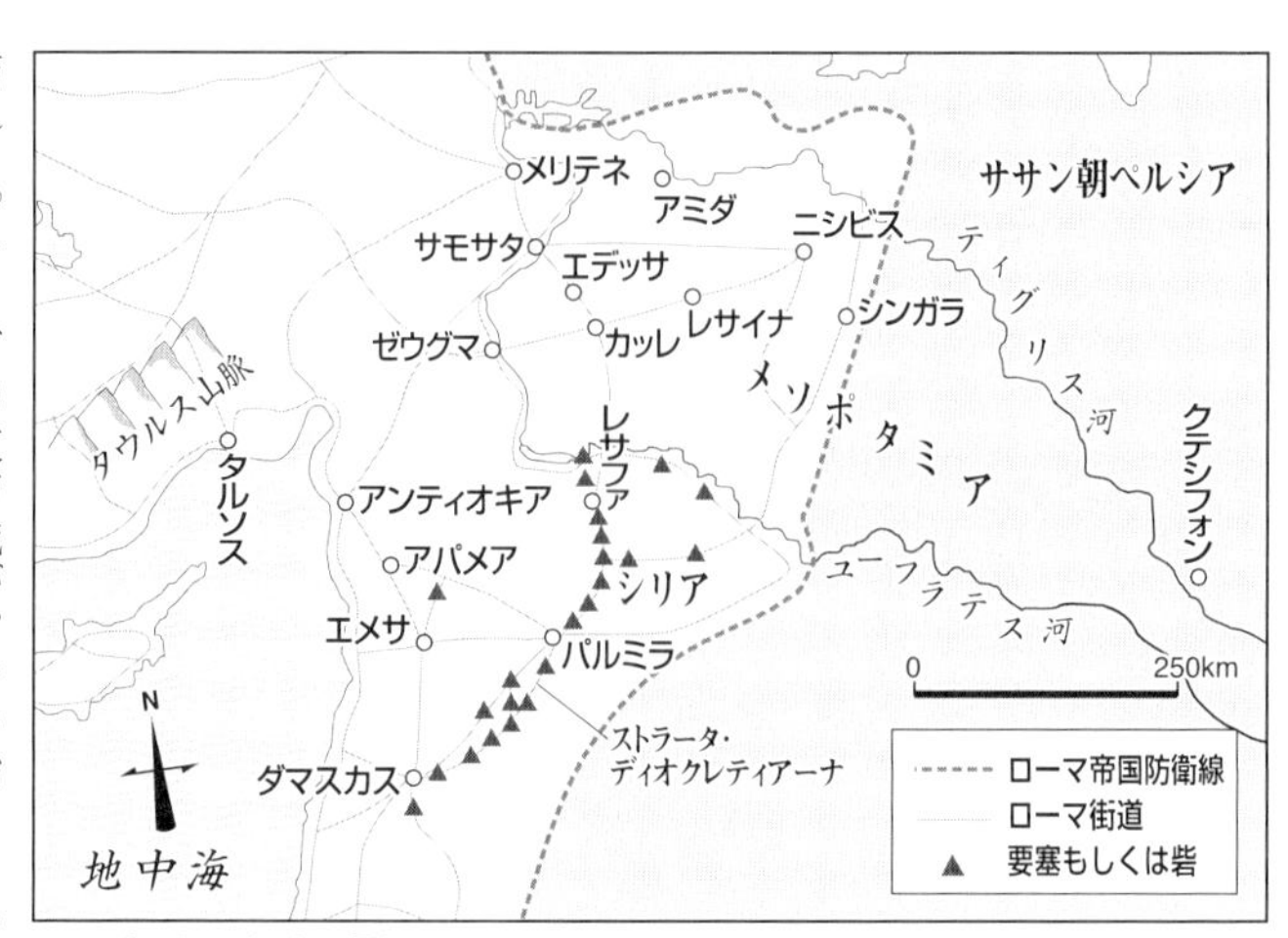

メソポタミアとその周辺

そして、四年後の紀元三五〇年、インドからの象軍まで参戦した、三度目になるニシビス攻防戦が闘われた。このときの攻防は、実に百日を越える長きに及んだ。堅固な城壁も各所で崩され、守る人々も眼をつぶる想いであったというが、ペルシア側の犠牲もすさまじかった。犠牲者の数が二万を越えては、いかに強気な四十歳のペルシア王も、軍を引くしかなかったのである。また、広大なペルシア王国の東の辺境では、王と軍が西のニシビスで釘づけになっているのをよいことに、アジアからの蛮族が大挙侵入し、それを告げる知らせが王を悩ませていた。

そして、ローマ皇帝コンスタンティウスのほうも、弟コンスタンスを殺してガリアを手中にした蛮族出身の将マグネンティウスの討伐という、避けては通れない難問にぶつかっていたのである。紀元三五〇年にペルシア王とローマ皇帝の間で休戦条約が簡単に成立したのには、両者ともが国内に難問をかかえていたという事情があったのだ。だがそれは、二人ともがそれを解決した後は、再び両国の直接対決が再開されるということでもある。そしてそのときは、紀元三五九年に訪れる。アミダの攻防戦が、その始まりになった。

ローマとペルシアは、多人種多民族を統合した国であるという意味では同じく帝国だが、国の構成がちがうがゆえに、軍の構成もちがった。常設軍をもつローマに対し、ペルシアは、常備軍事力はごく一部で、それ以外の大部分は、地方の領主たちの軍備を集めたり傭兵を雇ったり、農奴を徴集したりして編成する。それで、ペルシアが戦争を始めるつもりになっていることは、誰にでもわかってしまう。わざわざスパイを潜入させるまでもなく、オリエントからの交易商人たちが伝える情報に注意していれば充分なのだ。それで、ペルシア王シャプールが、九年ぶりに本格的な攻勢を、ペルシア側にしてみれば雪辱戦だが、それを始める気でいることはローマ側には筒抜けだったのである。シャプールも、五十歳を迎えようとしていた。あの時代、五十歳で何かをしなければ、何もやり遂げないで死ぬのだという想いになる。この辺りの事情を、コンスタンティウスは考慮すべきであった。だが、ペルシア王よりは十歳若いローマの皇帝は、迎え撃つ準備を怠っただけでなく、常の状態にまかせておけば相当な程度に機能したにちがいない帝国東方の防衛システムに、まるで動き出した車輪に棒をはさむに似た行為をしてしまったのである。

一、もはやコンスタンティウスの皇宮では恒例行事のようになっていた、皇宮官僚たちの中傷と誹謗による犠牲が、この重大事というのにあいも変わらずの状態でつづいていたのだ。少なくない数の有能な将たちが、皇帝暗殺の陰謀の罪を着せられて処刑された。将たちを見舞った運命は、その指揮下にある中堅を巻きこまずにはすまない。兵士の数の問題ではない。中堅を欠いた組織は、持てる力さえも充分に発揮できない組織になる。つまり、指揮官クラスを粛清したことによって、ローマ軍の戦力の低下を招いてしまったのである。

二、実戦の場で指揮する将を欠くわけにはいかない以上、代わりを任命することになる。だがその人事が、戦場での能力よりも皇宮官僚たちに受けの良いことが基準になってしまったのも、宦官で身辺を固めていたコンスタンティウスでは当然の帰結だった。

まず、王が自ら率いるペルシア軍に対し、ローマ側の最高司令官である皇帝はドナウ河中流のバルカン地方に留まったまま。司令官の格で東方に派遣したのは、官僚たちの評価ならば良かったサビニアヌスである。オリエントの事情を熟知し、そのオリエントでの実戦の指揮官としての経験も豊富だったウルシチヌスは、司令官の次席を命じられただけだった。次席は、主席に反対されれば何一つできない。そして戦場では常に、臨機応変で一貫した決断が求められる。司令官と次席の戦略戦術上での不一致は、早くも敗因を一つ用意するようなものであった。

一方、シャプールのほうは、ハード面での戦争準備はもちろんのこと怠らなかったが、ソフト面での準備も忘れなかったのである。アンティオキア生れの商人でペルシア側に寝返ってきた者を身近に置き、徹底的に北部メソポタミア事情を学んだのだった。西はユーフラテス、東はティグリスに囲まれたメソポタミアの北部にある諸都市は、今ではローマが城塞都市化しているが、もともとはアレクサンダー大王の東征を契機にギリシア人が建設した都市で、東西の交易に従事する商人たちが頻繁に行き交う地方なのである。アンティオキア在住のギリシア系ローマ人ならば、知りつくしている一帯であった。

シャプールの下した判断が、このうちの一人である寝返り商人の進言を容れた結果かどうかはわからない。だが、三度までも攻めながらついに陥とせなかったニシビスは今のところは放置し、それよりも北にあるアミダに的（まと）を定めたのには、それなりの理由があるはずだった。

ティグリス河の上流に位置するアミダ（Amida）は、現代ではトルコ語で「ディアルバキル」（Diyarba-kir）と呼ばれていることが示すように、古代では重要な都市でもその後の長い停滞期を経て、近代になって重要な都市に返り咲いた例の一つである。古代では重要都市でもその後はパッとしないままに現代に至った場合は、今ではイスラム圏に属すオリエントでさえも、古代の名を現代風に呼び変えたもので済ませている街が多い。古代の大都市アンティオキアは、現代ではトルコ語でアンタキアと呼ばれる町でしかないように。というわけで古代のアミダは、ニシビスに比べれば戦略上の重要性は低かったのだが、アミダには特別な、プレスティージとしてもよいことがあった。

この都市は、副帝（カエサル）時代のコンスタンティウスが、つまり今では正帝の彼が十代であった頃に、精魂をかたむけて城塞化した都市なのである。都市名も従来のアミダではなく、自分の名を冠させようとさえしている。

険しい岩山を背にそのふもとに広がるこの都市は、ティグリスが流れる東を除く三方の守りを固めれば、防衛の完璧を期すのは容易だった。町の東を洗うティグリスは、いまだ上流であるために流れも早く、河自体が防壁の役目を果していたからである。

このアミダを陥とすということは、ペルシア王シャプールにとって、ローマ皇帝コンスタンティウスに痛烈な一打を浴びせることを意味したのだ。ニシビスは通り過ごしてその北のアミダに十万もの軍を投入したのだから、シャプールにもそれを敢行するだけの充分な理由があったはずであった。

これを見透せなかったのが、ローマ側である。ニシビスが三度もペルシアの猛攻に耐え抜いたのだから、ニシビスよりは守りの固いアミダも耐えきれるだろう、と踏んだのかもしれない。総司令官である皇帝コンスタンティウスはドナウ河近くのシルミウムに留まったまま。司令官に任命されたサビニアヌスも、ユーフラテスは渡りはしたものの、エデッサからは一歩も東に動かない。敵の攻撃の的にされたアミダからは、エデッサは南西の方角に百五十キロ離れていた。ペルシア側は王自ら戦場にいるのに、ローマ側は、皇帝の部下にすぎない司令官でさえ、戦場から百五十キロ離れた地にいたのである。ただしサビニアヌスは、エデッサからは動かなかったが、ペルシア戦役の現場の司令官の資格をもって次の二項は命じていた。

第一は、アミダ周辺一帯の焦土化である。敵に兵糧を容易に確保させないためだが、農民も強制的に、家畜を連れて後方の町に避難させられた。第二は、次席の地位にあるウルシチヌスを、アミダに送ったことである。送ると言っても、少数の兵士のみを率いさせてであったから、援軍というよりも偵察隊のつもりであったのかもしれない。

アミダには、コンスタンティウスが副帝(カエサル)であった時代からすでに、第五軍団の一千兵前後が常駐していた。この他に、アミダに敵接近の報で急ぎ送りこんだのが、六個軍団の六千前後である。この六千の兵士は、中近東生れでもなく軍務経験をこの地方で重ねてきた兵士でもない。ガリア勤務のローマ兵であったのが、蛮族出身の将マグネンティウスに加担して皇帝コンスタンティウスに弓を引いたことで処罰され、ライン河からユーフラテス河に、言ってみれば流刑になった兵士たちである。しかし、もともとはゲルマン民族系の男たちであるだけに、気候も地勢も風俗習慣もまったく異なるオリエントに送りこまれても、生来の勇猛さは失ってはいなかった。

騎兵を加えれば七千になったと思われるこれらローマ軍の兵士に、防衛の気概もあり戦闘員としても使える年頃の住民を加えての二万が、アミダ防衛の実戦力であったのだ。女子供は、北部メソポタミアの他の都市同様に、ペルシア軍襲来の気配が漂いだした頃からすでに、安全な後方の諸都市、エデッサもその一つ、に避難させていた。つまり、アミダにこもったのは純戦闘要員二万で、その二万で、十万を越えるペルシア軍に抵抗することになったのである。

戦役がはじまっても、将兵たちの陣営があるところにだけ敵がいて、それ以外の地は安全に通れる、というわけではまったくない。少なくともその周辺五十キロは、偵察や食糧調達のための隊が始終動きまわっていると考えねばならない。ウルシチヌスの隊は、この一つと出会してしまったのだった。そこは切り抜けられたが、敵が自分たちの存在を知ったことは覚悟しなければならなかった。ウルシチヌスは、全員で、敵が包囲を固めつつあるアミダに入るのは無理と判断する。隊は二分し、アミダへは、若い将官と兵士たちが向い、彼自身は、ひとまずは後方へもどることに決めた。

私の想像するには、ウルシチヌスはこの時点ですでに、これまでの戦法ではアミダは守りきれないことに気づいたのではないかと思う。オリエントをよく知っていれば、遠方からペルシア軍を一望しただけでも、わかることが一つある。それは、各地の君侯や豪族の旗がどれだけ多くひるがえっているかで判断するのだが、それが多く、しかも有力な君侯や豪族の旗だと、ペルシアは王の下に挙国一致でローマに向ってきたという証拠になるのだ。これは、攻めるペルシア王の立場の強さを計る計器であり、攻城戦の行方を予想する材料でもあるのだった。籠城戦とは、敵があきらめて軍を撤退するからこそ勝てるのであるから。

これもまた私の想像にすぎないが、ウルシチヌスはサビニアヌスに消極戦法を捨てさせ、ローマ軍を派遣して、アミダを攻めるペルシア軍の後方から攻撃する戦法を考えていたのではないか。つまり、はさみ撃ちである。でなければ、彼にアミダ行きを命じられた若い将官の心中に、自分たちは死地に追いやられるという想いが、一時にせよわきあがらなかったはずはない。だが、それを想像させる一語さえもなかった。若い将官は、全幅の信頼をもって、アミダに入れという上官の命令に従ったのである。そして、攻防戦の間中、彼は防衛側で闘った。

ちなみに、このアミダ攻防戦の展開を後世に生きるわれわれでもくわしく知ることができるのは、この若い将官が記述してくれたからである。この人は、コンスタンティウス帝のローマ訪問を述べる折りに紹介した、アンティオキア生れのギリシア系ローマ人のアミアヌス・マルケリヌスで、アミダ攻防戦当時は、二十九歳前後であったと思われる。

アミアヌスにとって、ペルシア軍を見るのは初めてではない。軍に入隊してからずっと上官だったウルシチヌスに従って、彼の行くところ転戦してまわっていたからだ。当時のローマ軍では有名な将の一人だったウルシチヌスだが、帝国の西方の経験は一度しかなく、もっぱら帝国東方の戦場経験の豊富さで知られた将軍だった。

その彼の許で軍事経験を積んできたアミアヌスでさえも、王自ら率いるペルシアの大軍には強烈な印象を受けずにはいられなかったのである。シャプールは、全軍を誇示することで防衛側の士気をくじこうとしたのか、アミダの周辺すべてを、ペルシアの全軍で埋めたのである。地平線に至るまでの平原全体が、兵士や馬やインドから連れてこられた象や諸侯の旗で埋まり、その中央の華麗な大テントからは、諸侯たちを従えた王が、城壁に向って馬を進めてくる。アミダの正門に近づいたシャプールは、雄羊（アリエス）を形どった兜（かぶと）を頭上にし、その黄金造りの兜にはめこまれた数多くの宝石が、陽光を受けて燦然と輝いていた。

ペルシアの王と諸侯と王の親衛隊から成るこの一団は、大胆にも矢の射程距離すれすれのところにまで接近した。城壁の上からでも、雄羊の形をした兜の下からのぞく、シャプールの頬のたてじわまでが見分けられた。だが、この力の誇示は効果なく終わる。防衛側は、矢を雨と降らせることで回答としたからである。開戦は、翌日と決まった。

城壁をはさんでの初日の戦闘は、初めから激闘の連続で、日没でようやく幕が引かれたという感じで終わった。両軍ともに多くの戦死者を出したが、ペルシアの有力な君侯の息子が戦死したのが、ペルシア側を悲しみに突き落とした。その若武者はまだ少年期を脱したばかりの年頃だったが、ペルシア有数の名家の跡取り息子であったから、父親の悲嘆を尊重したシャプールは籠城側に、葬儀と喪のための七日間の休戦を提示してきたのである。アミダの籠城軍も、それは受けた。

休戦が終わって、攻防戦は再開された。防衛側にとっての脅威であったのは、ペルシア軍の攻城器である。それもすべて、これまでに攻略したローマ側の城塞や都市から奪ったもので、ローマ兵は自分たちの武器に攻撃されているのだった。それでも、防戦する兵士と住民の士気は高く、屍の山を築くのはペルシア側のほうであった。

その間、ウルシチヌスはエデッサで、司令官のサビニアヌスの説得に専念していた。ユーフラテス河沿いの基地に置いてある軍勢を、ティグリス河に沿うアミダに送り、アミダを攻めるペルシア軍を背後から攻撃すべきだと説いたのである。だがサビニアヌスは、その提案を容れなかった。危険すぎるというのだ。しかも、なおも迫るウルシチヌスに、コンスタンティウスの指令書を見せたのである。それには、軍を動かすのはローマ軍にとって不利でない場合にかぎる、と記されてあった。皇帝の命令となっては黙るしかなかったウルシチヌスを、ペルシア戦役遂行中のローマ軍では上位者になるサビニアヌスは、メリテネの軍団基地に送る。もちろん、その基地に駐屯する軍団を動かすのは、司令官である自分が指示を与えたときにかぎる、という足枷(あしかせ)をはめて。

ユーフラテス河もティグリス河も、水源地がアルメニアの山岳地帯である以上、上流になるにつれて接近する。メリテネはユーフラテスに沿う基地で、アミダはティグリスに沿ってある。ウルシチヌスは、直線距離にすれば二百キロもないメリテネにいながら、アミダには一兵も送ることができないのだった。

ローマ軍では、共和政帝政を問わず、前線に送られた司令官には大幅な自決権が認められていた。前線では臨機応変な対応が不可欠であることと、あの時代では後方に指示を仰ぐのに時間がかかりすぎたという事情による。このローマのやり方はローマ軍の伝統にさえもなっていて、後代のマキアヴェッリが賞讃したほどだ。だがそれも、四世紀半ばともなれば機能しなくなっていたのである。元首政時代でさえも、前線の司令官が軍を動かすのに条件をつけた皇帝はいなかった。それなのに四世紀ともなると、「前線」は「後方」の指令になかったことには手を染めなくなっている。しかも、「後方」が「前線」の自決権を制限するこの傾向は、リスクを冒さず責任も取りたくない消極的な人物に、決定的な行動に出ないための格好の理由を与えることにもなっていた。おそらく、アミダに入る前にすでにウルシチヌスからこのはさみ撃ち作戦を告げられていたにちがいないアミアヌスが、いかにアミダで待とうと、ウルシチヌス率いる援軍は姿を現わすことはなかったのである。

しかし、アミダの防衛に身を粉にしていた人々は、彼らも援軍到着を確信していたのか、五倍以上の軍に攻められていながら敢闘しつづけたのだった。脱走して捕えられた一人によって城壁外に通ずる秘密の地下道が敵側に知られ、七十人のペルシア兵が突如城壁内に現われたときがある。しかも彼らの一人は赤いマントを振って味方に潜入の成功を知らせ、それを見たペルシア軍が猛攻をかけてきたのだが、ペルシア側が内側から開けられることを期待していた城門は、閉じられたままだった。潜入したペルシア兵七十人は、城門に手をかける前に全員が殺されていたからである。

また、防衛側も城壁内にこもって防戦をつづけていただけではなかった。勇猛さでは他の追随を許さなかったガリアからの兵士たちは、夜の闇にまぎれて城壁外に撃って出て、そのたびにペルシア側に多大な被害を与えては引き揚げてきた。

しかし、攻防戦が長びくにつれて、数では絶対に不利な防衛側に、犠牲の重圧がより重くのしかかってくる。ペルシア軍が城壁よりは高い攻城壁を築き、その上から攻めてくるようになってからは、戦闘も白兵戦に変わった。また、戦死者を収容する場所もなく、それをする人もいなくなって放置するしかなくなった城壁内で、疫病が発生したのである。これで防衛力は、さらに低下した。そして、最も怖れていた城壁の、崩壊のときがやってきたのだ。一箇所ではあったが、そこから侵入する敵を阻止する手段はもはやない。防衛側の兵士たちは、侵入してきたペルシア兵によって、まるで羊でもあるかのように殺されていった。

アミアヌスも、ついに脱出を決意する。その彼につづいたのは、二人の兵士だけだった。自分の足だけが頼りの脱出は幸いにも成功したが、一息つけたのは、十五キロ行ったところにあったローマ街道の附属施設の一つの国営郵便所にたどり着いたときである。無人のその場所は破壊されていたが、井戸はあった。だが、水を汲み出す器械も壊されている。それで、兵士の一人が、兜の下の頭に巻いていた布地を引き裂いて長くし、それを井戸の中に降ろし、水を吸収したそれを引き上げて、三人は交互にその水を吸うことで渇きを癒すことができたのである。

山岳地帯を縫っての脱出行の末に、アミアヌスと兵士二人は、ユーフラテスの流れが見える場所にまでたどり着いた。そこで、巡察中のローマの騎兵隊に出会う。騎兵隊の駐屯地であるメリテネの基地で、アミアヌスは久しぶりに上司のウルシチヌスと再会したのだった。

アミダは、ペルシア軍の攻撃が始まってから七十三日後に陥落した。シャプールの命令によって、陥落時に市内に残っていた者の半ばは、捕われた直後にその場で殺された。残りは捕虜にされ、メソポタミア中部に連行され、そこで待っていたのはスーザの都市の再建工事の使役だった。彼ら以外に、アミアヌスのように脱出に成功した兵士たちもいたらしいが、この人々の消息はわかっていない。

アミアヌスが、アミダに向う途中で出会った一人の元兵士の話を書いている。その兵士はルテティア（パリ）生れのガリア兵で、シリアへ送られてローマ帝国東方軍で軍務についていたのだが、砂漠を行軍中に帰属していた隊からはぐれ、と彼は言ったが脱走したのかもしれない。いずれにしろ、本隊にもどる方策もなかったこの兵士は、行き合ったペルシアの女と結婚し、この地に落ちついたというのだ。アミダ攻防戦には、ガリア出身の兵士たちが多く参戦していた。彼らのうちの幾人かは、パリ生れのこの兵士と同じ運命をたどったのかもしれない。

こうしてアミダにこもって闘った二万は、英雄的と評してもよいほどの敢闘にもかかわらず敗北したのだが、勝ちはしたもののペルシア側の犠牲もすさまじかった。七十三日間に及んだ攻防戦で戦死した兵の数は、三万にのぼったといわれている。参戦していた兵士のうちの、三人に一人が死んだことになる。だが、これほどの犠牲にもかかわらずアミダ攻略に執着した、ペルシア王シャプールの読みは正しかった。

北部メソポタミアを守るローマ側の「防衛線（リメス）」に、大きな穴が開いたことになったからである。「防衛線（リメス）」は、つづいているからこそその役目を果せるのだ。それが一箇所でも穴が開いては、もはや「防衛線」ではなくなる。もしもこの状態を放置しようものなら、ディオクレティアヌス時代にペルシアに認めさせ、大帝コンスタンティヌスが老齢にもかかわらずその確立のためにペルシアまで遠征しようとしていたほどに戦略的に重要な北部メソポタミアを、その子のコンスタンティウスは元の木阿弥（もくあみ）にしてしまうことになる。彼にとっては、ミラノやドナウ河畔の都市で、悠然と過ごしている場合ではなくなったのである。

ユリアヌス、起（た）つ

アミダの陥落を告げられたコンスタンティウスは、自ら軍を率いてのペルシア遠征を決意した。ローマ皇帝が自ら出陣し、しかもアミダでの敗北の雪辱も期す以上は、もはや北部メソポタミアの再復だけでは話はすまない。歴代の皇帝たちも自ら軍を率いるときは、敵の首都クテシフォンを攻めて陥とし、それによって敵の本拠地に大打撃を与えた後で引き揚げることで、結果としては北部メソポタミアとその北のアルメニア王国を最前線とする、帝国東方の「防衛線（リメス）」を再強化するのがこれまでの慣例であった。それにはまず、敵の編成可能な兵力である、十万に匹敵する大軍が必要になる。同時に、敵側の首都のある中部メソポタミア地方を目指すからには、敵地で闘う場合には不可欠の、補給路の確保もなおざりにすることは許されない。その上、中東の砂漠という、ヨーロッパからの兵士たちにとっては不慣れな環境で闘うという不利もあった。総司令官である皇帝の虚栄心ゆえではなくて、十万はやはり必要な数ではあったのだ。

それに、ディオクレティアヌス帝が実施しコンスタンティヌス大帝が継承したローマ軍兵士の倍増が、その息子コンスタンティウスのこの時代になっても存続していたとすれば、ローマ全軍の兵力は六十万はあったのである。各地方の防衛に不可欠な兵力を考慮しても、十万の兵力を東方に集めるのはさしたる難問題ではなかったはずであった。

この事情があったからこそ、正帝コンスタンティウスが副帝ユリアヌスに命じてきた兵士の供出が、正帝の副帝に対する嫌がらせであったと、後世の歴史家たちは言うことになるのだ。事実、紀元三五九年冬にガリアに届いた命令は、副帝を愕然とさせるに充分だった。

一、「アウジリア・パラティーナ」（auxilia palatina）と呼ばれていた、ローマと傭兵契約を結んでローマ側で軍務についている、部族ごとに編成されている蛮族の部隊が四隊。

二、他の部隊からも、各隊ごとに三百を選抜。

三、「スコラエ」（scholae）と呼ばれていた、副帝つきの近衛騎馬隊の二隊からも選抜。

この全員を東方に送れというのが、コンスタンティウスからユリアヌスに届いた命令であった。

蛮族部隊も、どの隊と蛮族名を明記してある。四隊とも、勇猛さでは知られていた隊である。それ以外も、わざわざ「選抜」、と条件をつけている。〝選抜〟となれば精鋭に決まっている。そしてこれらの東方送りの兵士の総数だが、これについてはどの歴史家も正確な数を出すのは不可能であったらしいので、私としても概算するしかなかった。概算の基準になったのは、当時のユリアヌスの持っていた兵力が二万三千であった事実と、一部隊が一千兵前後であったことの二つである。それに基づいて概算すれば、正帝の要求してきた兵力は、九千七百から一万の間ではなかったかと思う。

しかし、二万三千のうちの一万だ。しかもこの一万は、精鋭である。ユリアヌスの手許に残るのは、クズとは言わないが精鋭ではない一万三千でしかない。二十八歳になったばかりのユリアヌスが、愕然としたのも無理はなかったのだった。

この指令を帝国では二番目の高位者である副帝に告げるのに、正帝コンスタンティウスは、理由をくわしく説明した親書を送って要請したのではなく、皇宮では地位の低い公証人を一人送ってきて、その人物に告げさせたのである。これだけでも正帝（アウグストゥス）が副帝（カエサル）に対する態度ではなく、単なる一臣下への命令伝達にすぎなかった。

それでもユリアヌスは、年長のいとこの送りつけてきた命令に従うつもりでいた。不満はあっても、当時の彼の立場では従うしかなかったのだ。

ところが、送られる当の兵士たちに、従う気がなかったのである。その中でもとくに、蛮族兵の四部隊が、強硬に反対した。ローマ軍と自分たちの間で交わされた契約では、軍務はアルプス山脈の西側にかぎられると明記してある、というのである。家族から離れて遠いオリエントに行くなどもっての外で、その気はまったくないと、ユリアヌスの前ではっきり言ったのだった。また、彼ら以外の兵士たちも、ユリアヌスから離されて正帝指揮下の軍に編入されるのを喜んではいなかった。四年前、着慣れないローマ軍司令官の正装姿で現われた二十四歳のユリアヌスに初めて引き合わされたとき、笑い出さないよう努めるのが精いっぱいであった将兵たちも、今ではユリアヌスに心から従う想いになっていたのである。彼らは、今回の正帝の命令も、あいも変わらずの副帝への嫌がらせと信じ、自分たちの若い副帝に同情したのだった。

ユリアヌスは、苦境に陥ったことになる。兵士たちの希望を容れたのでは、命令不服従になる。かといってコンスタンティウスの命令を実施すれば、蛮族兵士たちの反乱を呼び起こす怖れがあった。また、このようなときに相談できるサルスティウスは、解任されてガリアにはいない。ギリシアから来た哲学者たちの取り巻きは、このような場合にはまったく役に立たなかった。

そうこうするうちに、蛮族兵たちは群れを成し、ユリアヌスの居住する皇宮の前で坐りこみを始めたのである。皇宮とは言っても、仮の本拠にすぎないパリの皇宮だ。過激化した兵士たちの乱入を防げる造りではなく、また、そのような場合にそなえた防御の人も不充分だった。

一ヵ月が過ぎた。その間ユリアヌスは、幾度となく皇宮を出ては、坐りこんでいる兵士たちの説得を試みた。家族を残して行くのが心配ならば、国営郵便用の馬車を家族の移動に使うことまで提案しながら。だが、兵士たちが同意しない理由は別にある。また彼らは、野宿に慣れていた。ユリアヌスと兵士たちの団体交渉は、何度やっても失敗に終わっていたのである。

それで一ヵ月を空費してしまった紀元三六〇年の二月、ふとしたことで情況が一変する。いつものように兵士たちの前に姿を現わしたユリアヌスを、兵士たちの一団が突然抱き上げ、盾の上に押し上げて叫んだのだ。

「ユリアヌス、アウグストゥス！」

そのまま兵士たちは、ユリアヌスを載せた盾を前後左右からかついで、練り歩き始めた。「ユリアヌス、アウグストゥス！」と叫びながら。

「ユリアヌス正帝(アウグストゥス)！」の声は、またたくまに兵士たちの間に広がり、その声は、全員の賛同をあらわすかのように一つになった。兵士の一人が、自分の首にかけていた金の鎖、ローマ軍では戦功のあった兵士への褒賞品の一つである金鎖をはずし、盾の上で、振り落とされないようにするだけで精いっぱいのユリアヌスの頭上に、まるで帝冠でもあるかのように載せた。その瞬間、正帝ユリアヌスと叫ぶ声は、ローマ時代はセクアナ（Sequana）河と呼ばれていた、セーヌ河の向う岸にまで届くほどの大歓声になった。

自分たちの頭領(ボス)を盾の上に載せて練り歩くのは、ユリウス・カエサルに征服された時代のガリア人の風俗であったのだ。あれから四百年が過ぎたガリアではローマ化は完璧で、ガリア人は自分たちを、ガリア人とは思わずローマ人と思って疑わなくなっていたのである。だがそのガリアでは新参者と言ってよい、ローマの行政当局が「ゲルマニア」と呼ぶライン河の西側に移り住んでまだ日も浅いゲルマン系の蛮族の兵士たちが、ユリアヌスとともに四年間を闘ってきた男たちであった。彼らが、自分たちの想いを昔のガリアのやり方で爆発させたのも、彼らにしてみればごく自然な感情の発露であったのかもしれない。いずれにしてもユリアヌスは、蛮族的なやり方で擁立された、最初のローマ皇帝になった。とは言ってもその日のユリアヌスは、ただ単に仰天しただけで、盾の上から解放されるやそのまま皇宮内に逃げこみ、翌日も兵士たちの前に姿を現わさなかったにすぎない。

当初は仰天しても、その後を沈思黙考に費やす理由は、ユリアヌスには充分にあったのである。正帝への擁立をそのままにしておいては、もう一人の正帝から反逆罪に問われるのは確実だった。宦官高官のエウセビウスが、肥え太った顔に埋まりそうな細い眼に陰湿な喜びさえ漂わせながら、コンスタンティウスに耳打ちする情景が眼に見えるようだった。わずか五年前にもエウセビウスはこうして、副帝ガルスに反逆の罪をかぶせ、自らポーラの牢獄に出向き、そこに護送されてきたガルスを拷問し首を斬らせたのである。このガルスにつづいて、今度は弟のユリアヌスだ。宦官にしばしば見られる彼ら特有の暗い怨念が、遠く離れたセーヌ河のほとりにまで漂ってくるようだった。かつてはことあるごとに宦官エウセビウスの放つ毒矢から守る盾になってくれていた皇后エウセビアは、しばらく前に亡くなっている。また、コンスタンティウスの実妹でもあるユリアヌスの妻ヘレナも、子の死産を二度くり返した後は健康がすぐれず、ガリアの地で亡くなっていた。ユリアヌスは、愛したことはなかったが妻としては尊重したこのヘレナの遺体を、生前の彼女が望んでいたようにローマに埋葬させる。女を通じても、正帝と副帝の間は遠くなる一方であったのだ。

ユリアヌスは、ついに決心した。兵士たちの前に現われた彼は、「アウグストゥス」（正帝）を受けると宣言した。紀元三六〇年二月のことである。二十四歳までは哲学の一学徒でしかなかったユリアヌスも、二十九歳になっていた。慣例に従って、帝位就任を記念して配る一時金も、いくらだったかは記録にはないが、兵士たちには配ったのである。ローマ式にも、皇帝になったということであった。

だがこの日から、ユリアヌスのコンスタンティウスにあてた、弁明し妥協の道を探る書簡交渉が始まったのである。書簡にはことの成り行きがくわしく述べられ、皇帝擁立を受けたのはやむをえない処置であったと弁明する。そして、コンスタンティウスがユリアヌスを、帝国西方の「正帝（アウグストゥス）」と認めてくれることを願った文面だった。帝国の東西で二人の正帝が並び立つのは、ディオクレティアヌスの「四頭政（テトラルキア）」時代に先例がある。ユリアヌスが願っているのは、東西二人の「正帝」でも、あの時代のように東の「正帝」が上位に立つ「二頭政（ディアルキア）」であった。それを認めてくれるよう願うユリアヌスの書簡の末尾は常に、副帝を意味する「カエサル」と署名してあった。

常に、と書いたのは、この書簡交渉はその後一年もの間くり返されたからである。当時のコンスタンティウスは、ペルシア戦役の後方基地であるアンティオキアにいた。シリアのアンティオキアとガリアの間は遠い。この間を往復するだけでも、早馬で二ヵ月はかかる。また、実際にコンスタンティウスが、読んだのかどうかさえもわからなかった。アンティオキアからの返書は、パリには一通も届かなかったからである。一度などはユリアヌスは、コンスタンティウスが傾倒しているアリウス派の聖職者ならば会ってくれるかと、その派の司教に書簡を託したことがある。だがこれも、無駄に終わった。

書簡を通しての嘆願が失敗に終わったのは、コンスタンティウスのほうに、返答をする意思がなかったからである。コンスタンティウスはユリアヌスを、無視しただけではない。帝位簒奪者と断じ、蛮族出身の将マグネンティウスにしたと同様に、ユリアヌス討伐を決めていたのだった。その彼にとってのこの一年は、ユリアヌス討伐のために西へ行くには不可欠な、ペルシア王シャプールとの休戦協定を締結するための一年であったのだ。

ペルシア王は、どのような条件をつけたのかは不明だが、休戦は受諾した。その理由の第一は、ローマ皇帝同士の争いはペルシア王にとって望むところであったからだ。理由の第二は、アミダを陥として北部メソポタミアに深く進攻した以上、その地方におけるペルシア勢力の強化に、休戦期間を活用できたからである。また、それを無言の脅威にしての、アルメニア王国をペルシア王国に引き寄せるにも、ローマの大軍がオリエントから引き払う休戦期間は、願ってもない好機であった。こうして、紀元三六一年の春を期して、皇帝コンスタンティウスとその軍は、ユリアヌスの撲滅を目指して西に引き返す準備が整ったのである。

ユリアヌスのほうは、コンスタンティウスに書簡を送りつづけながら、その返事を心待ちするだけで一年を送ったわけではない。その間も精力的にガリアからの蛮族一掃に努めたばかりでなく、ライン河を二度にわたって越え、アレマンノ族やフランク族の本拠地を襲撃してまわった。そして、戦闘に勝ってもどってくれば、それがどの町であろうと行政官たちを召集し、税制や司法の公正な実施に努めたのである。そして、その一年も終わる頃、コンスタンティウスの先発隊が、アンティオキアを発って西へ向ったことを知った。

内戦覚悟

ここでユリアヌスは、再度の決断を迫られることになった。このたびの決断は、兵士たちが捧げる帝位を受けるか否か、ではない。その帝位を守るか否か、であり、守るならば、内戦に訴えてでも守る意志があるかどうか、であったのだった。この時期のユリアヌスの胸の内を、これ以後の彼の行動から推測すれば次のようになる。

少数の軍勢を率いてでも速攻を優先するコンスタンティウスではない以上、オリエントに集結している十万のすべては従えないにしても、討伐行には相当な規模の大軍を向けてくるにちがいない。その軍勢と、ドナウ河を守っている軍勢が合流しては、ガリアの二万三千ではとうてい勝ち目はない。となれば、合流の前にドナウ河防衛軍をこちら側に取りこんでしまう必要がある。それには、ユリアヌスとしては速攻しか方策はなかった。

ユリアヌスがこのように考えたかどうかはわからないが、実際には彼は、次のことを早くも決め、実行に移したのである。

一、アレマンノ族やフランク族をはじめとする、ゲルマンの蛮族との間で不可侵協定を成立させる。これは、それまでの五年間のユリアヌスの積極戦法によって押される一方であった蛮族側にとっても望むところであったので、協定は簡単に成立した。

二、コンスタンティウス下の軍勢との間に内戦になる可能性大の東への行軍には、二万三千の全軍から選抜した一万三千を連れていくと決める。

この一万三千の主力は、つい一年前に、アルプスの東での軍務は契約違反であり、家族を置いてのオリエント遠征は嫌だと言って坐りこみまで決行した蛮族部隊であったのだ。彼らは、ユリアヌスの運命がかかっていると告げられて、一年前のストライキの理由は忘れることにしたのだった。

そして、この一万三千は、一万と三千の二軍に分けることにした。一万は、フランク族出身だがローマ軍でキャリアを積んだネヴィッタが率い、距離は長いが蛮族に出会する危険はないガリアの南からアルプスを越え、北イタリアを横断して東へ向う。

二千は、ユリアヌス自らが率い、距離は短いが蛮族に出会う危険度ならば高い、シュヴァルツヴァルト（黒い森）を横断することでドナウ河の上流に達し、そこで船を調達して、当時はヴィンドボーナと呼ばれていたウィーン、当時はアクィンクムという名であったブダペストを次々と右に見ながらドナウ河を下る。

両軍とも、集結予定地はドナウ河中流の都市シルミウム。帝国後期には重要な都市だったシルミウムは、ベオグラードから西に五、六十キロ行った、現代ならばミトロヴィカになる。

これを見ても、ユリアヌスの意図が、コンスタンティウス下の軍が到着する前にドナウ河防衛の基地シルミウムを手中にすることで、正帝下の軍とドナウ河防衛軍の合流を阻止することにあったのがわかる。そして、この作戦が成功するか否かは、コンスタンティウス側にとってもユリアヌス側にとっても、シルミウムに到着するまでに要する「時間」にかかっていたのだった。

時間の勝負は、ユリアヌスに軍配が上がった。シルミウム前に到着した一万三千を見て、おそらくはそれよりも兵数は多かったにちがいないドナウ河防衛軍も、ユリアヌス側につくことを承諾したのである。内戦どころか、一兵の血も流れなかった。

ユリアヌス
（シルミウムで発行された金貨）

ドナウ河防衛の将も兵も、ユリアヌスが正帝に擁立されたことは知っていたのである。だがそれよりも彼らの態度を決めるのに役立ったのは、この五年間のユリアヌスの輝かしい戦果だった。ユリアヌスによるライン河近辺での蛮族の掃討戦の成功は、そのすぐ東の防衛線であるドナウ河での戦況展開にも影響を与えないではすまない。ライン河を渡っては侵入をくり返していたアレマンノやフランクの部族の勢いが落ちれば、ドナウ河を渡って南への侵入を狙うサルマティアやゴートの部族も、侵入には二の足を踏むようになるからだった。ドナウ河防衛軍の将兵たちが簡単にユリアヌス側についたのも、戦場指揮官としてのユリアヌスを評価したからである。だがこれも、敵よりも先行したからこそ獲得できたことではあったのだが。

良く評せば慎重だが、判断も行動も常に遅いのがコンスタンティウスの性質だった。この彼がユリアヌスのシルミウム到着を知ったのは、アンティオキアを出発して小アジアのキリキア地方に入ったときというのだから、このときもコンスタンティウスの動きは遅かったのである。つづいて届いたのが、ドナウ河防衛全軍の投降の知らせだ。そしてすぐ、ユリアヌスとその軍はシルミウム滞在も早々に切り上げ、南東に走る幹線道路を進む行軍を再開したという知らせも届いた。これはもう、ユリアヌスが目指しているのはコンスタンティノープルと見るしかない。ユリアヌスが、ローマ帝国の東の首都を手中にするつもりでいるのは確実だった。コンスタンティウスが二十四年もの間占めてきた皇帝位は、実に危ういものに変わったのだ。

突然、コンスタンティウスは病に倒れた。侍医たちには、絶望的であることはただちに判明した。父の大帝がしたと同じようにコンスタンティウスも、死を前にして洗礼を受け、正式にキリスト教徒になった。死を迎えたのは、紀元三六一年十一月三日である。

病名はわかっていない。だが当初から、病死が定説になっていた。四十三歳の死とはいかにも早いが、二十四年もの長い歳月、皇帝でありつづけた後の死である。あらゆることの決断が一身に集中するローマ帝国の皇帝は激務で、問題の少ない時代でも二十年が限界であったことは、五賢帝時代の皇帝たちが示してくれている。

コンスタンティウスが死を前にして行ったのは、洗礼だけではなかった。ユリアヌスを後継者に指名して死んだと、伝えられている。もしもそうであったとしても、ユリアヌスの才能を認めたからではなく、いかに嫌おうがユリアヌスは、コンスタンティウスにとっては、ただ一人残った親族であったからだった。また、生れてくる自分の子を託すという理由もあった。子に恵まれないのが悩みでありつづけたコンスタンティウスだが、ついに三度目の妻が身ごもっていたのである。登位直後に親族の大量粛清を決行し、その後も親族を殺すのをやめなかったコンスタンティウスにとっては実に皮肉な生涯の終末だが、父の死の後に生れてくるこの子は女子で、後の皇帝グラティアヌスの妃になる。

コンスタンティウスの死を、首都を目指して軍を進めていたユリアヌスは、早馬のもたらした急報で知った。

ユリアヌスにとっては、これほどの幸運はなかった。自らの手を血で汚すことなく、皇帝位を手中に収めたことになるからである。

ユリアヌスは、首都を目指しての東への行軍をつづけるよう命じた。一方、東からは、前皇帝の遺体が首都に向っていた。

紀元三六一年十二月十一日、正統の皇帝でありローマ帝国唯一の最高権力者となったユリアヌスのコンスタンティノープル入城は、沿道で迎える民衆の歓呼の中で行われた。その数日後、前皇帝コンスタンティウスも遺体となって首都に帰還した。それを迎えたユリアヌスは、皇帝自ら、キリスト教にのっとった葬礼を主催し、大帝コンスタンティヌスが葬られている十二使徒教会に、息子のコンスタンティウスも埋葬した。

首都入りしたユリアヌスを迎えた際の民衆の歓呼だが、権力者には誰に対しても、初めのうちは歓呼を浴びせるのが民衆である。前任者のデメリットは、すでに何かをしたことにあり、新任者のメリットは、まだ何もしていないことにある。ゆえに、新任当初の好評くらい、あてにならないこともない。一般の市民も皇宮に関係している人々も、ひとまずは歓呼で迎えながら様子を見るのだ。被支配者と呼ばれて簡単に片づけられること多い「支配される人々」だが、この人々もそれなりの対応策を持っているのである。

こうなれば、支配者である新任者の対応も二つに分れる。

第一は、それまでの既得権層を刺激しないようにしながら、獲得したばかりの権力基盤を固めるやり方。これは言い換えれば妥協だから、今後も、改革らしい改革には手をつけないことにつながりやすい。

第二は、権力をにぎるやただちに、既得権層も非既得権層もいったい何が成されているのかわからない早さで、次々と政策を打ち出し実行に移すやり方である。

改革がむずかしいのは、既得権層はそれをやられては損になることがすぐにわかるので激しく反対するが、改革で利益を得るはずの非既得権層も、何分新しいこととて何がどうトクするのかがわからず、今のところは支持しないで様子を見るか、支持したとしても生ぬるい支持しか与えないからである。だから、まるで眼つぶしでもあるかのように、早々に改革を、しかも次々と打ち出すのは、何よりもまず既得権層の反対を押さえこむためなのだ。皇帝になったユリアヌスが選んだのがこの第二の道であったのにも、この辺りの事情への配慮のゆえではなかったかと思われる。

哲学を好んだユリアヌスに、権力欲は無縁であったというたぐいのことを熱心に議論する人が少なくないが、それは意味がないと思う。二十歳まで強いられていた幽閉生活は、彼に権力がなかったからであり、その後の一学徒としての四年間も、皇帝コンスタンティウスの気持しだいで、いつ首を斬られるかわからない日々であったのだ。副帝になって以後も、正帝の命ずる無理難題をかいくぐるようにしながら、職務を果してきた五年間である。このユリアヌスに、権力の持つ真の意味がわからなかったはずはなかった。

権力とは、他者をも自分の考えに沿って動かすことのできる力(パワー)であって、多くの人間が共生する社会では、アナルキア(無秩序)に陥ちたくなければ不可欠な要素である。ゆえに問題は、良く行使されたか、それとも悪く行使されたか、でしかない。三十歳で皇帝になった、つまり権力をもったユリアヌスは、権力をネガティヴなものとして排除するのではなく、良い方向に積極的に活用する考えであったと信ずる。そしてこの考えは、ギリシア哲学の教えに反することではなかったのだった。

リストラ大作戦

このユリアヌスがコンスタンティノープル入りしてすぐに行った皇宮改革は、実に象徴的なエピソードを発端にしていた。

ユリアヌスが頭髪を切りたいと思い、皇宮に勤める理髪師を来させるよう命じたときのことである。自室で待っていた彼の前に現われたのは、どこの高官かと思うような美麗な服装に身を固めた一団だった。自分の依頼が伝わらなかったのかと思ったユリアヌスは、必要なのは理髪師だけなのだ、と言った。そうしたら、美麗な服装の一団の先頭にいたひときわ美麗な服を着た男が進み出て、自分がお求めの理髪師です、と答えたのである。ならばこの男たちは誰か、と問うたユリアヌスに、皇宮勤めの理髪師は、当然とでもいうように答えた。わたしづきの助手たちです、と。

官僚機構は、放っておくだけで肥大化する。それは彼らが自己保存を最優先するからで、他の世界とはちがって官僚の世界では、自己の保存も自己の能力の向上で実現するのではなく、周辺に同類、言い換えれば〝寄生虫〟を増やしていくことで実現するのが彼らのやり方だ。ゆえに彼らに自己改革力を求めるくらい、期待はずれに終わることもない。官僚機構の改革は、官僚たちを「強制して服従させる力」を持った権力者にしかやれないことなのである。

ユリアヌスも、皇宮改革を断行すると決める。理髪師にかぎらず、皇宮のあらゆる分野のスリム化に踏みきるつもりだった。衣装係も料理人も馬丁も、あげさせてみれば啞然となるくらいに各職務は細分化され、そのそれぞれがヒエラルキーを構成し、それにまた多くの人間がぶら下がっているという、帝国後期のローマ皇帝の皇宮の実態が露わになったのである。

先の理髪師を例にとれば、価値減少の怖れのない金貨で払われる年給を保証されているうえに、皇宮につめている日ごとに日給が加算され、そのうえ二十人の助手を維持する経費も与えられ、交通費補助ということか、二十頭の馬を持つに要する経費も支払われる。この種の例が、複雑化した皇宮職務の各分野に及んでいるのだった。これに加え、何が職務かわからないのに何でも口をはさむ宦官グループという存在があった。このグループにも完全なヒエラルキーが成り立っており、そのトップが、ガルスを死刑に追いやりユリアヌスに対してもことごとく異を唱えてきた、コンスタンティウス帝の側近だったエウセビウスであったのだ。エウセビウスが頂点に立って皇宮を牛耳ってきた宦官グループを養うのに要する一年間の費用が、ガリアで蛮族撃退戦で血を流している兵士たちに払う年給の総額を越えるとわかったとき、ユリアヌスは、啞然となるよりも激怒したのだった。

宦官グループの全員が、解任され皇宮から追放された。また、皇宮の各職場は、必要最小限の人数に縮小された。理髪師も職場は失わなかったが、一人を残して助手は全員失ったのである。広大な皇宮内がスカスカになってしまった、と巷で噂されたくらいに。

しかし、ローマ帝国皇帝の職務遂行の基地としてもよい皇宮が、このように複雑化し肥大化したのは、支配者であるローマ皇帝と被支配者である国民の間は距離を置くべきとした、ディオクレティアヌス帝の時代からなのである。この皇帝の始めたローマ皇帝のオリエント化は、大帝コンスタンティヌスの時代に入ってますます強化され、その息子のコンスタンティウス帝の時代でも継承されていったのだった。年数にすれば、七十七年間に及んだオリエント化の歴史なのである。ということは、既得権層は、七十七年間もの間、特権を享受してきた人々であるということであった。この既得権層が、簡単に引き下がるはずはなかった。皇宮がスカスカになったと笑ったのは、皇宮に関係していない一般の市民たちで、関係していた人の大半は笑ってはいなかったのである。

「背教者」ユリアヌス

歴史上ではユリアヌスは、「ユリアヌス・アポスタタ」(Iulianus Apostata) の通称で知られている。日本語では、「背教者ユリアヌス」と訳される。「アポスタタ」とは、キリスト教の勢力が増大した帝国後期から使われるようになったギリシア語由来のラテン語で、「信仰を捨てた者」の意味であるところから、「背教者」は正しい訳語なのである。

だが、キリスト教の信仰を捨てたのならば、それ以前はその信仰を持っていなければならない。コンスタンティウス帝の死去した紀元三六一年十一月三日を境に全権力を手中にしたユリアヌスは、その権力を使ってキリスト教会の伸張に歯止めをかける政策を次々と実施していくのだが、それを断行する以前のユリアヌスはキリスト教徒でなかったとすれば、「アポスタタ」(背教者) という侮蔑をふくんだ通称は使えないはずである。ならば、三十歳になる前の彼は、キリスト教を信じていたのであろうか。

四世紀半ばのこの時期はまだ、ギリシア・ローマの宗教は邪教として排斥されていたのではなかった。キリスト教を公認した紀元三一三年発布の「ミラノ勅令」には、次のことが書かれている。

「今日以降、信ずる宗教がキリスト教であろうと他のどの宗教であろうと変わりなく、各人が自分が良しとする宗教を信じ、それに伴う祭儀に参加する完全なる自由を認められる」

「キリスト教徒に認められた信教の完全なる自由は、他の神を信仰する人にも同等に認められるのは言うまでもない。なぜなら、われわれ (コンスタンティヌスとリキニウスの両帝) の下した完璧なる信教の自由を認めるとした決定は、帝国内の平和にとって有効であると判断したからであり、それには、いかなる神でもいかなる宗教でも、その名誉と尊厳を損なうことは許されるべきではないと考えるからである」

同僚のリキニウス帝をリードして「ミラノ勅令」発布を実現したのは、後には大帝の尊称づきで呼ばれ、三十年にわたる長期政権を享受したコンスタンティヌスであった。そしてその彼の後を継いでさらに二十四年も帝位にあったのが、息子のコンスタンティウスである。息子は、父大帝の政策の継続を何よりも重要視した人である。ということは、「ミラノ勅令」からの半世紀は、あくまでも公式上では、信教の自由は完全に保証されていたということだ。実際、軍や政府の要職に、キリスト教徒でなければ就けないということはまったくなく、キリスト教の側の言う異教徒は、いまだ高官たちの中にも少なくなかったのである。

　しかし、「ミラノ勅令」を発布したコンスタンティヌスがキリスト教会から「大帝」と尊称されたのは、この勅令によってキリスト教を公式に認めたからだけではない。「ミラノ勅令」に明記された信教の完全な自由は、言ってみれば建前であって、コンスタンティヌスの本音はキリスト教会の振興にあった。それは勅令発布後に次々と実施された、キリスト教会優遇策が実証している。だからこそキリスト教側から、「大帝（マーニュス）」の尊称を捧げられたのである。

　これ以後の半世紀、ローマ帝国は「大帝」の敷いた路線の上を進んできた。そしてユリアヌスも、大帝コンスタンティヌスの親族の一人であったのだ。公式には信教は完全に自由であったとはいえ、ユリアヌスが生きてきた環境では、キリスト教を信じていると見せかけるほうが安全な生き方であったにちがいない。彼は、皇室の一員だった。しかも、六歳で父を殺された後の十四年もの間、人間社会から隔絶された事実上の幽閉生活を送っていたのである。これにつづく十年間も、幽閉からは解放はされたものの、正帝コンスタンティウスの意に逆らうのは許されないということならば、まったく変わりない環境にあったのだ。もしも副帝時代のユリアヌスに、少しでも反キリスト教的な気配でも見えようものなら、彼の失脚を狙っていた宦官高官のエウセビウスの、好餌になっていただろう。ユリアヌスのこれまでの三十年は、宗教的には周囲を欺きつづけるしかなかった三十年なのであった。「背教者」と断じられては、彼がまず憤慨するのではないだろうか。

それに四世紀は、いまだ幼児洗礼が通例にはなっていなかった時代である。大帝もその息子のコンスタンティウスも、死を前にして初めて洗礼を受けている。この時代の司教や教父と呼ばれる人々でも、成年後に洗礼を受けてキリスト教会の聖職者になったという人ばかりだ。第十三巻で私は、キリスト教の普及に益したことの一つとして、割礼を義務づけていたユダヤ教とちがって、キリスト教はそれを義務づけなくなったことをあげている。ユダヤ教のように生れてから二十八日目というのならともかく、成人に達してから成される割礼は激痛を伴わずにはすまない。それはせずに、頭から水をかけるだけでよいとしたのは、戦略的にも実に賢明な選択であったと感心するくらいだ。四十四歳で洗礼を受けた司教アンブロシウスや三十二歳で洗礼を受けた教父アウグスティヌスは、もしも割礼が義務づけられていたならば、それでもキリスト教徒になったであろうかと考えてしまう。だが、このような時代であったからこそ、死の直前の洗礼も異例視されなかったのだが。要するに、これがユリアヌスの生きた四世紀の実態であった。皇帝になる前の彼が、洗礼を受けていなかった可能性のほうが大きいのである。

それでいて「背教者」と呼ばれるようになったのは、キリスト教の側からは、「裏切者」と断罪されたからである。親キリスト教の大帝コンスタンティヌスの血縁者であるからこそ皇帝になれた身でありながら、反キリスト教的な政策を行った者という、怒りと侮蔑をこめた蔑称が、「背教者（アポスタタ）」なのであった。

辻邦生の作品のタイトルは『背教者ユリアヌス』だが、同じく歴史小説でも、アメリカの作家ゴア・ヴィダルの著書は、ユリアヌスを英語読みにした『ジュリアン』。そして、歴史家の著作も、『ユリアヌス』か『皇帝ユリアヌス』で、『背教者ユリアヌス』と題したものは、あったとしても少ない。「背教者」という言葉がキリスト教側の投げた蔑称であるからで、キリスト教サイドから見たユリアヌスとはちがうユリアヌス像を描きたいと思えば、「背教者ユリアヌス」というタイトルにはするわけにはいかなかったのだと思う。内容はキリスト教寄りではない辻邦生の作品も『背教者ユリアヌス』と題されているが、その理由は、ヨーロッパ文学に造詣深い辻氏だけに、キリスト教世界であるヨーロッパの一般的な見方を踏襲したのであろうと想像している。

ちなみに、日本語では「異教徒」と訳される「パガヌス」という言葉も、もともとはキリスト教徒がギリシア・ローマ教徒を指して言った、いまだに迷信を信じている田舎者、の意味をこめた蔑称であった。都市よりも村落でキリスト教の普及が遅れたからだが、この「パガヌス」（paganus）が歴史上の言語として定着してしまったのも、以後の西欧がキリスト教の世界になったことと無縁ではない。ゆえに、「異教徒」という訳語で定着している以上はもはやどうしようもないにしろ、ときにはその語源を探ってみるのも、時代の空気を理解する一助になるかと思う。ユリアヌスは、後代の歴史家たちがこぞって言う、「キリスト教と異教の抗争の最後の世紀」である四世紀のローマ帝国に生きた人の一人なのである。いや、主人公の一人、であったのだった。

それで、「背教者」と弾劾されることになるユリアヌスの行った反キリスト教会とされる政策だが、それを一言でまとめれば、ローマ帝国民の信教状態を「ミラノ勅令」にもどした、のである。

ユリアヌスによって再び、あらゆる信仰がその存在を公認された。ギリシア・ローマの神々もエジプトのイシス神もシリア起源のミトラ神もユダヤの神も、キリスト教内部でも、これまで教理解釈のちがいで争ってきた、三位一体説をとるアタナシウス派もそれに反対するアリウス派も、またこの二派以外の他の派も、何もかもがOKということになったのである。信仰の完全な自由を保証する以上は、「異教徒（パガヌス）」という蔑称も、「異端（ハイレジス）」という排斥の想いも、あってはならないというのが、直訳すれば「全面的な寛容（トレランス）」の名の許に公表された、皇帝ユリアヌスの勅令であった。

ラテン語の「トレランティア」（tolerantia）を語源にする英語のトレランスでもイタリア語のトレランツァでも、日本語訳は「寛容」とするしかないが、この言葉には、自分とはちがう考えを持つ人でも認め受容れる、という意味がある。この面でも、一神教とのちがいは明白だ。

一神教は、キリスト教やユダヤ教や、その後に現われるイスラム教のように、唯一神しか認めないところに特色があった。モーゼの「十戒」の第一項は、「あなたはわたしの他に、何ものをも神としてはならない」となっている。

多神教のほうだが、日本の辞書には「複数の神の存在を信じて、礼拝する宗教」としか説明していないが、これでは誤解を生みやすい。古代の多神教徒たちとて、あるとされていた神々のすべてを信じていたわけではないのである。ユリウス・カエサルもアウグストゥスも、哲学者のキケロも歴史家のタキトゥスも、ギリシア・ローマの神々や自分の守護神は信仰していたろうが、ユダヤやガリアやゲルマンの神々への信仰はなかった。だが、それを信じている人の信仰心は尊重したのである。お稲荷さんを祭った神社の前を通ってもお参りはしないが、その前で不敬な振舞いはしないということだ。この種の寛容とは、多種多様な考えや生活習慣をもつ人間が共に生きていくうえでの智恵の一つなのだが（もう一つには法律がある）、それが失われつつあるのを見かねての、ユリアヌスが発した「全面的な寛容」であったのだった。

その証拠に、キリスト教徒たちによって破壊されたギリシア・ローマの神々に捧げられた神殿の再建を命ずるだけでなく、三百年も昔にローマ帝国が破壊させた、イェルサレムのユダヤ教神殿の再建も命じている。ユダヤ教徒にとっては魂の棲む場でさえもあったイェルサレムの大神殿は、反乱を起こしたユダヤ人が最後に立てこもって抵抗した場所であったこともあって、この反乱を鎮圧した皇帝ティトゥスによって破壊され、その後も長く再建を許されないできたのだった。キリスト教の勢力増大で以前よりはずっと不利な情況に追いやられていたユダヤ教徒が、この勅令を歓迎したのは言うまでもない。

そして、すべての宗教も宗派も差別することなく公認する以上は、それらの宗教や宗派に、帝国は同等の環境を提供する義務がある、というのがユリアヌスの考えになる。だが、そうなれば、「ミラノ勅令」からの半世紀、キリスト教会が受けてきた諸々の特典も、全廃さるべきということになった。三十歳のユリアヌスは、この五十年の間、速さと激しさを増す一方であった、ローマ帝国のキリスト教国化という時代の流れに、逆らうと決めたのである。

なぜ逆らうか、はこれでわかったが、なぜ彼がそのようなことに挑戦できたのか、は別の問題になる。一言で言ってしまえばそれは、ユリアヌスには失うものがなかったから、となる。

大帝コンスタンティヌスが、「ミラノ勅令」によってローマ帝国のキリスト教国化へ大きく舵を切った理由については、前巻の「コンスタンティヌスとキリスト教」の項で、すでに私は仮説を述べている。一私人の場合は「真の教えに目覚めた」で済むが、帝国統治の最高責任者ともなればそれなりの理由があったはずだからだ。また、なければ困る。個人的な理由で共同体の将来まで決められては、共同体の成員にとって迷惑である。だから、理由はあったのだ。

おそらくコンスタンティヌスは、公益にとって良く私益にとっても良い方策として、ローマ帝国のキリスト教国化を決めたのではないかと想像する。

公益は、政局の安定だ。紀元二七五年前後に生れたこの人は、私が『迷走する帝国』と名づけた三世紀後半のローマ帝国を身をもって知っている。自然死よりも殺される皇帝のほうが断じて多く、政局はそのたびに激変をくり返したのだった。ディオクレティアヌス帝もこの迷走状態から帝国を脱出させるための方策を探ったが、その彼を継いだコンスタンティヌス大帝も、政局の安定こそがローマ帝国の存続の鍵であることでは同感であったのだ。

大帝コンスタンティヌスにとっての私益は、実力で帝位を獲得した自分とはちがって、彼の血を引く者であるという理由だけで帝位に登ることになる、三人の息子たちの皇帝位の安泰である。つまり、世襲権の正統性の獲得だ。それには、公式には主権者であるローマ市民（市民権をもつ兵士も入る）と元老院という、

「人間」が権力を委託することで正統性を獲得する、従来のローマ皇帝像では不都合だった。権力を委託するのが「人間」であるかぎり、殺したりすることで権力を剝奪する権利も「人間」にあることになるからである。

ところが、キリスト教ではこうは考えない。いまだキリスト教が微々たる勢力でしかなかった一世紀半ばに、キリスト教をユダヤ人の民族宗教から世界宗教への道に進ませる人になる聖パウロが、すでに次のように説いている。

「各人は皆、上に立つ者に従わねばならない。なぜなら、われわれの信ずる教えでは、神以外には何であろうと他に権威を認めないが、それゆえに現実の世界に存在する諸々の権威も、神の御指示があったからこそ権威になっているのである。だからそれに従うことは、結局はこれら現世の諸権威の上に君臨する、至高の神に従うことになるのである」

現実世界における、つまりは俗界における、統治ないし支配の権利を君主に与えるのが、「人間」ではなく「神」である、とする考え方（アイデア）の有効性に気づいたとは、驚嘆すべきコンスタンティヌスの政治感覚の冴えであった。権力の委託でも、また一転してその剝奪でも、それを決める権利は「可知」である人間にはなく、「不可知」である唯一神にあるとしたのだから。

だがこれは、実際上ならば、何も意志表示をしない神が決めるということになる。となれば、その神の意を受ける資格をもつとされた誰かが、それを人間に伝達しなければならない。キリスト教では、神意は聖職者を通して伝えられることになっていた。それも、権威ある神意伝達のコースとなると、信者と日常的に接する司祭や孤独な環境で信仰を深める修道士よりも、教理を解釈し整理し統合する公会議に出席する権利をもつ、司教ということになる。つまり、世俗君主に統治の権利を与えるか否かの「神意」を人間に伝えるのは、キリスト教会の制度上では、誰よりも司教ということになるのだ。

ならば、司教たちを〝味方〟にしさえすれば、「神意」も〝味方〟にできるということになる。そうとわかれば話は簡単だ。どうやれば司教たちを懐柔できるかに、問題は集約されるからであった。

コンスタンティヌスが、そして父の意を継いだコンスタンティウスが、半世紀の間に行った、教会建設、聖職者私産と教会資産への非課税、司教区での司教への司法権委託、等々の優遇政策は、「神意」を味方につけることによって帝位世襲の正統性を獲得すること、が目的であったのだった。そして、決めるのは「人間」でなく「神」となれば、皇帝への反乱も皇帝殺害もなくなり、政局は安定すると踏んだのであろう。

しかし、ユリアヌスが帝位に就いたのは、このやり方で来た五十年の後である。とくに彼が育ったのは、恐怖政治を布くことで二十四年の治世を享受した、コンスタンティウスの時代であった。ユリアヌスが、あの状態でもなお政局の安定が何よりも優先さるべきなのかに疑いをいだいたとしても当然だ。ユリアヌスは、まだ三十歳であったのだから。

そして、三十歳の若さでありながら彼は、妻が死んだ後に再婚していない。再婚どころか、女の気配さえもなかった。子もいなかったが、子をもうけようとして三度まで結婚をくり返したコンスタンティウスとは、この点でもちがったのである。息子は選べないが後継者ならば選べる、と言ったハドリアヌス帝に、ユリアヌスも同感であったのかもしれない。

それとも、政治の世界での「神意」の有効性を、信じなかったのかもしれなかった。大帝コンスタンティヌスが「神意」の助けを借りて世襲の正統性を確保してやったにかかわらず、長男は彼自身の浅慮ゆえとはいえ一隊長に簡単に殺され、三男は蛮族出身の部下に反乱を起こされてこれまた殺され、次男のコンスタンティウスだけは病床で死を迎えたが、それも、彼が副帝にしたユリアヌスに反旗をひるがえされ、その討伐に向う途中で倒れたのである。「神意」の有効性を信じなくなったとしても当然だった。それにユリアヌスは、信ずることが最重要の宗教よりも、疑問をいだくことが最重要事である、哲学の徒であったのだから。

いずれにしても、ユリアヌスには、「神意」の伝達役である司教たちを味方につける必要がなかったのである。だからこそ、五十年の間つづいてきたキリスト教会優遇策を全廃するのにも、迷いもためらいもいっさいなく、徹底して断行できたのであった。

対キリスト教宣戦布告

これまでは国費を使って成されてきた、教会を建造して寄贈することや、教会活動の経費の財源となる教会資産（農奴つきの農耕地、工員つきの手工業、店員つきの商店等々）の寄進や寄附は、すべて廃止されると決まった。

また、キリスト教会の聖職者の私産や教会資産のみが対象になっていた非課税処遇も、一つとして例外を許されない全面廃止と決まる。これからは司教でも、一般市民と同じに税を課され、教会活動費の財源という理由で税を免除されていた教会の資産も、一般の農耕地や工場や店と同じに課税されることになった。

ただし、ユリアヌスは、これまでの五十年間に国の費用で建設された、教会の没収は命じていない。これまでの非課税処遇のおかげで税金を払わないで済んできた教会や聖職者に、その分の税を追徴課税すると決めたのでもなかった。これでは〝もらい得〟になるが、キリスト教会や教会関係者たちへの優遇政策を全廃することで、これ以後の彼らの勢力拡大を阻止できれば、それだけでも良いと考えたからだろう。カエサリアの司教エウセビウス著の『キリスト教会史』にもあるように、四世紀のローマ帝国では、私利私欲でキリスト教に改宗した人が多かったのである。

しかし、大帝コンスタンティヌスによる「ミラノ勅令」にも建前と本音の別があったように、皇帝ユリアヌスによる「全面的寛容」にも、建前と本音が存在した。コンスタンティヌスの本音はキリスト教会振興だったが、ユリアヌスの本音は、異教、それもとくにキリスト教側が「異教」と断じていたギリシア・ローマ宗教の、再興にあったのは当然である。

長年にわたって放置され、手入れも成されないままに崩れ落ちる一方だった、神殿の再建が決まった。また、神殿が所有していた周辺の土地の返還も決まった。ローマ人は街中に神殿を建設し、そこに参拝するだけではなく生活圏の一部にしてしまう習慣があったが、ギリシア人は反対に、海上からでも遠望できる高い崖の上とか、渓流と豊かな緑に囲まれた自然の中に建てる習慣がある。神殿の周辺の土地は、神殿を維持する経費を産出する財源というよりも、神の住まいにふさわしい環境を神に捧げる意味のほうが大きかった。ローマ帝国の東半分は、ローマが支配者になって以後も共通言語はギリシア語でありつづけたことが示すように、ギリシア文化圏に属した。この帝国の東方では、神殿の再建は、神殿の周辺の土地もともにでなければ意味をもたなかったのだ。そして、ユリアヌスは、これらの〝異教〟の神殿での、公式祭儀の復活も国策化したのである。

皇帝の発布する法、つまり勅令は、ローマ帝国後期では、元老院での議決を待つまでもなく成立し実施される政策になっていた。だから、国策化すること自体は難事ではない。難事は、これが実施されるかどうか、であったのだ。ユリアヌスの発布したこれらの法は、その点では実にむずかしい情況に直面していたのである。

紀元三一三年に発布された「ミラノ勅令」は、認識能力の豊かな人に、時代の流れが変わったことを気づかせたであろう。宿敵リキニウスを排したコンスタンティヌスが一人だけの皇帝になった紀元三二四年は、この年から大々的に行われるようになる教会建設のラッシュによって、時代の変化を一般の人にさえも感じ取らせたはずである。そして、紀元三三七年の大帝の死までに完了していた、キリスト教会への優遇政策の数々は、この時代の流れに乗るメリットを、宗教心の薄い人にさえも悟らせることになったのだ。それは、キリスト教側につくほうがメリットがあるならば、異教側に留まる場合はデメリットになるということであった。

ユリアヌス

大帝の死後は三人の息子たちが帝国を分担して統治する時代に入るが、長男は早くも殺されて退場し、紀元三四〇年からは次男と三男の二人が分担する時代に入る。そして、西方を担当していた三男のコンスタンスは、三四一年に早くも、異教の祭儀を禁じた勅令を発布しているのだ。ところがこの翌年の三四二年、皇帝コンスタンスは首都ローマの住民に、神殿の破壊を禁じた命令を出すことになる。

「あらゆる迷信は排斥さるべきであるのは当然だが、城壁の外にある神殿は現状のままで保存するよう命ずる。戦車競走や陸上競技は神々に捧げられることから始まったのは事実だが、それらが行われる競技場とそれに附属した神殿の破壊は、長年にわたって庶民を愉しませてきた娯楽を奪うことになるからである」

ボクシング以上に残酷な剣闘士試合も、現代のＦ１だと思う四輪や二輪の戦車競走も、そしてオリンピッ

クとして近代になって復活する陸上競技会も、もともとはギリシア・ローマの神々に捧げる目的で始まった競技である。それゆえに、競技の前には選手たちは、附属の神殿に参るのが習慣になっていた。意味から言えば、競技場附属の神殿ではなく、神殿に附属した競技場、であったのだ。それで、神殿の破壊は、競技場の破損、につながりやすかったのである。皇帝コンスタンスは、神殿を保存したかったのではなく、娯楽施設を破壊することで、民衆を敵にまわしたくなかったのであった。

それにしてもこのエピソードは、東方に比べればキリスト教の浸透が遅れ、熱狂的なキリスト教徒は少なかったと言われる西方で、しかもいまだに異教のメッカと言われていた首都ローマでのことである。これが、キリスト教徒の数からして多く、その彼らの間でも三位一体派とアリウス派に分れて熾烈な教理論争がくり広げられていた帝国の東方では、異教の神殿が直面していた現情は、西方に比べれば断じて厳しかったにちがいない。

実際、これから数年して、弟コンスタンスが殺されて帝国全土を一人で統治する皇帝になったコンスタンティウスは、初めは夜間に行われる祭儀を、次いでは日中でも異教神殿で行われる祭儀を、全面的に禁止するようになる。「ミラノ勅令」では信教の自由はすべての宗教に保証されていたはずだが、コンスタンティウスが異教の公式祭儀の禁止を命ずる理由としてあげたのは、「偶像を礼拝することによって生ずる罪を、善良なる人々が犯してしまう機会を与えないため」であった。

禁令に反して祭儀を挙行したり、それに参加する者に与えられる罰は死刑。これが、ユリアヌスが改革を断行する以前の、ローマ帝国の宗教情況であったのだ。

しかも、神殿の破壊は認められていないが、崩れた神殿に放置されている柱や石を、自分の家の建材に転用することは認められていたのである。崩れて落下している石なら良いとなれば、それが、適当な石材を得るために崩し壊すという行為にまで進んでしまうのは、必然の帰結ではなかったであろうか。

いずれにしても、ユリアヌスの直面した困難は、強固な意志でもなければ投げ出したくなるほどに大きく、しかも重かったのである。

神殿を再建するにも、柱や石の多くは持ち去られていて、新たに山から切り出す必要があった。

神殿周辺の土地も、そこに棲む神々を尊重しなくなれば、他の土地と同じ地に過ぎなくなる。多くは人里離れているので、農耕地や墓地に適していた。それらに転用するのにも、神々を信じていないのだから、気分の上でのためらいは無かったにちがいない。

祭儀の復活も、口では言ってもその実行は容易ではないことでは同じだった。長年にわたって祭儀は、死罪をもって禁じられてきたのである。それに、専門の祭司階級をもたないのが、ギリシア・ローマ宗教の特色でもある。禁じられてきた歳月、祭儀を務めるのを兼業にしてきた市民すらも、死んだりして減少していたのだった。

ユリアヌスは、哲学の一学徒であった頃から、良く評せば情熱的に懸命に話す若者であり、意地悪く評せばせっかちで、考えていることに言葉がついてこないという感じの話し方をしたと言われている。それは、皇帝になっても少しも変わらなかった。このような話しぶりの人は、何を行うにしてもあせりがちになる。

三十歳という若さで帝国最高の権力者になっていながら、ユリアヌスには、眼に見えない何かに急(せ)き立てられているようなところがあった。自分が今やらなければ時代の方向は決まってしまう、とでもいうような使命感に駆られていたのかもしれない。たしかにその心配は事実であり、彼の意図した改革は、多くの分野で既得権層の強硬な反対に出会い、表立っての反対でない場合でも、サボタージュは限りなかった。それでもユリアヌスは、人べらしをしたおかげでスカスカになってしまった皇宮で、帝位就任の祝宴も皇帝ならば当然と思われていた諸々の奢侈(しゃし)もしりぞけた中で、法律を、つまり政策を、次々と発令し実施していったのである。

『テオドシウス法典(コデックス)』と呼ばれるものがある。紀元四三一年に皇帝テオドシウス二世が編纂させた法令集だが、大帝コンスタンティヌスからテオドシウス二世までの一世紀余りの間に発令された法律の集大成で、このまた百年後に編纂されるユスティニアヌス帝の『ローマ法大全』、正式には『ユスティニアヌス法典』の基になったとされている『codex』である。これが編纂された紀元四三一年は、ローマ帝国の宗教はキリスト教のみで他はすべて邪教と決まった時期の、つまりキリスト教の勝利が確定した時期の、三十年後になる。そして、集められているのはキリスト教を公認した大帝コンスタンティヌス以降の法からとされている以上、『テオドシウス法典』とは、キリスト教国化したローマ帝国にとって必要な法律の集大成、ということであった。

こうであれば当然だが、ユリアヌスが断行した、キリスト教会を優遇していた諸々の法の全廃を決めた法令は、この法典には入っていない。ユリアヌスの死後ただちに、大帝コンスタンティヌスとその息子コンスタンティウスが実施した優遇法は、ことごとく復活したからである。後世のわれわれがこれらのキリスト教会優遇政策を知ることができるのも、それらが『テオドシウス法典』に記載されているからだ。

ユリアヌスが立案し実施した反キリスト教会政策も、もちろんこの『法典』には載っていない。それらもまた、彼が死ぬやすぐ、廃法になったからだった。

それでもなお『テオドシウス法典』には、立案者ユリアヌスの名を冠した法は五十二箇条もあるのだ。「背教者」と断罪しておきながらその人のつくった法が残されたのは、研究者たちに言わせれば、宗教とは無関係の行政法であったからだという。とはいえ、キリスト教関連を除いても他に五十二もの法律を立案し実施していたのだから、三、四ヵ月しか滞在しなかった首都コンスタンティノープルでのユリアヌスは、政策づくりに没頭する日々を送っていたということになる。今自分がやらなければという想いに、急き立てられていたとしか思えなかった。

彼の死後ただちに撤回されたために『テオドシウス法典』には記載されていない法の一つに、キリスト教を信ずる教師の教場からの追放令があった。これを決め実施する理由を、ユリアヌスは次のように述べている。

「教師の任務は、学生を教育することにある。その際に使われる教科書は、ギリシア語やラテン語で書かれた諸作品である。その著者であるギリシア人もローマ人も、彼らの神々を敬愛し崇拝していたのであり、彼らの著作とは、この精神（スピリット）の結晶である。一方、キリスト教は、これらの神々を悪魔だと断じている。それを信じているキリスト教徒に、どうしたら、これなしには作品は創造できないギリシア・ローマの精神の真髄を、説き教えることができるのか」

ゼウスやポセイドンやアポロンやアテナは邪神だと教えていながら、これらの神々が活躍するホメロスの作品を、どうやったら教えることができるのか、というわけである。ユリアヌスは、次のようにも言ったらしい。

「キリスト教を信ずる教師は、教会へ行って教えればよいのだ。彼らが信じている、聖書を教材に使って」

現代のローマ史の専門家でも、このユリアヌスの言い分を、「論理的にはかなり正しい」と評している。私などは微笑をこらえ切れず、「ならば、熱心なキリスト教徒のローマ史学者に、ローマ精神の真髄への肉迫は可能なのか」と問いかけてみたくなるのだが。

しかし、キリスト教を信ずる教師の教場からの追放政策は、意外なところから反対が起こった。キリスト教徒ではない、いわゆる異教徒の教師たちが反対したのである。理由は、子弟の教育に熱心なのはキリスト教徒の親たちで、キリスト教徒の教師を追放したりすれば、彼らが子弟を送ってこなくなるだろう、というのである。当時は私塾が一般的で、教師にとっては、そこに学びにくる学生の親が払う月謝は重要だった。ところが、その心配は無用であったことが判明する。キリスト教徒の親たちは、キリスト教徒の教師がいなくなった後でも、変わらずに子弟を送りつづけたからである。

ローマ帝国の教育は、読み書きそろばんの初等教育を終えた後からは、現代でも「リベラル・アーツ」の名で残る「アルテス・リベラーレス」、言ってみれば教養課程の教育が始まる。年齢でいえば八、九歳から十六、七歳までの期間になる。その期間に学ぶことを課目別に分ければ、次のようになる。

正しく上質な言語表現を会得するのに欠かせない、ラテン語とギリシア語の文法。

言語を効果的に使うことで、適切に表現する技能を学ぶ修辞学(レトリック)。

考えがちがう人を説得する場合には不可欠の、論理性を習得するための弁証学。

そして、数学と幾何学と歴史と地理。

これらの課目を学ぶのに使われていた教材は、そのほとんどが先人の遺した著作であった。それらはこの時代からすでに「クラシクス」(古典)と呼ばれていたが、前八世紀とされるホメロスから始まって後二世紀のタキトゥスあたりまでの時代に成された著作で、これらが教材に適しているとされたのは、何よりもまず、作品の完成度が高かったからである。

キリスト教徒でも上層や中層に属す人の多くは、新興階級が多い。新興の人々はとくに、子弟の教育に熱心である。そして、四世紀のローマ帝国の親の多くは、自分の子は政府の高官や弁護士になって欲しいと願っていた。だが、それになるには、「アルテス・リベラーレス」を習得する必要があったのだ。それで、教師が異教徒であろうと関係なく、息子たちをこの種の私塾に預けつづけたのである。

これに危機感を感じたのか、キリスト教徒の教師たちも反撃を試みた。ホメロスの叙事詩やギリシア悲劇やソクラテスの対話に登場する神々や人間を、聖書や使徒行伝に出てくる人々に入れ替えた教材づくりを試みたのである。結果は、言うまでもないことだが失敗だった。現世的なギリシア・ローマの神々や人間と、厳格なキリスト教の神とその教えに忠実なまじめな人間では、入れ替えようがなかったからであった。

それに、キリスト教徒のいう異教徒とは、自分は信じていないが他者は信じている神は認める想いを共有している、多神教の民なのである。その彼らにしてみれば、キリスト教徒であるというだけで教場から教師を追放するということ自体が、「寛容(トレランティア)」の精神からはずれることになる。キリスト教徒の学生が減らないことが判明した後でも、ユリアヌスのこの政策に反対しつづけた「異教徒」とは、このような考えをもっていた人々であった。軍人であり歴史家でもあるアミアヌスも、その一人だった。だが、ユリアヌスは、異教徒側からのそのような声にも耳を貸さなかった。異教徒の教師のみが教えるようになれば、キリスト教徒を親にもつ子でも、世の中にはキリスト教的な考え方のみでなく他の考え方もあることを、知るようになるであろうと期待していたからである。

皇帝ユリアヌスが次々と実施を敢行した、キリスト教の勢力拡大を押さえる目的で成された数々の法律は、大別すれば二種に分れる。

第一は、大帝コンスタンティヌス以前の、ローマ帝国にもどすことを目指した法律。国費による教会建造を禁じたり、教会資産や聖職者私産への非課税撤廃はこれに該当した。

第二は、元首政時代のローマ帝国では考えられもしなかったことの政策化である。あの当時のキリスト教の微々たる勢力ではそこまでやる必要はなかったからだが、この第二種に分類される法律の一つは、キリスト教徒の教師の教場からの追放令であった。そして、これより述べる法も、この第二種に属す。つまり、この第二種に分類される法律こそが、純粋にユリアヌス創案による法、ということになる。

ユリアヌスは、ギリシア・ローマ宗教が劣勢に陥った要因は、専業化された祭司階級を持っていないところにある、と考えたのである。キリスト教が勢力を拡大した要因は、各司教区ごとに司教を頂点にし、司祭、助祭とつづく厳密なヒエラルキーを確立したところにある、というわけだ。

皇帝であるユリアヌスは、最高神祇官（ポンティフクス・マクシムス）でもあった。それで、帝国の各都市ごとに、それが専業の神祇官を任命したのである。神祇官（ポンティフクス）の下には、これまた専業職の祭司（サシェルドティス）がくる。ローマ宗教にも、キリスト教会に似た組織を形成し、これらの専業職の祭司組織で、同じ専業職のキリスト教会の組織に対抗させようとしたのだった。

もちろん、これらの専業祭司たちは国費でまかなわれる以上、ローマ法に従うことと、ギリシア・ローマの神々を敬うことを義務づける。そのうえ、もはや彼らは専門職であることで、以前のローマのような市民が兼業する祭司ではないとし、一般の市民とはちがう厳しい日常まで要求したのである。

神祇官や祭司たちには、劇場に行くことも、戦車競走や剣闘士の試合を観戦することも禁じられた。狩を愉しむことも厳禁だ。俳優や戦車競走の馭者や剣闘士のような、当時の人気者と付き合うのも禁止されたのである。これは、ローマ人にとっては、市民生活を禁じられたのと同じであった。

ユリアヌスには、ローマ文明がわかっていたのかと疑ってしまう。

キリスト教もその一つである一神教は、現世に生きる人間たちに対して、唯一神の教えに従って生きていくことを要求している。ところが、神の教えなるものは、あえて言えば星占いや御神籤に似て、受け取りようによっては誰にとっても思い当る事柄で満ちている。だが、星占いや御神籤ならばそれでよいが、宗教となれば、「受け取りようによっては」で放任するわけにはいかない。放任してはアナルキアになるからで、アナーキーでは組織は成り立たない。

それで、神の教えなるものを解釈し、それが「受け取りようによっては」にならないよう、種々の「解釈」を調整し統一し、それを信者に伝える存在が必要になってくる。一神教ともなれば必ず、専業の聖職者がいて彼らが独立した階級を形成しているが、それはこの必要に応えるためなのである。

一方、人間を導くのが神ではなく、人間を助けるのが神々の役割である多神教では、神の教えなるもの、つまり教理が、初めから存在しない。それゆえに、教理を解釈する必要もないから、その解釈を調整し統一し、それを信者に伝える人の存在も必要ではない。ローマには建国の初めから専業の祭司階級が存在しなかったが、それは、多神教徒であるローマ人の精神に忠実であったまでなのだ。そしてこれこそが、ローマ人の文明の真髄なのである。キリスト教に対抗するためとはいえ、専業の祭司階級というローマ伝来の精神に反したことを強行しても、根づくはずはなかったのであった。

ただし、ユリアヌスの専業祭司階級の形成案が失敗に終わったのは、このような抽象的な理由よりも、より具体的で現実的な要因にあったと言わねばならない。

第一に、ギリシア・ローマの神々を祭るのが専業の神祇官や祭司になっても、彼らの私産は課税対象外とはされなかったことである。ユリアヌスがキリスト教会の聖職者私産の非課税処置を廃止したのは、信教の自由を保証するからには、あらゆる宗教の享受する環境は同等であるべきだと考えたからである。その考えを旗印にして断行した以上、ローマ宗教関係者のみを優遇することは許されなかった。

第二は、神祇官や祭司たちに、キリスト教の修道士顔負けの、世間から隔絶した日常生活を義務づけたことにある。劇場に行くのも戦車競走観戦もノー、親しい人々を招いての宴会を催すことも出席することもノーでは、人間の生活ではないと、もともとからして現世的なローマ人は考えたのであった。ユリアヌスは、皇帝である自分でも実行しているのだからむずかしくはないと思ったのだろうが、人間性に対する洞察が無さすぎた。

キリスト教会に対抗するのが目的で成された法には、福祉事業に関したものもある。ユリアヌスは、キリスト教会の主導で行われている、貧しく身寄りのない人や孤児や未亡人を救済するための事業が、キリスト教の勢力の拡大に役立った事実に眼をつけたのだった。

あれをキリスト教会側がやれるのは、大帝コンスタンティヌスが始めた、教会資産の寄贈という形をとった、国費による援助があったからだと彼は考える。もちろん信徒たちの寄進もあったが、教会による慈善事業の財源を確立させたのは、何と言おうが大型寄進で、それは事実上、多額にのぼった皇帝からの支援金や耕地であったのだ。それはこれからは全廃するとユリアヌスは決めたが、これまでに成されたものまで押収したのではない。ゆえにキリスト教会は、以前と同じく確実な経済基盤に立った慈善事業をつづけていけることになるが、それならばこれからは同じことを国としても行うことで、恵まれない人々の救済事業の世界での、キリスト教会の独占状態を崩すことに決めたのである。つまり、福祉は国もやるというわけだが、ユリアヌスが自ら決めた具体策が二、三実施されただけで、この法案も以後はつづかなかったのであった。

失敗に終わった要因は、組織づくりをする時間が足りなかったことがあげられる。だが、それよりも大きな要因は、「地方自治体」と「私人(プリヴァートゥス)」の協力が得られなかったことにあった。元首政時代の社会福祉策が機能しつづけたのは、皇帝が主導したとはいえその実施は「地方自治体」別に行われ、それに加えて、公共事業への寄附を利益の社会還元と考えた「私人」の存在があったからである。元首政時代のローマ帝国を私は「小さな政府」と考えているが、あの広大な国家が「小さな政府」を現実化できたのは、中央集権と地方分権の巧妙な調和であり、ローマ街道網が示すように、「中央」と「地方」と「私人」の三本立てのシステムをつくりあげ、それが機能していたからであった。

帝国後期には、中央集権が強化されただけで、分権されているとはいえ独立した力をもっていた「地方」は過去のものになり、税制の変革は、公共事業への寄附を利益の社会還元と考える「私」をも過去のものにしたのである。

ユリアヌスの死後、この国家による社会福祉法も廃案になる。ゆえに、「カリタス」(caritas)と総称される慈善事業は、キリスト教会の独占にもどって、そのままで以後長くつづくことになる。

アンティオキア

紀元三六一年十一月三日に皇帝コンスタンティウスが死去してくれたおかげで、内戦に訴えずに帝位に登ることができたユリアヌスだが、ただ一人の最高権力者として首都のコンスタンティノープルに入城を果したのは、その年の十二月十一日であった。しかし、その後彼が、どれくらいの月日をコンスタンティノープルで過ごしたかは、正確にはわかっていない。紀元三六二年の四月ぐらいまでではないか、とする研究者もいるし、もう少し遅くて初夏の頃まで、とする人もいる。いずれにしても、一年もしないでコンスタンティノープルを後に、東に向って発ったことならば変わりはなかった。

理由は明白だ。ペルシアとの戦争の再開である。広大なローマ帝国はこの時期、蛮族の侵入もなく、国内の反乱もなく、ローマ皇帝自ら、宿願の問題解決に乗り出す条件ならば、整っていたことは確かであった。

現存する古代の地図は、十一世紀の模写とはいえ、そのもとになった図が作製されたのは四世紀半ば、つまりユリアヌスが生きていた時代である。最初の所有者の名をとって「タブーラ・ペウティンゲリアーナ」と呼ばれている地図だが、この地図には、他の都市とはちがった特別な記号で、当時のローマ帝国の三大都市が描かれている。ローマ、コンスタンティノポリス、アンティオキアだ。

ローマは、現代でも大都市として生き長らえている。

コンスタンティノポリス（英語ではコンスタンティノープル）は、紀元一四五三年にオスマン・トルコに攻められて陥落してからはトルコ式にイスタンブルと呼ばれるように変わったが、その後も長くトルコの首都であり、今でもオリエント的な「生」にあふれた都市として健在だ。

この古代の二大都市に比べれば、アンティオキアの生命は短かった。今では、トルコ式にアンタキア（Antakya）と呼ばれ、シリアの国境には三十キロと離れていない、トルコの辺境の町でしかない。古のアンティオキアを想いながらアンタキアを訪れた人は、一人の例外もなく呆然とするだろう。

縦と横に走り互いに交叉していた街路ぞいに形づくられていた都市構造も、その中央を数キロ以上にもわたって通っていた大通りも、往時を想わせるものは何一つ遺っていない。両側に

「タブーラ・ペウティンゲリアーナ」に描かれたアンティオキア

円柱が立ち並ぶこの中央通りは、「タブーラ・ペウティンゲリアーナ」の記号としても使われているくらいで、エジプトのアレクサンドリアとオリエント第一の都市の座を競っていた時代の、アンティオキアの誇りでもあったのだった。

都市としての規模は、ローマよりは小さいが、コンスタンティノポリスよりは断じて大きい。アンティオキアの建都は紀元前三世紀、アレクサンダー大王の死後に帝国を分割した将軍の一人だった、セレウコスによる。ゆえに、紀元前七五三年建都のローマよりは新しいが、紀元後三三〇年建都のコンスタンティノポリスに比べれば古い。だが、このアンティオキアが、セレウコス王朝の首都でなくなり、この王朝を滅ぼしたローマの支配下に入った後でも繁栄をつづけられたのは、東方との交易の一大中心地であったからだった。

まず、地勢的に優れている。ユーフラテス河を越えて運ばれてくるオリエントの物産の集結地として最適であったし、町のすぐ近くを北東から南西に向って流れるオロンテス河は航行も充分に可能で、二十キロも下れば地中海に出られた。交易で栄える都市の条件は、すべて整っていたのである。

住民も、通商都市らしくコスモポリタンだった。ギリシア系住民が支配層と中堅層を形成し、利潤を産みそうな町ならばどこにでも住みつく性向では他のどの民族よりも強いユダヤ人も、昔から有力なコミュニティを形成していた。住民のうちでも中の下から下層は、原住民とすべきセム系の人々が占める。と言って、オリエント色が濃厚な国際都市とは言えなかった。円柱への嗜好は、ギリシア人やローマ人に強いからである。だからこそローマ時代には、円柱の数が課税の基準になりえたのだ。数キロにわたって延々とつづいていた、当時の地中海世界では知らぬ者はなかったアンティオキアの列柱通りは、アンティオキアのもつ財力の象徴でもあったのである。このアンティオキアの人口は、奴隷まで加えれば百万といわれ、この点でも、ローマよりは少なかったが、コンスタンティノープルよりは多かった。中央集権と地方分権を巧妙に使い分けてきたローマ帝国は、もちろんのことこのオリエントの大都市には自治権を認め、二百人の元老院議員から成るアンティオキア議会が、地方自治体水準のことはすべて決めていたのである。

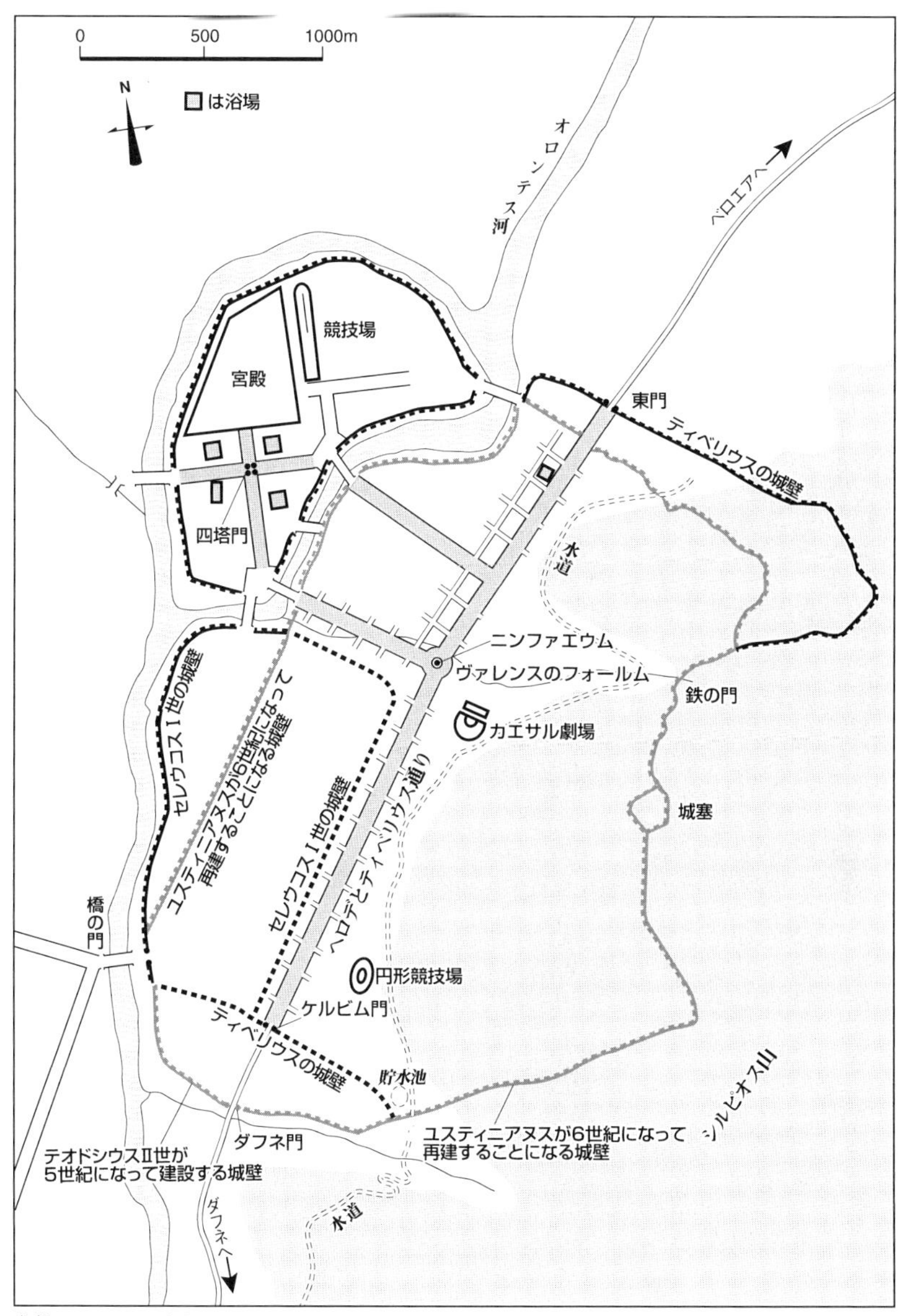

0
500
1000m
N
は浴場
オロンテス河
ベロエアへ
競技場
宮殿
東門
ティベリウスの城壁
四塔門
水道
ニンファエウム
ヴァレンスのフォールム
鉄の門
セレウコスⅠ世の城壁
ユスティニアヌスが6世紀になって再建することになる城壁
カエサル劇場
セレウコスⅠ世の城壁
ヘロデとティベリウス通り
城塞
橋の門
円形競技場
ケルビム門
ティベリウスの城壁
貯水池
ダフネ門
ユスティニアヌスが6世紀になって再建することになる城壁
テオドシウスⅡ世が5世紀になって建設する城壁
水道
ダフネへ

古代のアンティオキア

キリスト教にはなびかず一生を異教徒として生きた武人であり文人でもあったことから、古代ローマ最後の歴史家と言われるアミアヌス・マルケリヌスも、この国際都市で生れ育ったギリシア系アンティオキア人であったのだ。

このアンティオキアの繁栄に影がさし始めるのは、ユリアヌスの時代からは百年後にいちじるしくなる、ペルシア軍の侵入と地震による被害が重なり合って起こる時代に入ってからである。と言っても、ペルシア軍による焼き打ちや地震による破壊が、五世紀にとくに集中したのではない。焼き打ちや破壊からの再建に必要な、住民の意欲と資力が衰えたからであった。それまでも皇帝による再建支援は行われたが、ローマ人の考えでは、皇帝による援助さえも全能ではなく、地方自治体や個人の自助努力を支援するにすぎないとされていたからで、人災でも天災でも、その不幸を乗り越えての再建は、実のところ、住む人の意志と資力によるのである。五世紀以降のアンティオキアでは、それが衰えたのであった。

こうして、少しずつ衰微していったアンティオキアの、都市としての息の根を止めたのは、紀元六三八年に起こった、イスラム教徒のアラブ人による征服である。アンティオキアの重要性は、古代世界の内海であった、地中海に通じていたことにある。キリスト教世界とイスラム世界が対立した中世時代、地中海は、一つの文明圏の〝内庭〟ではもはやなく、この両文明の境界に変わってしまったのだ。アンティオキアの生命が、古代とともに滅びたのも当然であった。

だが、このアンティオキアも、ユリアヌスの生きた四世紀にはまだ、その百年後に訪れる衰退などは誰一人予想できない、ローマ帝国東方一の繁栄を誇っていたのである。それに、コスモポリタンなこの都市の住人は、ことに上層に属す人々は、骨の髄からの商人であった。彼らには、支配者は誰に代わっても自分たちは生きつづけてきたという自信があった。だが、この種の自信は、えてして支配者側の努力を、鼻先で嘲笑(あざわら)うような態度につながりかねない。良く言えば、何ごとに対しても醒めた見方をする世慣れた大人(おとな)、正直に言えば老獪(ろうかい)、が、アンティオキア人の性格になる。若々しく情熱的で理想家のユリアヌスとは、もともとからして肌が合いにくい取り合わせではあったのだった。

ユリアヌスのアンティオキア滞在は、その当初から不幸なエピソードで始まった。

アンティオキアはその北東一帯に、穀倉地帯を抱えている。不作の年でも他の都市ならば、食糧不足に陥る危険はない。だが、アンティオキアは大都市だった。また、食の保証は「公」の任務とされていたローマやコンスタンティノープルとちがって、商都アンティオキアでは、食の保証という政治に属す事柄ですらも、経済の論理にゆだねられていたという事情がある。とはいえ、その年にかぎって周辺地帯の小麦の収穫量が減少していたことも事実だった。

ただし、不作とわかったとたんに市場から小麦が姿を消した裏には、投機的な動きがあったことも確かであったのだ。

投機は古代にも存在したようで、英語の「スペキュレーション」(speculation)ですらも、語源はラテン語の「スペクラティオ」(speculātiō)である。もともとは哲学用語で、考えをめぐらせることの意味である。人生の真理に考えをめぐらせれば哲学になり、金稼ぎの真理に考えをめぐらせると投機になるというわけだ。

ギリシア哲学史のファースト・ランナーは、当時はイオニア地方と呼ばれていた小アジア西岸のミレトスに生れたターレスであったというのが定説だが、前七世紀から六世紀にかけて生きたこの哲学者は、愉快なエピソードを遺してくれたことでも現世的で地中海的である。

あるとき、歩きながら思索にふけっていたターレスは、溝(みぞ)に落ちてしまった。それを、見ていた人々は笑った。哲学者なんて、実際に役に立つことは何一つできない人種なのだ、と。

この批判への反証を、ターレスは決意する。何を計算してであったのかは忘れたが、何かを基にして計算した結果、その年はオリーヴの収穫が大幅に増えるという予測が可能だとわかった。それでターレスは、ミレトス周辺の搾油場を、一つ残らず借りたのだ。オリーヴの生産者がオリーヴ油を売りに出したいと思っても、ターレスの借りている搾油場でしぼってもらわないかぎりは市場に送れないという、独占体制を布いたのである。これで彼が、大もうけしたことは言うまでもなかった。

哲学は、つぶしが効かない学問だと言われている。しかし哲学の真髄は、知識ではなくて思索である。思索とは、体操が筋肉の鍛錬であるのと同じで、頭脳の鍛錬である。言い換えれば、思いをめぐらせる作業に慣れるということだ。ターレスは、思索することに慣れ親しんでいれば、対象にするのが哲学であろうと投機であろうと、成功できることを実証したのである。つまり、哲学はつぶしが効く学問であることを、実証したのだった。

とはいえやはり、断わっておくべきだろう。ターレスの主たる関心は哲学であって投機ではなかったのだから、投機への思索はその年だけで、翌年からは再び、思索の対象は哲学にもどったことは言っておかねばならない。このターレスが歴史上に遺ったのは、投機の達人としてではなく、ソクラテス、プラトン、アリストテレスで最高峰に達する、ギリシア哲学のファースト・ランナーとしてであったのだから。

ローマ帝国皇帝ユリアヌスも、ことあるごとに、自分は哲学の一学徒であると言明してきた。だが、四世紀に生きた彼の頭の中にあった哲学は、前六世紀に生きたターレスのような、昂然としてふてぶてしくもたくましい哲学ではない。魂の救済までも哲学に求める、神秘色の濃い哲学であったのだ。

皇帝ユリアヌスの取り巻きは、ユリアヌスの関心を示して哲学者ばかりである。それも、リバニウスを始めとして、四世紀のローマ帝国を代表する高名な学者たちである。もちろん、キリスト教徒はいない。しかし、これらの高名な哲学者たちには、講壇（カテドラル）の上から知識を教える人の印象が強い。現代ならば大学の哲学科の教授だが、当時の教授は学生の払う謝礼で生活していた。皇帝の「友人」という立場は、この人々に、学生を多く集める面でも有効であったのだ。リバニウスを始めとするユリアヌスの友人たちの書き遺した文章、しかもユリアヌスの死後しばらくして彼を弁護して書かれた文章ですらも、それを読んでいて、ユリアヌスに対してにじみ出る書き手の親愛の情とか、彼を理解した人にして初めて書ける、説得性をもち情熱をこめた弁護とかは感じとれないのである。当時の口の悪い人々が彼らに投げた寄生虫という評言が、さして誤ってはいなかったのではないかと思ってしまう。このような友人たちと付き合っていては、ユリアヌスの思索の対象は哲学にかぎり、投機のようなことは、頭に入りようもなかったのかもしれないと思ったりする。

しかし、友人たちは哲学者で通せたが、ユリアヌスは皇帝だった。市場から小麦が姿を消し、パン屋の店頭にはパンがなくなるという事態を、放置することは許されなかったのである。

ユリアヌスは、アンティオキアの市民たちに向って節約を説き、状況が改善するまでのしばらくの間、窮乏生活に耐えてくれるよう求めた。だがこれは、蛮族に攻撃されて籠城するしかなかったガリアの人々には効果はあったが、敵に攻められているわけでもないアンティオキアの市民には、効果はなかったのである。それでユリアヌスは、小アジアやエジプトにまで特使を派遣し、大量の小麦を購入させた。そして、これらの小麦を、一挙に市場に投入したのである。しかも、最高値を決めた統制価格で。

だが、これでも状況は少しも改善しなかった。緊急に輸入されたこれらの小麦は、アンティオキアの外港で河を溯る舟に積み代えられる前に、大商人たちによって買い占められていたからである。資本力の豊かなこれらの人々は、アンティオキアの元老院に議席をもつ人々でもあった。

情報に通じていることが投機に役立つことに、ユリアヌスは初めて気づいたようである。激怒した三十一歳の皇帝は、二百人はいた元老院議員の全員を投獄する。とはいえ、その日のうちに釈放はしたのだが。それでも、この強硬策によって初めて、大商人たちも、買い占めていた小麦を市場に出す気になったのだった。しかし、これで庶民の不満は収まったが、アンティオキアの上層の人々の敵意と反感は、これを機に決定的にユリアヌスに向けられることになる。そして、もう一つの事件を通して、今度は中堅と下層の人々の敵意と反感を、ユリアヌスは獲得してしまうことになったのだった。

アンティオキアから南に十キロも行かないところに、森に囲まれ泉からは清らかな水がわき出ている、ダフネの名で知られた町があった。昔からアポロンに捧げられた壮麗な神殿で知られ、ダフネは、この神殿を中心に発展した町なのである。事件は、このダフネに、ユリアヌスが参拝したことから始まったのである。

「ギリシア・ローマ宗教とキリスト教の、勝敗を賭けた抗争の最後の世紀」と歴史家たちも言う四世紀の移り変わりを追う場合に、絶対に忘れてはならないことは、ユリアヌスが皇帝であった時期は、「ミラノ勅令」が発布されてから半世紀が過ぎていたという一事である。つまり、建前ではすべての宗教の信教の自由は公認されていても、実際は、キリスト教を優遇し偏重する皇帝たちの路線が、五十年もの間つづいていたということだ。そして、ギリシア・ローマの神々に捧げられた神殿の主たるスポンサーは、ローマが帝政に移行してからは皇帝たちであった。また、キリスト教側の言うこの「異教」には、教理が存在しないことからそれを解釈し信徒に説くのが任務の聖職者階級も存在せず、それゆえに、これらの聖職が専業の階級を維持したり、ミサをあげたり、恵まれない人々への慈善事業を行ったりする費用の、財源の確立も必要ではなかったのである。

この状態で長くつづいてきた後で、時代は変わったのだ。皇帝や地方自治体といったスポンサーを失ってしまったのだから、結果は惨めである。「私人（プリヴァートゥス）」の寄附に頼ろうにも、ローマ帝国を次々と襲う危機は、人々の胸を、神々はわれわれを見捨ててどこかに行ってしまった、という想いで満たしたのである。人々が、神々を見捨てたのではない。神々が人間を見捨てたと、思ったのだ。ギリシア・ローマの宗教には、キリスト教のような、不幸とても神が与える試練、という、好都合な論法は存在しなかった。

この状況下で誰が、もはや神々の住んでいない神殿の保存に関心をもつであろうか。誰が、進んで祭司を務め、自腹を切って犠牲に使う家畜を購入し、出席者もまばらな祭儀を挙行しつづけるであろうか。ユリアヌスが見たダフネのアポロ神殿の現状も、荒れ放題の神殿と、皇帝参拝と知って畑仕事を放り出して駆けつけたという感じの祭司であったのだった。

アポロンを祭った神殿が古代には人々の参拝で賑わっていたのは、何もこの男神の、ニンフのダフネへの変わらぬ恋情に同情したからではない。いや、同情するのならば、アポロ神から執拗に迫られ、月桂樹に変身することで身を守ったダフネのほうが同情に値する。アポロンに捧げられた神殿が常に人を集めていた理由は、デルフォイのアポロ神殿が有名だった理由と同じで、巫女を通して伝えられる神託にあった。この事情は、ダフネのアポロ神殿でも同様であったのだ。ところが、ユリアヌスの知ったところでは、ずいぶんと前からダフネのアポロ神殿では、神託が聴かれないのだという。それも人々の参拝が途絶えた要因の一つなのだが、いつから神託が途絶えたかといえば、ダフネの森の一角に、キリスト教の殉教者が葬られてからであるという。そちらのほうには巡礼に来る信徒が多く、アポロ神の〝ストライキ〟の理由は、これに気分を害されて、ということらしかった。

アポロンとダフネ（ベルニーニ作、17世紀）

自分も神託を受けるつもりでいたユリアヌスは、〝インサイダー〟投機で大もうけしながら涼しい顔で議席に坐るアンティオキアの元老院議員たちに怒りを爆発させたように、このときも怒りを爆発させたのである。怒った皇帝は、キリスト教の殉教者の墓の移転を命じた。同時に、アポロ神殿の大々的な復旧工事を命じ、それはただちに着工される。

賛美歌を歌う信徒の行列に守られての殉教者の遺骸の移転は、無事に終わったのである。だが、ダフネの事件はこれでは終わりにはならなかった。

復旧工事も終わり、明日からは一般の参拝者も皇帝すらも受け入れ可能となった日の夜、火災が発生し、ダフネのアポロ神殿は全焼した。石造の建物は火事に強いというのは、まったくの誤解である。柱や壁は、大理石や石を使って建てられていても、梁を始めとする多くの部分には木材が使われている。全体をささえるこれらの部分が燃焼してしまえば、石造の建造物も崩壊するしかない。ダフネのアポロ神殿は、廃墟と化したのだった。

同じ時期、すべての宗教の信仰の自由の名の許にユリアヌスの命令で再建中であった、ユダヤ教徒にとっての聖所であるイェルサレムの大神殿も、再建工事は順調に進んでいたというのに、こちらのほうも、夜中の発火で炎上する。ダフネのアポロ神殿もイェルサレムの大神殿も、「不審火」ということで同時代の記録は一致しているが、偶然の一致とするにはあまりに偶然で一致しすぎていたことも事実だった。

ユリアヌスは、これら一連の不祥事の犯人はキリスト教徒だと信じたようである。それで、まずは代表的な大都市で範を示す必要があると思ったのか、アンティオキア中のキリスト教の教会の、閉鎖を命じたのだった。これによって、アンティオキアの中と下の層の住人の、皇帝ユリアヌスに対する反感は決定的になった。

住民たちは皇帝を、体格も頭の中身も貧弱なものの代表とされている、山羊になぞらえて嘲笑した。ユリアヌスは、誰の眼も気にする必要のない皇帝になってからは、哲学を学んでいた頃にもどって、哲学者の商標のようであったあごひげをたくわえるようになっていたのだ。背丈は普通並みでもギリシア彫刻にはほど遠い肉体に山羊ひげでは、オリエントではどこにでもいる山羊に譬えられてもしかたはなかった。いずれにしても、アンティオキアに移って以後のユリアヌスと住民の間は、険悪化する一方であったのだった。

この時期、ユリアヌスは友人に、次のような手紙を書き送っている。

「わたしは、ガリラヤの人々（キリスト教徒たち）の信ずることがこの地上でも現実化できることを、皇帝として実証してみたい。彼らの説く、賞讃されるに値する教え、彼らはそれを、貧しい人々にしか許されず、しかも天国でしか達成できないと断言するが、その徳と幸福は現世でも可能であることを、わたしが帝位にある間に定着させたいと願っている公正な統治と宗教に無関係な福祉事業を進めていくことによって、達成したいと強く決心している。

だから、この進路に立ちはだかる者は誰であれ、わたしからの反撃を免れられないと覚悟すべきなのだ。それでもなお邪魔立てする者たちに対しては、法にのっとった処罰が下されることになる。ゆえに、その者たちは、資産没収や追放のみでなく、鉄と火による処罰までも覚悟せねばならない」

有力者たちの投機で深刻化したアンティオキアの食糧不足や、ダフネのアポロ神殿やイェルサレムの大神殿の火災は、この時期に帝国の東方で多発した不祥事のうちの三例でしかない。ユリアヌスがアンティオキアに移って以来の中近東は、まるでこの一帯の名物である地震が、各地でつづけて発生でもしたかのような

騒然とした状態になったのである。

第一に、ユリアヌスの登位で勢いづいた「異教徒」たちによる、キリスト教勢力への反撃が多発した。要するに、大帝コンスタンティヌスとその息子の治世の五十年間、あらゆる面で押さえつけられてきたキリスト教に同意しない人々の想いが、いっせいに爆発したと言ってよい。ユリアヌスは、まだ三十一歳。反キリスト教派がこのユリアヌスに、大帝やその息子コンスタンティウス並みの、二十年以上もの治世を期待したとしても無理はなかった。

第二は、言うまでもなく、キリスト教会とキリスト教徒という既得権層からの、その既得権を剝奪しようとする皇帝ユリアヌスに向けられた敵意である。また、キリスト教会は、ローマ皇帝以上にユダヤ教を憎んでいた。

中近東騒乱の因の第三だが、それは、以前からあったキリスト教内部の教理論争である。三世紀から始まっていたこの論争は、大きく分ければ二派になる。

神とキリストと聖霊は同質であるという、三位一体を主張するアタナシウス派。四世紀にはもはや、カトリックという名称で定着し始めていたが、これは、大帝コンスタンティヌスが召集して紀元三二五年に開かれたニケーア公会議ですでに、キリスト教会は三位一体説で統一すると決定したはずなのである。だが実態は、そうは簡単ではなかったのだった。

なにしろ、キリストは人間とは同質ではないが神とも同質ではない、と主張するアリウス派が、ニケーア公会議当時の劣勢を挽回する勢いであったからだ。大帝コンスタンティヌスからして、洗礼を受けたのはアリウス派の司教からである。また、その息子コンスタンティウスは、帝位にあった二十四年間というもの、一貫してアリウス派を優遇してきたのである。

これにつづいたのが、ユリアヌスの登位であった。皇帝ユリアヌスは、あらゆる宗教の信教の自由から一歩進んで、キリスト教会内の宗派のすべてにも信教の自由を認めたのである。それは、キリスト教会を

「支配の道具（インストゥルメントゥム・レーニ）」と見た大帝コンスタンティヌスには教会の統一が大変に重要な問題であったが、そうとは見ないユリアヌスにとっては問題にはならなかったからだ。また、キリスト教勢力の優位を崩すのが目的のユリアヌスにしてみれば、教会内部の分裂は、歓迎こそすれ、それに反対する理由はなかったのである。

だがこれで、もともとからして中近東では優勢だったアリウス派が、一段とふるい立ったのも事実だった。憎悪の中でも近親間の憎悪は、より激化しやすい。「異端」という言葉を投げ合うだけでは留まらず、互いに反対派の司教を肉体的にも攻撃する騒ぎが頻発するようになった。なぜならこの争いは、教理を旗印にしてはいたが実際は、司教という権力をもつ地位が、自派に属するか、それとも反対派に帰すかの問題でもあったからだ。

司教とは、キリスト教会の組織では、自分の教区に属す教会資産を思いどおりに使える立場にある。また、自分の管轄下にある司教区に住む人々に対しての司法権までにぎっていた。こうなればもう、立派に現世の権力者である。カトリック派とアリウス派の抗争がどちらか一方が敗北するまで激化を宿命づけられていたのは、現世の権力が介在していたからであった。

要するに、ユリアヌスは、自らが統治する帝国の、地理上の広さよりも経済上の重要度から言えば半ばとしてもよいくらいの中近東に、騒乱の火を点じてしまったことになる。これでは、その中近東の要（かなめ）であるアンティオキアの、ペルシア戦役への一丸となっての協力が、期待はずれになるのもしかたなかった。だが、ユリアヌスは、早々にアンティオキアに移ることで戦役に万端を期していたあまりに、失望と怒りは強かったのだった。

このアンティオキア滞在中に、ユリアヌスは、多くの手紙を遺しているが、多くの著作も書いている。その一つに、現代式のページになおせば四十ページ足らずの小品だが、『ミソポゴン』（Misopogon）と題された作品がある。ギリシア語で書かれたのには、確とした理由があった。自分一人のために想いを書きとめたのではなく、アンティオキアの住民に向けて書いたからである。バイリンガルで一貫してきたローマ帝国は、西方ではラテン語、東方ではギリシア語が共通語だった。アンティオキアは、帝国東方を代表する都市である。それゆえにこの書は、書きあげるやいなや刊行されたから、アンティオキアの住民は読めたのだった。
そしてこれが、ユリアヌスの狙いであったのだ。

ローマ皇帝が自ら書いた著作には、次のものがあげられる。
ユリウス・カエサルが書いた、『ガリア戦記』と『内乱記』
アウグストゥスが死に際して遺した、『神君アウグストゥスの業績録』
マルクス・アウレリウス帝が書いた、『自省録』
そしてこのユリアヌス作の、『ミソポゴン』をふくむ著作群
自ら指揮した戦役を、生き生きと叙述したカエサル。四十年にわたる治世の間に成し遂げたことを、淡々と記述したアウグストゥス。
北方蛮族相手の戦争の合い間に、戦争には一言もふれずに自らの胸の想いを書きつづったマルクス・アウレリウス。
そしてユリアヌスの『ミソポゴン』に一貫して流れている、苦い皮肉（アイロニー）。
こう見るだけでも、ローマの最高権力者たちの、気質の移り変わりを見る想いになる。ラテン散文学の金字塔とされる、達意の文章家でもあったカエサルは特別としても、これらの皇帝たちはいずれもなかなかの文章家である。まるでカタログだと思うアウグストゥスの業績録でさえも、現世の幸せを軽視せずにパクス・ロマーナを達成したことへの、確たる自信にあふれた文面である。
それで、ローマ皇帝著ということならばこれらの作品に連なるユリアヌスの『ミソポゴン』だが、風刺文学に分類されているが、私には納得いかない。風刺文学の傑作には不可欠の、慄然とならざるをえないほどの痛烈な批判性とともに、微苦笑をもらさずにはいられないユーモアという、二大要素が不在だからである。

論理は鋭く、弁証法の活用にも長じ、旧・新約聖書への理解も深いことはわかるが、この作品はユリアヌスが、積もりに積もった怒りをぶつけた作品と言うしかない。直接に対象にされているのはアンティオキアの住民たちだが、皇帝はこれらの臣民に対し、「恩知らず！」という言葉を投げつける。統治の公正に努め、税も、増税どころか未納分は免除にし、従来の税でさえも五分の一もの減税を実施したのに、お前たちがわたしに返してくれたのは、不満と苦情ばかりだった、というわけだ。山羊面の哲学者と嘲笑することしか知らないアンティオキアには、皇帝を迎える資格はないと怒る。お前たちの不満は、わたしのせいではなく、お前たちの都市を牛耳っている金持たちの責任感の無さに帰されるべきなのに、わたしを憎むことでそれが晴らされると思いこんでいる、と吐き出す。とはいっても、自分に向けられた数々の非難も嘲笑も、言論の自由を尊重するがゆえに、それを押さえることもせず、処罰もいっさいしないと言い切ることは忘れていない。

文中には、副帝時代をなつかし気に振り返っては、「愛するルテティア、ガリア人はパリシー族の地であるこの地を、この名で呼んでいる」などという箇所もあって、現代でもフランス人がユリアヌスを好むのはこのためか、と思ったりして愉しくないこともない。だがこれは、あくまでも、若いユリアヌスの怒りと失望が、ほとんどそのままで吐露された作品とするしかないのである。ただし、文章も練られていないために、かえってそれが直に、読む人の胸を打つという利点はある。

私個人の感想としては、痛ましい感じしかもたなかった。最高権力者は批判にさらされるのが常であって、批判は、権力をもっていない者たちに許された唯一の反撃の手段であるとでも思って諦観し、ペリクレスやユリウス・カエサルがしたように、放って置くしかないのだと進言したとしても、壮年を謳歌していたアテネの政治家やローマの将軍とちがって、いまだ三十代に入ったばかりのユリアヌスには通じたであろうか。私には、手紙や著作に見られるユリアヌスは、異教徒ということならば同じのペリクレスやカエサルよりも、イエス・キリストのほうを思い浮べてしまうのである。イェルサレムの大神殿の中というのに商いしか頭にない同胞に怒りを爆発させ、彼らの商いの場である屋台を一つ残らずぶち壊した、若き日のイエス・キリストのほうを思い出してしまう。アンティオキアの住民に怒りをぶつけたユリアヌスと、ユダヤ商人たちに怒りを爆発させたイエスは、年齢的にも同年輩ではあったのだが。

しかし、『ミソポゴン』の最後は、気になる文章で終わっているのだ。

「ここまでの話で、わたしは、想いをすべて吐き出したことになる。それが、結局はわたしの望みではあったのだが。

わたしの欠点と非難されていることは、もちろんわたしに責任がある。なぜなら、お前たちに対して行った気前のよい政策はわたしが決めて行ったことであり、それに対して感謝さえも受けないとしても、それをお前たちに強いる権利はわたしにはない。わたしに対する非難や不評は、わたし自身の思慮の至らなさゆえとあきらめるべきだろう。これ以後は、より慎重を期すことを約束する。お前たちがわたしに与えてくれた〝敬意〟は、神々が代わって、償ってくれるであろうから」

ユリアヌスは、『ミソポゴン』を書くだけでなく刊行させることで公表したのだから、文中にも書かれているとおりに、「もう二度とアンティオキアの土は踏まない」決意で、この大都市を後に、ペルシア戦役に発ったのである。アンティオキアの住民の〝恩知らず〟は、神々が代わって償ってくれると信じて出陣したのだろう。神々の加護で、ペルシアの王に勝ち、そうなればアンティオキアの住民も、自分への見方を変えるとでも思っていたのであろうか。

ペルシア戦役

紀元三六三年三月五日、三十一歳のユリアヌスは、後方基地でもあるアンティオキアを後にした。目的地は東、ペルシア王国の首都機能が集中している中部メソポタミアである。城門の外までは、アンティオキアの元老院の議員たちが見送った。皇帝は、これらアンティオキアの有力者たち総出の見送りに感謝を述べたが、それはひどく冷淡なものだった。二度と足を踏み入れない、と公言しての出発では当然だろう。有力者たちの態度のほうも、丁重で礼儀を欠いてはいなかったが、明らかに空々しかった。やっかい者が出て行ってくれるのが、本音では歓迎であったにちがいない。

ちなみに、このユリアヌスのペルシア戦役を後世に生きるわれわれでも相当な程度に詳細に追えるのは、アンティオキア生れのアミアヌス・マルケリヌスが書き遺してくれたからである。ローマ軍内でのキャリアを重ねた後は歴史を書くことになるこの人は、ユリアヌスと同世代で、この時期は三十二歳だった。アミアヌスの上官であったウルシチヌスは、このペルシア戦役では名は出てこない。ローマ帝国東方軍を一人で背負っていたこの勇将の名がないのは、この戦役以前に、何も情報のないところからおそらくは自然死で、すでに退場していたのだろう。ペルシア戦役当時のアミアヌスの所属部隊も地位も、わかっていない。ただし、軍の上層部を自分の眼で見ることのできる地位にいたことだけは確かである。

皇帝出陣の儀式はこのように、表面的には何ごともなく終わった。だが、アンティオキアの有力者たちも、そして遠巻きにして見守っていたアンティオキアの住民たちも、あることにだけは眼を見開く想いになったのである。それは、これまでの半世紀もの間見慣れてきた、☧を表わした軍旗が姿を消し、銀製の鷲（わし）が先端に輝く軍団旗に変わっていたことだった。XとPを組み合わせたこの記号は、キリスト教徒を示し、それを

アクィラ

先頭にかかげればキリスト教の軍であることを示している。大帝コンスタンティヌスが紀元三一二年に初めて導入して以来、ローマ軍の先頭を進むのは常にこの軍旗であったのだった。それが、以前の「鷲(アクィラ)」にもどったということは、ユリアヌスの率いるのはローマ帝国の軍であって、キリスト教国化したローマ帝国の軍ではないということの、意思表示であったのだった。

六万五千は越えていたといわれているユリアヌス率いるローマ軍だが、その中には、アルプスの西側でのみ軍務を務めるのが契約時の条件であったと言い張り、皇帝コンスタンティウスの東方移動の命令に服さず、それがユリアヌスの登位につながったガリアの兵士たちの姿もあった。ネヴィッタが率いることになる右翼が、それであったと思われる。それらの兵士たちは、アルプスを越えた東方に行くのを拒否していたのに、結局は反コンスタンティウスに起(た)ったユリアヌスに従ってコンスタンティノープルに入城したばかりでなく、今度もユリアヌスに従って、メソポタミア地方にまで従軍することになった者たちだった。彼らは、わかっていたのである。今では唯一人の帝国の最高権力者になったユリアヌスだが、いざとなったときに彼が頼りにするのは、ガリアでの蛮族撃退戦の五年間を、ともに闘った自分たちであることをわかっていたのである。

アンティオキアを後にしたローマ軍は、東に百キロほど進んだところにあるベロエアに、まずは入城した。後代にはアレッポの名のほうで知られ、トルコの辺境の町でしかなくなるアンティオキアよりは断じて重要なシリアの都市に発展するが、古代では、地中海とユーフラテス河を結ぶ商路の中継基地の一つで、アンティオキア周辺の数ある衛星都市の一つにすぎなかったのである。このアレッポ到着まで二日を要したというから、一日に五十キロ踏破したことになる。ローマ軍団の通常の一日の踏破距離は、二十五キロから三十キロ。一日ごとに宿営しての行軍にしても、相当な強行軍ではあった。中近東にも張りめぐらされていたローマ街道網も、地中海に近づくにつれてより密になり、道の幅も広く道路事情も良くなる。その逆を行くことになるペルシア遠征だが、最初からの強行軍は、先を急いだというよりも、踏破距離を稼げるところでは稼ぐ、の考えであったにちがいない。

アレッポで皇帝を迎えたのは一人の老いた有力者で、この人物が事実上、町を取りしきっていた。この人がキリスト教徒なので、アレッポ全体がキリスト教の町に分類されている。だが、この人の息子は、ユリアヌスに心酔していた。異なる宗教を信ずるがゆえの親と子の対立は、三世紀からのローマ社会では珍しくなくなった、現象の一つでもあった。

アレッポからは北東に道をとり、ヒエラポリスに向う。この町は一転して、異教徒の町として知られている。それゆえか、ユリアヌスとその軍は、町中の歓迎を受けた。ユリアヌス率いるローマ軍には、おそらくは半ば以上を占めるキリスト教徒の兵士たちもいたのだが、これも四世紀の特徴の一つなのである。

ヒエラポリスで、軍勢はユーフラテス河を渡る。ユーフラテスを越えてからティグリス河に至るまでの北部メソポタミア地方の町々となると、そのほとんどは異教都市と言えた。都市の起源が、アレクサンダー大王の東征とその死後のヘレニズム時代にさかのぼるからである。メソポタミアという言葉自体がギリシア語で、二つの大河にはさまれた中間地帯であることを意味していた。とは言っても、これらギリシア系の町でもキリスト教徒のコミュニティは存在し、反対にキリスト教都市とされている町にも異教徒がいたように、ローマ帝国東方の宗教事情は、大帝コンスタンティヌス以降の五十年のキリスト教偏重政策を経ても、今なおキリスト教一色ではまったくなく、このような混在が実態であったのだった。

ローマ人はユーフラテス河にだけは、一度として恒久性をもつ石造の橋を建設していない。ドナウ河にはかけたのだから、技術がなかったのではない。長くユーフラテス河はローマ帝国にとって国境の河であり、北部メソポタミアを領するようになって以後も、その奪回を狙うペルシアとの間での係争地帯であったからだった。ゆえに渡河も、小舟を並べた上に板を渡して固定する、舟橋と呼ばれる橋を渡って越えるのである。全軍が渡河を終えた後で舟橋は解体されたが、それも退路を断つ考えからではなかった。より上流にあるサモサタの基地で大規模な船隊を建造中で、それが河を下ってくる際の障害になるからである。

ユーフラテス河を渡った後は、バトゥナエ、カッレと、現代ならばシリアの北端からトルコの南端になる地方を行軍していく。カッレは、四百年以上過ぎていてもローマ人にとっては忘れられない地名だが、この近郊が、クラッススとその部下のローマ兵たちの墓所になったからだった。戦死した兵士は二万人。捕虜になった一万人は、カスピ海のはるか東の山岳地帯にあるメルヴに、終身兵役で送られた。二度と祖国にはもどれない、終身流刑と同じだった。そして、ユリアヌスの時代からは百年前の紀元二六〇年には、ローマは現職皇帝のヴァレリアヌスが捕われるという一大敗北を喫し、そのときの捕虜たちはペルシア東部に連行され、ダム兼橋の建設に強制就労させられている。このときも、生きて帰国できた者はいなかった。この時代の敗軍の兵士の運命は、相手が北方蛮族であろうと東方の大国であろうと変わりなく、国破れるとはどういうことかを、一兵卒でさえも悟らずにはすまないほどに苛酷であったのだった。

カッレの近郊はまた、東方遠征に出向く途中のカラカラ帝が、護衛の兵士たちに殺された地でもあった。どうもこの一帯はローマ皇帝にとっては災難の地としてもよい感じだが、人間とは、自分だけはちがう、と思いがちなのである。それに、ローマ皇帝のメソポタミア進攻は失敗ばかりではなく、トライアヌスもマルクス・アウレリウスもセプティミウス・セヴェルスも、ディオクレティアヌス帝の副帝ガレリウスも、成功したのである。ユリアヌスが、必勝の想いで挑戦するに足る、理由は充分にあったのだ。

しかし、いつの時代でも兵士たちは迷信にまどわされやすい。彼らの不安を一掃するために種々の占いが行われるのだが、その結果は決して神頼みであったのではなく、事前に相当に人為的な配慮が成されるのが普通だった。動物の内臓占いの場合は、開いた内臓が健全であるようにあらかじめ健康な動物を選んでおくとか、鳥占いの場合は、にわとりが餌を勢いよくついばむように、あらかじめ空腹にしておくとかの方策はあり、醒めた精神の司令官になれば、それらの事前対策を怠らなかったものである。それなのにユリアヌスの場合は、彼までがそれをまじめに考え、心配そうに見守る兵士たちとともに、結果が吉と出るか凶と出るかに一喜一憂してしまったのだった。神秘的な哲学に傾倒していただけに、超自然の現象を信じすぎたのかもしれない。それでもまだ、カッレにいた時期の兵士たちの士気は高かった。ユリアヌスが、一時金をはずんだからでもあった。

カッレから、ローマ軍は二手に分れた。

ユリアヌスとネヴィッタが率いる第一軍は、カッレからは南下すれば突き当るユーフラテスの河の流れに沿って東南に向い、中部メソポタミアにある敵の首都クテシフォンを目指す。総勢、およそ三万五千。この軍の任務には、サモサタで建造が終わってユーフラテス河を下ってくる、大船隊の防衛もあった。この大船隊は、五十隻の軍用船、六十四隻の舟橋用の舟、一千四百三隻の輸送船で編成されている。輸送船には、ありとあらゆる兵糧と武器に、攻城時に使う重い兵器も満載されていた。

三万の兵で成る第二軍だが、カッレからは東に進み、まずは城塞都市のニシビスを目指す。この第二軍の任務は二つあり、第一は、北部メソポタミアからペルシア勢を追い払って、中部メソポタミアに向けて進軍中のユリアヌスとその軍の、背後の安全を確保することにある。任務の第二は、北から来るはずのアルメニア王の軍を待ち、それと合流した後はティグリス河を南下して、クテシフォン前でユリアヌス軍と合流し、全軍でこのペルシアの首都の攻略戦にかかる。この第二軍の指揮は、ユリアヌスにとっては親族の一人でもあったプロコピウスと、エジプト勤務が長くオリエントの事情に明るい歴戦の武将の、セバスティアヌスの二人にゆだねられた。

規模も準備も、大国ペルシアを攻めるにふさわしいものであったのだ。アルメニア王は、歩兵二万に騎兵四千を率いての参戦を約束していた。これを加えれば、この戦役に参加する兵の総数は八万九千になる。ペルシア戦役に自らの運命を賭けた、ユリアヌスの気概が想像できる。とはいえ、この戦役の成否は、東南の方向にユーフラテスを下る第一軍と、北からティグリスを下ってくる第二軍の、合流にかかっていることは明らかだった。ユリアヌス率いる第一軍には、先皇帝のコンスタンティウスが首都ローマを訪問した際にも同行していた、ペルシアの亡命王子のオルミスダの姿もあった。

東へ向った第二軍と分れて南への道をとった第一軍がユーフラテスの河岸に到着したとき、サモサタから

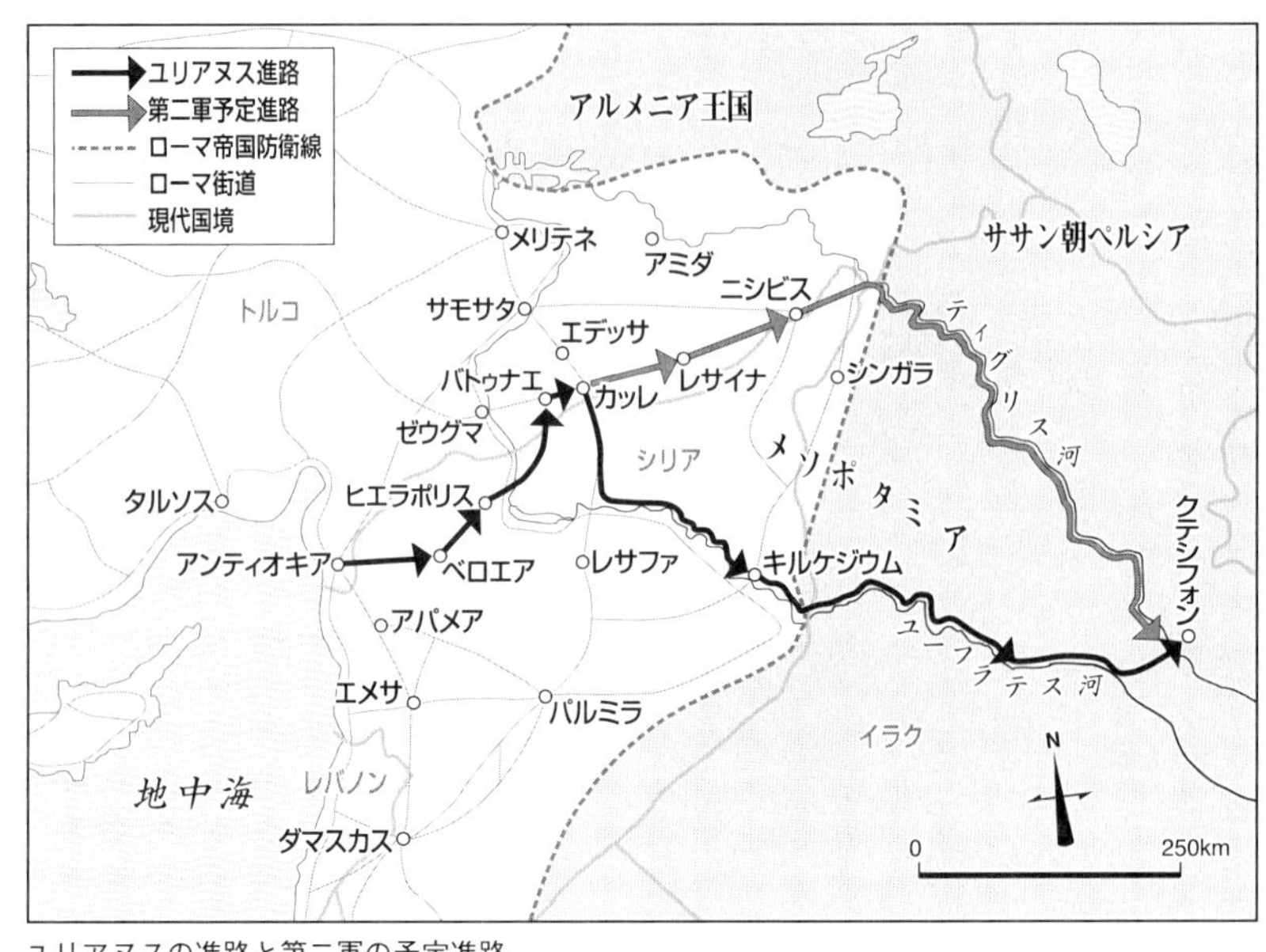

ユリアヌスの進路と第二軍の予定進路

河を下ってきていた大船隊が、眼前の河面を埋めて待っていた。皇帝の到着を待って、大船隊の河下りは再開される。皇帝率いる陸上軍も、船隊を右に見ながら、ユーフラテスの流れに沿っての行軍に入った。

正確な日付はわかっていないが、前後の事情から、ここまでの行程で二十日余りの日数を要したと思われる。そして、陸上軍と船隊のユーフラテス下りが、ここからはペルシア領土内に入っていくというキルケジウム（Circesium）入りしたのは四月七日。アンティオキアを後にしてから一ヵ月だから、順調このうえないスタートだった。

しかし、ここまでにすでに、ユリアヌスは幾つかの誤りを犯していたと、私には思えてならない。

第一は、アルメニア王への、日本的に言えば根まわし、つまり懐柔作戦が、不充分ではなかったかと思われること。

第二は、兵站（ロジスティクス）を、船にのみ頼ったこと。

第三は、ペルシアの亡命王子を、活用できるとした考え。

現代ならばトルコの東部にあたる古代のアルメニア王国は、広大なローマ帝国にとっては最も東の国境を接する位置にありながら、帝国東方の防衛戦略上、常に重要でありつづけた国であった。東方の敵がパルティアからペルシアに変わっても、アルメニアの重要性には変わりはなかったのである。皇帝ネロはパルティアとの友好な関係の樹立に努めた一人だが、平和にはまず防衛体制の確立が先決と考え、アルメニアとの友好関係の樹立には努力している。アルメニア王のローマ訪問時にはまるで大国の当主並みのあつかいで迎え、ちょうど同年輩であった王を友達あつかいしたほどだった。

この特別待遇は、その後につづいた皇帝たちも継承している。なぜなら、アルメニアは文化的にも文明的にも東方の国であり、その国を西方のローマにつなぎとめておくには、他国とちがう厚遇を必要としたからである。それらの歴代の皇帝たちの努力のかいあって、アルメニアは長らく、ローマの友好国でありつづけた。

そのローマ帝国がキリスト教国化するようになった時代に入っても、このアルメニアの重要性が変わらなかったのも、それが戦略上の問題であったからだ。大帝コンスタンティヌスは、このアルメニアの王位に異母弟の息子のハンニバリアヌスをすえることで、ローマ帝国内に組みこもうとさえしている。だがこの考えは、大帝の死後に息子のコンスタンティウスが親族を大粛清した際に、アルメニア王に目されていたハンニバリアヌスも殺されたので実現しなかった。しかし、アルメニア王国の戦略上の重要性は、コンスタンティウスもわかっていたのだ。それで、王位を奪われないで済んだアルメニア王には自分の許嫁であった高官の娘を嫁がせ、アルメニア王との関係をより強めることに努めたのだった。

これに感謝した王は、キリスト教に改宗する。それも、コンスタンティウスが信仰していた、とはいえニケーア公会議の決定には公(おおやけ)には逆らえない皇帝である以上は公言はできない、アリウス派のキリスト教に改宗したというのだから、アルメニア王はよほどコンスタンティウスに好意をいだいていたのだろう。アルメニア王とローマ皇帝の関係は、三十年以上にわたってこのように親密に進んできたのだった。

このアルメニア王にとってのユリアヌスは、まず第一に、コンスタンティウスに反旗をひるがえした人である。また、それによってコンスタンティウスを、死に至らしめた人でもあった。

第二は、キリスト教徒の王からすれば、ユリアヌスの反キリスト教会政策は、それこそ「背教者(アポスタタ)」のやる迫害になる。アルメニア王にとってもユリアヌスは、当時のキリスト教徒たちがユリアヌスに投げつけた、「キリストの敵」なのである。

第三は、国家の当主としての処し方になる。確かにアルメニア王はユリアヌスに、対ペルシア戦には二万四千の兵を自分が率いて参戦する、と約束した。しかし、後にマキアヴェッリが言うように、個人間の約束を守るか否かは信義の問題だが、国家の間で成された協定を守るか否かは、国益の問題なのである。ユーフラテスの最も上流に位置するアミダが、ペルシア王の猛攻の末に陥落したことは、アルメニア王にとって、これまでの親ローマ路線を再検討する契機になったことだろう。アミダは、アルメニア王国の眼と鼻の先にある。そして、ペルシア王シャプールは、そのアルメニアの南に広がる北部メソポタミア地方の奪回に、執念を燃やしているのは誰でも知っていた。

ペルシア側についたとしても、ペルシアはゾロアスター教の国ではないか、という疑問があるかもしれない。だが、ゾロアスター教は、他の宗教を排斥していないし、ゾロアスター教への改宗も強要していない。一方、ローマ皇帝ユリアヌスは、他の宗教は排斥してはいないが、キリスト教に好意をもっていないことは明らかだった。ギリシア人の妃ともども謙虚なアリウス派のキリスト教徒であったといわれるアルメニア王の心境は、このような事情があって簡単ではなかったのだ。アルメニアに近いアンティオキアに半年以上も滞在しながら、ユリアヌスは、このアルメニア対策を、真剣に進めていたのかと思ってしまう。『ミソポゴン』を書くよりも、よほど重要なことであったのに。

誤りの第二と私が見る兵站(ロジスティクス)面の戦略(ストラテジー)だが、ユリアヌスは、一千五百隻を越える大船隊で運べる量で充分と考えたようである。たしかに、何ごとも起こらなければ充分ではあったろう。しかし、選択肢を一つしか持たないやり方は、危険な賭と同じである。選択肢は、常に複数もつ必要がある。ローマ人が街道を一本通しただけでは満足せず、それを街道網にしたのも、常に複数の選択肢を用意する考え方が、ローマ人の哲学になっていたことを示している。それは、兵站や補給線確保のような確定要素を押さえたうえで、兵士の士気とかの不確定要素をプラスする考え方でもある。これであったからこそ、ローマ軍は強かったのだ。ローマ史上でも最強と言われたのはトライアヌス帝時代のローマ軍だが、このトライアヌスもメソポタミアに進攻し、首都のクテシフォンの攻略に成功している。だが、このときでも、中部メソポタミアで戦闘中のローマ軍には、船隊による水上輸送とは別に、中近東一帯に張りめぐらされていたローマ街道網を総動員しての兵糧補給システムが、完璧に機能していたのである。敵さえも、「ローマ軍は兵站で勝つ」と言ったくらいであった。ユリアヌスは、水上と陸上の補給路の併用は考えなかったのであろうか。考えたとすれば、中近東のローマ街道網はいまだ健在であったこの時期、補給面でのリスク分散は成功していたにちがいないのである。

ペルシア戦役にペルシアの亡命王子を同行したのは、ユリアヌスが、首都クテシフォンを攻略しシャプールを追い落とした後の王位に、この王子オルミスダをすえようと考えていたからである。何が原因であったのかは不明だが、シャプールに敵対したあげく祖国を捨てざるをえなかったオルミスダを、皇帝コンスタンティウスは暖かく迎え入れ、それ以来この王子はローマ皇帝の許で、おそらくは二十年に及んだと思われるが、何不自由ない客分待遇を享受してきたのである。ペルシアの王子は、洗練された振舞いと機智に富む会話で皇帝の取り巻きとしては理想的だったが、オルミスダが享受した厚遇はそれゆえではない。母国では高位者であった亡命人ほど、亡命を受け容れた国から見れば有効なカードになりうるからである。だが、皇帝コンスタンティウスにはこのカードを活用する機会が見出せなかったのか、ペルシアの王子は、ローマ皇帝の皇宮内でいたずらに年を重ねていたのだった。

ユリアヌスは、このカードを活用すると決めたのだ。ただし、オルミスダには、正統な王位の継承をシャプールに横取りされての亡命であるとかの、祖国を捨てるうえでの確たる理由もなかった。それでいて、二十年も祖国を留守にしているのだ。このような人物を王位にすえるには、絶対に必要な条件がある。それは、現在の王が、庶民でもわかる形の失政を犯した場合である。こうなればペルシアの支配階級も、王座に別の人物をすえる気持になる。だが、シャプール二世は、父の早死で幼少時に登ることになってしまった王座だが、五十年以上もそれを維持しつづけてきた男であった。戦場での才能ならば、戦略戦術ともに他に抜きんでた才能の持主ではない。だが、反乱が起こらない程度には内政の巧手であり、外政も、紀元二九七年以来ローマ領になっている北部メソポタミアの奪回に執念を燃やし、それはアミダの落城やシンガラの攻略で、着々と現実化しつつあったのだ。ペルシア人ならば誰が、この自分たちの君主と、敵国でのうのうと暮らしていた亡命者を、入れ換えようと思うであろうか。

軍事力で攻略した国の王位に亡命王子をすえるということを、ローマ帝国は元首政時代にすでに経験し、しかも失敗している。王位に就けるまでは成功したが、その王位を確かにするには、相当な規模のローマ軍を常駐させねばならなかった。この失政で学んだローマは、これ以降は王位に現に就いている人との友好関係の確立のほうに、外政の方向を移すことになる。ユリアヌスは、この先例を知らなかったのか。それとも、知ってはいたがその重要性には気づかなかったのか。

ペルシア戦役に出発する前にすでに犯していたユリアヌスの誤り、と私が思うことの最後は、忠臣フラヴィウス・サルスティウスを同行させなかったことである。

ペルシア戦役に同行したローマの高官の中に帝国東方担当長官の地位にあったセクンドゥス・サルティウスという名の人物がいるが、ここで言っているのは、ガリアでの副帝時代のユリアヌスの、最も重要で最も役に立った協力者であったサルスティウスである。ユリアヌスはこの人物に、人事決定権をもつ皇帝になってすぐ、自分は行こうにも事情が許さない、ガリアを中心にした帝国の西方の統治を託していた。おかげで帝国西方は、能力もあり公正な統治の人でもあるこの人物の許で、つかの間にしても安全と繁栄を享受していたのだった。だが、ペルシア戦役という生涯の賭に打って出るユリアヌスは、自分のそば近くに、完全に信頼でき、軍事政事ともに優れた能力をもち、皇帝の前であろうとはっきりと自分の意見を述べることのできる人を、もっていないことになってしまったのだった。

ペルシア戦役に同行したサルティウスのほうは、ユリアヌスと似て「異教徒」でもあり哲学書をモノする教養人でもあったが、それでいながらキリスト教側からも評判のよい人だった。誰に対しても公正で、何ごとに対しても思慮深い人だということで、衆目は一致していたのである。だが、このような人物にはよく見られることなのだが、公正で思慮深く振舞おうとするあまりに、考えてはいてもそれを直言することまではしない。皇帝ユリアヌスに対しても、誰も批判しようのない公正な態度で接するが、その結果は、と言えばそれだけなのである。この種の人物は、常に決断を下さねばならない立場にいる人にとっては、頼りがいがある人物とは言えなかった。

将軍のネヴィッタは、ガリア以来のユリアヌスの戦友で、軍事上のことならば信頼してまかせることができた。だが、軍事上のことでも、人間の心理への洞察に基づいた、駆け引きが求められる場合が少なくない。フランク族という蛮族出身のネヴィッタには、そこまでの協力は無理だった。

この人たち以外の将軍や高官は、先帝コンスタンティウスの許でキャリアを重ねた人ばかりである。それゆえに、キリスト教徒が多かった。この人々が、ユリアヌスの反キリスト教政策には同意していなかったのはもちろんである。それでも、今や皇帝はユリアヌスだ。皇帝に対して誠実に仕えるのは彼らの職務であり、その職務を果すには、彼らキリスト教徒の高官たちとてやぶさかではなかったのである。

ユリアヌスの友人の哲学者たちも、ペルシア戦役に同行していた。だが彼らは、皇帝の食卓の話し相手であって、それ以上でもなければそれ以下でもなかった。

考えてみればユリアヌスは、誰一人心から頼れる人もいない状態で、メソポタミアに投げ出されたようなものである。行軍中も、皇帝らしく堂々としているよりも、前後左右に馬を駆っては兵士たちを激励してまわるという落ちつきの無さで終始したのも、心中の不安を忘れるための、彼なりの方策であったのかもしれない。一人でいては考えこんでしまい、考え出すと不安に駆られるという迷路に、誘い込まれないための方策であったのかもしれなかった。

直言を、辞書では次のように説明している。「思っていることを、遠慮せず、ありのままに言うこと」だが、直言は、書いたり言ったりすること、つまり言語で表現されるとはかぎらない。リーダーは、孤独であるのが宿命だ。それでも、視線を向けた相手が、それを受けて視線を返してくるだけで、互いの想いを遠慮なしに伝え合える相手をもつ権利はある。そのたぐいのパートナーは、スキピオ・アフリカヌスにもユリウス・カエサルにもいたし、アウグストゥス帝にもトライアヌス帝にもいたのである。そして、もしもサルスティウスが、ライン河畔ではなくユーフラテス河畔にいたとすれば、ペルシア領内に入った後もあまりに順調につづく進軍に疑いをいだき、それをユリアヌスに直言したかもしれないのだ。なぜならこの忠臣は、ユーフラテスを越えて東に向ったユリアヌスに対し、ガリアからわざわざ、ペルシア遠征を思いとどまるよう書き送った人でもあったのだった。

首都クテシフォン

ユーフラテスとティグリスの両大河は、上流では離れているのが少しずつ接近し、首都クテシフォンの近くで最も接近し、下流に入ると再び離れるがそれも再度接近してペルシア湾に流れこむ。この両大河が最も接近する中部メソポタミアの一帯が、国が変わり支配者が変わり宗教が変わっても、首都機能が集中する地帯ということならば変わりはなかった。ちなみに、この三百年後の七世紀にはイスラム教の都市として建設されることになるバクダッドも、パルティアやペルシアの首都であったクテシフォンから、四十キロほど北に移ったにすぎない。というわけで、メソポタミアに攻め入るということは、ユーフラテスとティグリスが最も接近したこの一帯に攻め入ることなのである。そこからペルシア湾までの下流地域は、戦略的には重要ではない。トライアヌス帝は河口まで到達しているが、クテシフォン攻略に成功した後で、好奇心を満足させたかっただけであった。

共和政・帝政を通じてローマは、東の大国の完全制覇までは本気で考えたことはなかったのではないかと思っているが、その理由はすでに述べたように、パルティアもササン朝ペルシアも、現代で言えばイラク、イラン、アフガニスタン、パキスタンを合体したに等しい領土をもっていたからである。完全制覇して属州にでも組み入れるとすれば、インドまでの地方全体を征服しなければならなかった。そのような大事業には、アレクサンダー大王しか成功していない。現実的なローマの指導者たちは、ときに東の大国をたたいて西への侵攻意欲をそぐので充分、と考えていたのではないか。それなのに、ユリアヌスの著作中には、アレクサンダー大王に言及する箇所が多すぎる。アレクサンダー神話は古代の男たちを魅了してきたが、ユリアヌスもその一人であったのだろうか。

向うところ敵なし、という状況ならば、ユリアヌスのペルシア戦役は、五月に入ってもこの形容のとおりに進んでいた。砂丘の陰から突如現われては襲撃してくる盗賊団はいたが、犠牲になるのは不注意にも本隊から離れた小隊で、被害と呼べるほどの被害はもたらさなかった。ユーフラテスを下る途中にある町も、その多くは城壁をめぐらせる造りだったが、いくつかはすぐに降伏し、降伏しなかった町でもしぶとく抵抗したところは少なかった。ペルシア王から、防衛のための軍勢が送り込まれていた様子も見えなかったのである。

ただし、ユリアヌスは、進軍の途上で出会う町や要塞に対して、初めから武力を行使したのではなかった。初めは、ペルシア王子オルミスダを送って、平和裡での開城を推(すす)めさせたのである。だが、ローマ軍を見る

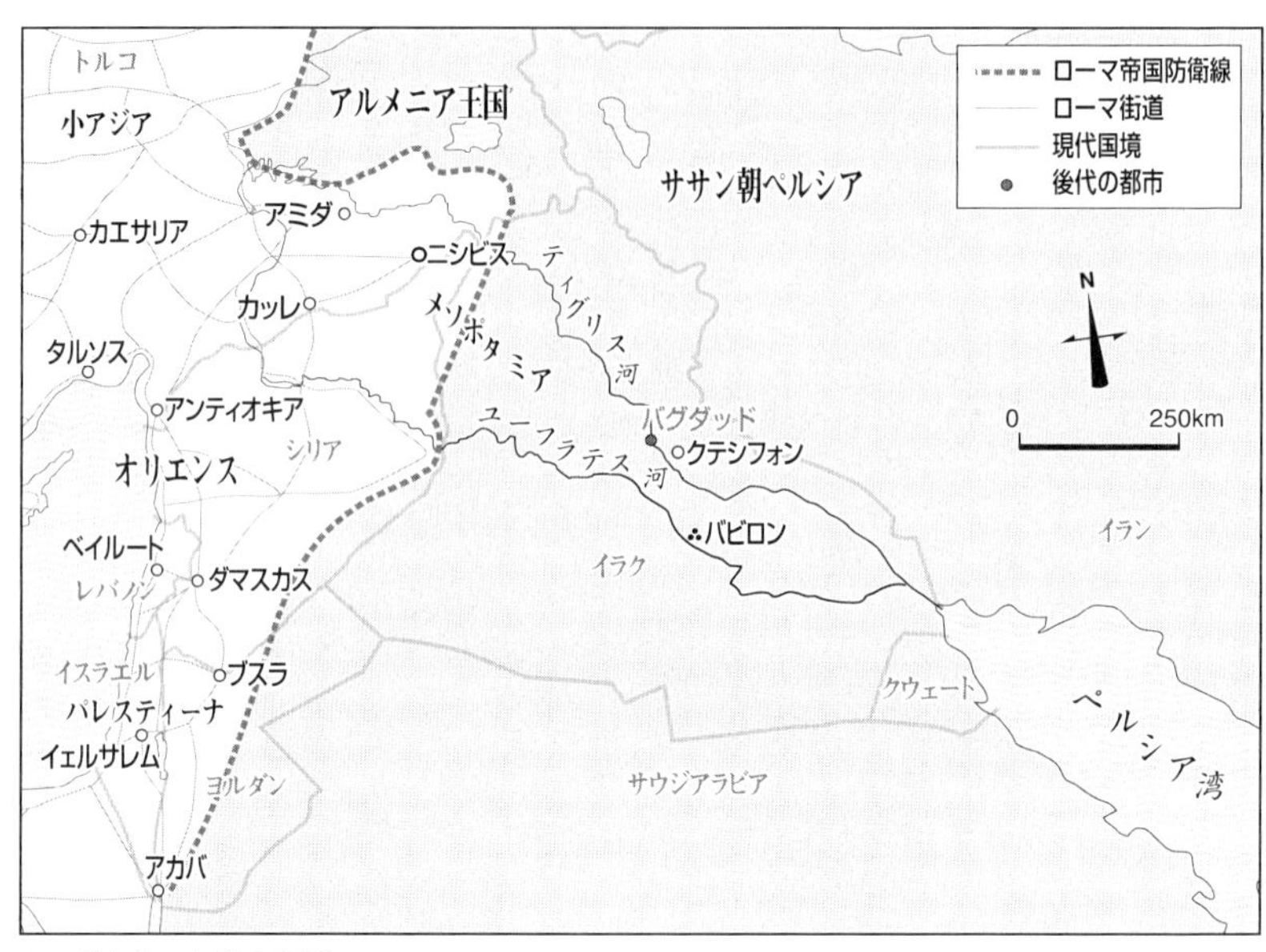

メソポタミアとその周辺

やすぐ降伏した町の住民も、しばらく抵抗した後で降伏した要塞の兵士も、自分たちの王とは血のつながりのあるオルミスダを、「裏切者！」「売国奴！」とののしり、中にも入れずに追い返したことでは同じであったのだった。

首都クテシフォンは、前述したようにユーフラテスとティグリスが最も接近している地帯に位置しているが、ティグリス河の東岸に沿って立つ。メソポタミア地方は世界の四大文明の発生地の一つであるだけに、数えることもできない昔からこの中部メソポタミアは、無数の運河や溝川（みぞ）が土地を活用するために張りめぐらされていた。ユーフラテスを下ってきた船団も、重い攻城兵器を首都攻略に使おうと思えば、ティグリスを前にして立つ首都になるべく近い地点にまで、船団を導き入れる必要がある。とは言っても、ペルシア人の掘った運河や溝川では、大型のローマ船は通れない。どうしたものかと考えこんでいたユリアヌスの許に、軍団附きの技師が来て伝えた。トライアヌス帝の遠征時に掘られた運河の跡を見つけたが、あれに手を加えれば船団を通せる、というのである。

二百五十年も昔に掘られたものが跡にしろ残っているというのは、ローマ人のインフラ工事の徹底さの証明だが、トライアヌス帝の治世は、ローマ人によるインフラ工事の黄金時代でもあった。それが、二百五十年過ぎても整備すれば使えるというのだから、ローマ軍が去った後も、パルティア人もペルシア人も、しばらくならば活用していたのにちがいない。いずれにしても、ユリアヌスの船団は、工兵に一変したローマの兵士たちが整備し、再び水が流れるようにしたトライアヌス運河を通ることで、首都近くでの攻城兵器の陸揚げも可能になったのである。

首都クテシフォンを前にしての、最初でかつ本格的なローマ軍とペルシア軍の戦闘は、五月二十七日に行われた。攻めるローマ軍の総指揮は三十一歳のユリアヌス。対するペルシア軍を後方にいて見守るのは、その二倍の年齢のシャプール二世。三万五千のローマ軍と、十万のペルシア軍の対決である。どうやらシャプールは、ここに至るまでにできるだけユリアヌスを引き寄せ、ペルシア側にとっては勝手知った首都近辺で勝負を決しようと考えていたようだ。それまでどこに隠れていたのかと思うほど多数のペルシア兵が、首都の城壁を背にして待ちかまえていたのである。

戦闘は、激戦で終始した。しかし、初めから最後まで優勢に闘いを進めたのは、ローマ軍のほうだった。ペルシア軍は量では優位だったが、兵士一人一人の熟練度と、その兵士たちを組織して闘う戦術力で劣る。この種の軍隊の場合、一角が崩れると総崩れになりやすい。事実、その好機はあったのだ。城門に向って敗走し始めた敵を見てそれを追撃しようとしていたローマ兵を、そのままで進ませるべきであった。だが、敵を追って市内になだれこんだ兵士たちが市内で包囲され全滅するのを怖れた将の一人が、追撃やめの命令を発してしまったのである。つまり、アクセルを踏むべきところを、ブレーキを踏んでしまったのだ。もしもユリアヌスが、アレクサンダー大王やユリウス・カエサル並みの武将であったとしたら、部下の将の誤りに早くも気づき、彼自身が馬を駆って前線に出て、追撃を、しかも全軍が一丸になっての徹底した追撃を、叱叱激励しつつも強行させていたにちがいない。戦場という激動の場では即時の決断が勝負を決めるのであって、たとえ五分間でも、思考の停止は致命傷になる。この日の対戦は、逃げるペルシア軍とそれを追わないローマ軍という形で終了したが、ユリアヌスは、何とも惜しい好機を逃してしまったことになった。

ローマ側の死者、七十五人

ペルシア側の死者、二万五千人

これでは、その日の夜遅くシャプールが講和のための密使を送ってきたという話も信じたくなるし、その密使を引見もせずに追い返したというユリアヌスの気持もわからないでもない。だが、この日のユリアヌスの大勝が、ユリアヌスにとっては運命の分れ目になるのである。

早期に攻略できた絶好のチャンスを逃してしまったからには攻城戦にもっていくしかないのだが、堅固な城壁を何重にもめぐらせた大都市を攻めるには長期戦を覚悟しなければならない。背後からの敵の攻撃を心配しないですんだカルタゴでも、落城までに三年を要している。また、背後から攻められる危険がある場合は、戦闘自体はいかに優勢に進めていても、前方と後方の敵に同時に対する軍勢の余裕がなければ、攻城戦を始めることからして不可能になる。ハンニバルが、ローマの城壁を見ながらもその攻城戦は断念するしかなかったのも、当時のローマがイタリア中に配置していた植民都市(コローニア)からの援軍にも対するには、ハンニバルの手持ちの軍勢だけでは不充分であったからだった。

だからこそ、アレクサンダーもカエサルも、可能なかぎり攻城戦は避け、敵軍を外に誘い出しての会戦に勝負を賭けるほうを選んだのである。この両者とも、敵の地で、しかも敵よりは数では断じて劣る軍を率いて闘ったのだ。ユリアヌスも、この条件ならば同じだった。ゆえに、敵の首都クテシフォンを混乱に乗じて一挙に攻略できた好機を逸したのは、何にも増して残念であったのだ。

だが、この日の戦闘を叙述した一武官のアミアヌスは気づいていたこの事実のもつ意味を、ローマ軍の陣営内で開かれた作戦会議に居並ぶ将軍や高官たちは、深くは理解していなかったようであった。と言って、起こってしまったことではある。ユリアヌスを囲んでの作戦会議の席の論議が、これからどうするか、に集中したのも無理はなかった。

このときになって初めて、アルメニア軍とともに南下して来るはずのプロコピウス指揮の第二軍が、いっこうに姿を現わさないことが話題になったとは、不可解としか言いようがない。

第一軍と第二軍に分けたのである。ならば、互いに友軍の行動を把握していなければならない。でなければ、戦力を二分したメリットは失われ、デメリットしか残らなくなる。皇帝の遠縁にあたることだけが取り柄のプロコピウスが、自軍の行動をユリアヌスに報告する義務を怠ったらしいということは判明しているのだが、ユリアヌスからも、これまでに第二軍の行方を探る努力はされていなかったようなのである。カッレで分れてから、五十日が過ぎていた。五十日もの間、ユリアヌスは、クテシフォンの近くで合流するという約束を、信ずるだけで過ごしてきたのであろうか。

第一軍の三万五千ではクテシフォン攻城戦は不可能、ということならば、誰にも異論はなかった。しかしここで、第一軍のみの首都攻略戦は無理でも、周辺を徹底して攻撃してまわることによって敵軍を誘い出し、再びローマ軍が得意とする会戦に勝負を賭け、それを進めながら第二軍の行方も探り、その到着まで時間稼ぎをするという考えを、誰一人として口にしなかったことも不可解である。ユリアヌスが議長を務める作戦会議に列席していた全員の頭は一つのことだけに集中し、他の選択肢には考えは及ばなかったのであろうか。

全員一致で決まったのは、次のことだった。

第一軍の三万五千の兵力では、首都の攻城戦は不可能。

首都攻めには、第二軍の三万との合流が不可欠になる。

ところが、その第二軍の行方がわからない。

斥候を派すことで第二軍の行方を探れたとしても、その第二軍が中部メソポタミアまで来るのに何日を要するかわからない。

それならばここは、第二軍との合流が何よりも優先する以上、クテシフォンからはひとまず引き払い、第一軍の三万五千ともども、第二軍との合流を求めて北上する。


だが、ここで、別の問題が浮上したのだった。それは、大小合わせて一千隻を越える船はどうするか、である。トライアヌスの運河を再活用したので、船団のすべては今ではティグリス河にある。ティグリスもユーフラテスも大河だが、下るのは容易でも、上るのは、強い追い風を受けつづけるというまれなる幸運にでも恵まれないかぎりは、大変な人力を必要とする。海上を航行するのに造られた船ではないので、現代のモーターの役目を果していた櫂(かい)も、接岸に必要な数ぐらいしか備えていない。河を溯るとすれば、両岸にわたした綱を牛と人の力で引いていくしかない。それを多くの兵士に分担させたのでは、予想される敵襲から移動中の軍を守れなくなる。

出た結論は、舟橋用の小舟三十隻は残して、他のすべての船の焼却だった。積み荷もほとんどそのままで、焼き払うのである。すさまじい量の兵糧も武器も攻城兵器も、牛と人間の力にしか頼れないのでは、運搬は不可能であったからだった。

兵士たちには持てるだけの量を持つよう配分された後で、船に火が点けられた。一千隻にのぼる大船団の炎上である。夏の陽光をさえぎるほどの火炎と煙が、大河ティグリスの河面をおおいかくしていた。

兵士たちはそれを、呆然と見つめていた。キリスト教徒の兵士たちは、ユリアヌスは狂った、と言い、神がユリアヌスに罰を下したのだとささやき合った。キリスト教徒ではない兵士でも、理性ではわかっていたのである。敵の手に落ち敵に活用されたくなければ、焼却するしかないことはわかっていたのだ。しかし、心情となると別だった。敵地で闘う彼らにとって必要なものはすべてあの船に、行軍中でも常に見えていた船に積まれていたのである。ティグリスの河面を埋めていた船団は、ローマ軍の兵士たちにとっては安心の保証であり、彼らと祖国を結ぶ、命綱でもあったのだった。それが今、眼前で炎上しつつある。船団の焼却が兵士たちに与えた、心理的な打撃は大きかったのである。

もしも、トライアヌス帝がかつて行ったように、兵站の補給を水上のみでなく陸上にも頼っていたら、兵士たちの受けた打撃も、二つの補給路の一つが使えなくなるがゆえの物質面での不足に留まり、精神面にまでは及ばなかったのではないか。複数の選択肢をもつことの、つまりはリスク分散の有効性は、この点にこそあるのだった。

ティグリス北上

どうやら、友軍の動静もつかめないでいたユリアヌスよりは、ペルシア王シャプールの情報収集力のほうが優れていたように思われる。船団が燃える炎を背にティグリスの東岸を北上し始めたローマ軍の動静を、ペルシア王は逐一把握していたようなのだ。そして、好機と見るや迷わずに攻撃させた。ローマ軍の兵士たちはこうして、敵を撃退しながらの行軍を強いられることになったのだが、それでもペルシア軍の攻撃を、ことごとくはね返すことには成功したのである。

だが、シャプールは、自軍の兵士の犠牲など眼中にない。一千兵が殺されても、ローマ兵を百人殺せば上々の戦果なのだ。いかにローマ側が勝っても、これでは「ピュロスの勝利」である。北上をつづけるにつれて、戦死者と負傷兵の数が増していき、それがまた兵士たちの間に、厭戦気分が広がる原因になった。

しかも、シャプールが放ってくる波状攻撃は、ローマ軍の北への撤退が進むにつれて、攻撃と攻撃の合い間がだんだんとせばまってくる。宿営地を設営中の兵士でも、敵襲撃の報にのこぎりを剣に持ちかえて闘わねばならなくなり、果ては、夜も安心して眠ることもできなくなった。

シャプール２世を描いた銀盤

しかし、ペルシア王のほうも、情報収集の重要性を知っていたことを除けば、さしたる才能の武将ではなかったように思う。これまでのように波状攻撃でローマ軍を苦しめながら、ティグリス渡河を阻止しユーフラテス渡河も阻止するだけで、貧血状態に陥りつつあったローマ軍は自滅していたにちがいないのである。シャプールは、ティグリスの左岸を北上するローマ軍の周辺の焦土化を命じていた。その一帯は耕作地帯なので、シャプールによる焦土作戦の目的は、もちろんのことローマ軍の食を断つことにある。しかも、季節は夏で場所は中東。ローマ軍の主力部隊には、北部ヨーロッパ出身の兵士が多かった。

だが、シャプールも、臣民たちの見守る前で敗北を喫したクテシフォン前の戦闘の、雪辱を果したかったようである。あのときの会戦同様に、王自ら臨戦し、王室の多くも参戦し、インドから連れてこさせた象軍まで参加させての、本格的な会戦で挑んできたのだった。

ユリアヌスは、もちろん受けて立つ。引こうにも引けなかったからだが、いずれ死ぬならばここで死ぬ、という想いでは、皇帝から一兵卒までが一致していたのである。

戦闘は六月の十六日に闘われたのだが、会戦方式の戦闘となると、ローマ軍はやはり強かった。激闘の連続だったが、結局はペルシア側が、おびただしい数の戦死者を戦場に置き去りにして終わったのである。戦場を埋めたペルシア軍の死者の中には、王に代わって陣頭指揮をとっていた司令官に、シャプールの数多い息子のうちの二人もいたという。戦場のあちこちで小山のように見えたのは、インド象の死体だった。

さすがにシャプールも二度の敗北は痛かったとみえ、それからはまた、波状攻撃によるゲリラ戦法にもどる。しかし、ローマの兵士たちにはそれが、無限につづく苦行にしか思えなかった。ユーフラテスを渡れば、ローマ領内にもどれる。それなのに、ユーフラテスどころか、ティグリスも渡ってはいないのだった。

兵士たちの皇帝を見る眼に、変化が見え始めていた。これはとくに、キリスト教徒の兵士たちにいちじるしかった。彼らの信ずる教えを思い起こせば、その心情も当然である。神が皇帝の権威と権力を与えたから彼は帝位に就いているのであって、その神が、船団炎上に敵前撤退に炎天下での敵の襲撃という、誰の眼にも明らかな形で皇帝に罰を与えたからには、臣下にはもはや皇帝に従う義務はない、というのがキリスト教の論理であるからだ。そして、兵士たちの内面におけるこの変化は、三万以上もの人間集団の撤退行という、進軍よりは段ちがいに困難なことを遂行中のユリアヌスにとっては、非常な危険を意味していたのだった。

若き死

紀元三六三年六月二十六日、その日も、ティグリスを西に見ながら北上をつづけるローマ軍の上には、情容赦もなく真夏の太陽が照りつけていた。そしてその日も、ペルシア軍は、もはや連日の行事になった、象群を先行させての襲撃を容赦しなかったのである。

まだ天幕の中にいたユリアヌスに届いた第一報は、突如として敵が後衛を襲撃してきた、という知らせだった。皇帝は、胸甲もつけず、騎兵用の丸型の盾と長剣をもっただけで馬にとび乗り、行軍の最後方に駆けつけたのである。その彼につづいたのは、常に皇帝のそば近くにいるのが任務の護衛隊だけであった。

とはいえ、一介の兵士ではない。最高司令官でもある皇帝だ。その皇帝が胸甲さえもつけずにとび出したとはアミアヌスの記述だが、いかに不意の敵襲とはいえ不可解である。小説家のゴア・ヴィダルは、キリスト教徒の召使が、わざと胸甲のとめ金を壊し、その修理もサボタージュしていたので、ユリアヌスはやむなく胸甲もつけずにとび出すしかなかったという話にしているが、このような仮説を立てたくなるくらいに、事故としても不可解でありすぎた。

皇帝でなくても大隊長（トリブーヌス）クラスの将官でも、常に身のまわりの世話をする従卒や奴隷の召使はおり、武装や武器の手入れや準備は、この人々にとっては絶対に怠ってはならない職務であった。それゆえに、すべては彼らにまかせてあり、主人は身体を差し出せば、それだけで自動的に胸甲や脚あてが着装されるようになっている。だから、胸甲もつけずにとび出すしかなかったとすれば、それには何か裏がある、と考えるほうが当然であったのだ。

また、ローマ軍の兵士の胸甲は、短衣（トウニカ）の上につける。ゆえに、胸甲をつけないで戦場に出るということは、シャツ姿で戦場に出るということになる。男たる者の、戦場に臨む身なりではなかった。それゆえ、もしもユリアヌスが短衣姿で馬にとび乗ったとすれば、それは、皇帝に仕えていた召使の全員が共謀した、サボタージュの可能性が高い。とはいえ真相は、当時も、そして現在も、謎のままでつづいている。

不意の敵襲で浮足立っていた後衛も、駆けつけたユリアヌスの叱咤激励で持ち直し、襲ってきた敵をはね返すのに成功しはじめていた。だがそこに、第二報が届いたのだ。今度は、前衛に敵が襲いかかっているという知らせだった。

ユリアヌスは、ただちに馬首をめぐらせ、護衛隊を従えただけで自軍の前衛に駆けつけた。ここでも、後衛同様の激闘がつづいた。だがそれも、ようやく先が見えてきたときだった。

どこからか飛んできた槍が、馬上のユリアヌスの腹部深く突き刺さったのである。ユリアヌスはそれを、右手で抜き取ろうとした。だがその折りにつかんだ槍の穂先で、手の平を深く傷つけてしまったのだ。切った箇所が悪かったのか、血がほとばしり出た。その傷と右腹部の傷の両方から噴き出す血で、ユリアヌスは気を失い、そのまま落馬した。白かった短衣（トウニカ）が、またたく間に赤く染まった。

血の海の中に横たわったままの皇帝を、護衛兵たちが天幕に運びこみ、行軍用の折りたたみの寝台に横たえた。そのユリアヌスを、急を知って駆けつけた侍医のオリバシウスが診察したが、このとき初めて、傷が内臓に達していることがわかったのである。医師のオリバシウスは、ユリアヌスが哲学の一学徒でしかなかった頃からの友人で、ガリアでの五年間も常にユリアヌスのそばにありつづけた親友でもある。この優秀なギリシア人の医師にも、もはや打つ手は何もなかった。応急の止血処置をした上を、包帯でおおうことしかできなかったのである。

外の騒音は、天幕の中に横たわるユリアヌスと、そのかたわらに立つ人々にも伝わってきた。汗まみれの伝令が入ってきて、戦況の好転を告げた。ペルシア側の被害は甚大で、司令官二人に五十人以上もの貴族が戦死したとも伝えた。それに力づけられたユリアヌスは起き上がろうとしたのだが、これでまたも傷口が開き、止まっていた血が再び流れ始めた。

ユリアヌスは、気を失いそうになるのと闘いながら、それでも、敵の撃退には成功したという、その日の戦闘の最終報告は聴いた。しかも、そのときになってようやく駆けつけて来ることのできた将軍たちの報告では、今日の撃退戦の戦果はこれまでのすべてを越えるほどであったという。流血と高熱の二つともに耐えているユリアヌスの頰が、それを聴きながら、微笑を浮べでもしたかのようにゆるんだ。だがそれも、長くはつづかなかった。寝台のかたわらに立つ高官や将軍の中に、見慣れた顔が見えないのに気づいたユリアヌスは、アナトリウスは、とたずねた。それにサルティウスが、戦死しました、と答えた。ユリアヌスの頰に、このとき初めて、一筋の涙が流れた。現代ならば官房長官という感じの地位にあったアナトリウスは、船団焼却を境に孤立することが多くなっていたユリアヌスにとって、以前と変わらない態度で接してくる数少ない高官の一人であったのだった。

夜の闇が、深くあたりをおおい始めていた。激闘の一日の後、全軍はこの地で夜を越すことになった。ユリアヌスは、今では高官のほとんどが取り囲む中で、寝台に横たわったままで話し始めた。

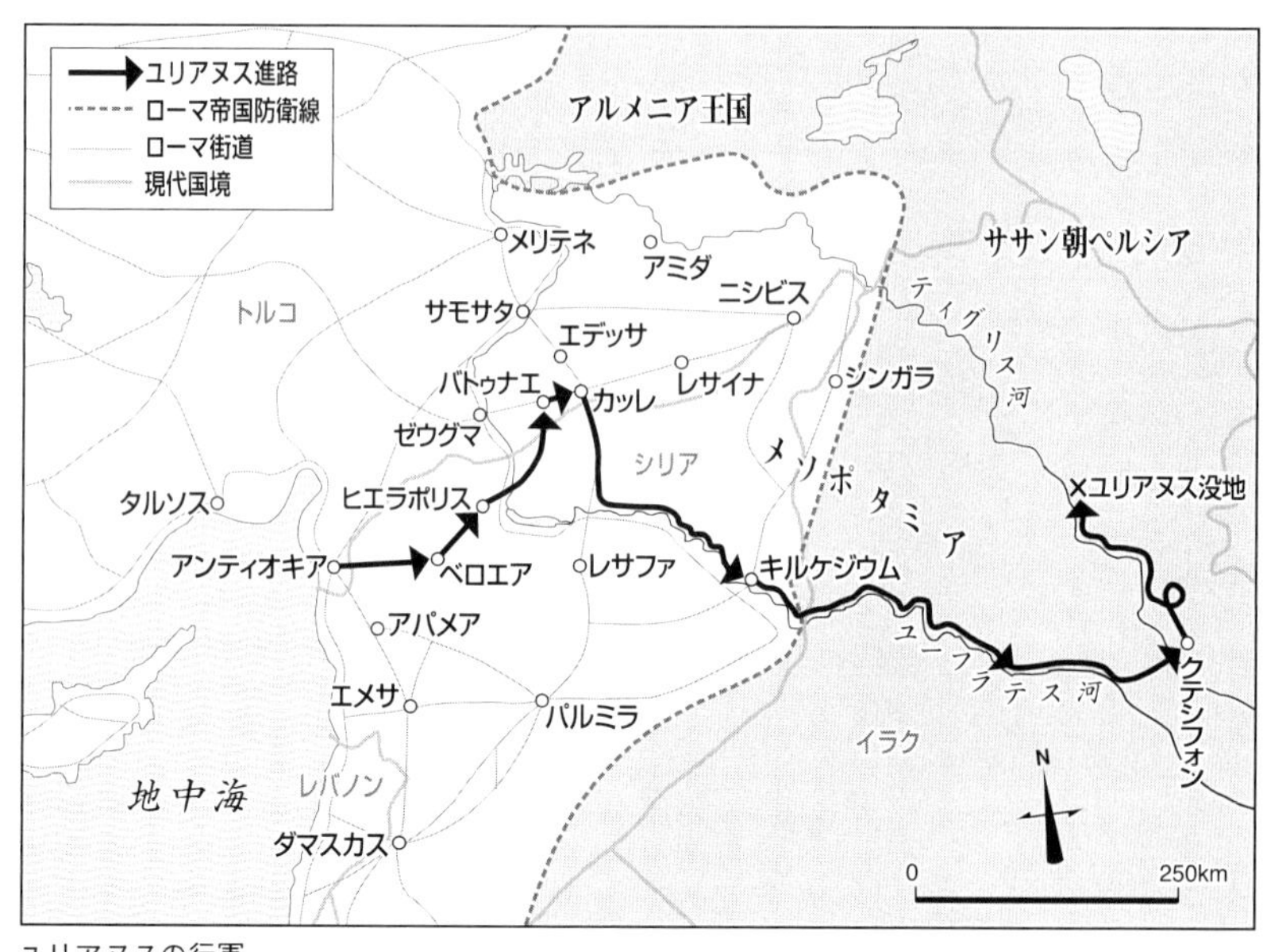

ユリアヌスの行軍

「どうやらわたしにも、人生に別れを告げるときが来たようだ。わたしは常に、わたしに生を恵んでくれた大いなる自然に相応のお返しをすることを願っていたので、今、それをできることを、喜びに思っている。哲学では、生は苦であり、死はそれからの解放ゆえに楽であると教える。また、哲学は死を、現世で業績をあげた人に神々が授ける、最後の褒賞であるとしている。

これまでに行ってきたことを、一つとしてわたしは後悔していない。殺害にも卑劣な行為にも手を染めないで済んだことを、喜びに感じている。世間から隔離されていた時期も、その後に権力を一身にした時期も、自らに忠実に、自分の考えを裏切らずに生きたことでは変わりはなかった。それはわたしが、神々が望むように生きようと努めてきたからだ。政治では善き統治を心がけ、戦争でも、熟慮の末に、他に方策もないがゆえに最後に残された手段と考えて決断してきた。とはいえ、その結果となると、常に良好ではなかったことは認めねばならないが、人間世界の事柄の多くは、結果が良ければそれは神々の援助のおかげであり、悪ければ、人間の誤りに帰されるのも常なのである。

　わたしはそれでも、帝国の存在意義とは、そこに住む人々の安全と繁栄を保証することに尽きるとの確信で行動してきた。権力を手中にして以後のわたしの政策も、すべてはこの目的を達成するために成されたことだけは、ためらうことなく断言できる」

　ここでユリアヌスは、長く細い息をした。そしてつづけた。

「もう、話しつづけることができない。力が失われていくのが、自分でもわかる。もはや死はすぐそこまで来ているのだが、やはりこれだけは言い遺しておかねばならないだろう。

　それは、次の皇帝についてだ。名を、わたしはあげない。なぜなら、わたしの人選が思慮分別を欠いたものになるかもしれないうえに、将兵たちに支持されない人物では、それこそ致命的な被害につながりかねないからである。だから、人選はきみたちにまかせる。わたしのできることは、ローマ帝国に住む人々が、わたしの後を託された人の統治の下（もと）で、安全に幸せに暮らせるよう願うことだけである」

　皇帝として言い遺さねばならないことはすべて言い終えたユリアヌスは、このときになってはじめて哲学者のリバニウスとプリスクスを、寝台の近くに呼び寄せた。そして、しばらくの間はこの二人の友人の話す生と死に関しての論議に耳を傾けていたが、夜半も近づいた頃、冷たい水を所望した。召使が持ってきた、薄い紫色のガラスの器に入った水を一口飲んだ後、静かに息が止まった。

　三十一歳と七ヵ月の人生、

　皇帝になってから、一年と九ヵ月、

　ペルシア戦役を始めてからは、三ヵ月と二十日、

　船団焼却を境にしての撤退行に入ってからならば、二十五日、

　の後の死であった。

ユリアヌスの後

次の皇帝を決める会議は、ユリアヌスが息を引き取った直後からはじまった。それに列席した将軍や高官たちの意見は、二派に分れた。先帝コンスタンティウスの時代に昇進を果した人々と、ユリアヌスの時代になって抜擢された人々の二派である。前者の大半はキリスト教徒で、後者には異教徒が多かった。

両勢力は拮抗していたらしく、なかなか一人に票が集まらない。それで、両派とも飲める人ということで、異教徒だがキリスト教徒にも受けの良いサルティウスに的がしぼられた。死んだユリアヌスとともにこの年担当の執政官でもあったから、執政官ユリアヌスの欠けた後をもう一人の執政官が埋めるのは、順序としても妥当な人選であったのだ。だが、この穏健で良識豊かな高級官僚は、老齢を理由に辞退したのである。

このような状態に陥ると、誰よりも能力は劣るが、害をもたらす怖れは誰よりも少ない人物が、浮上してくる場合が多い。体格は良かったが、兵士たちの噂にさえものぼったことのなかったヨヴィアヌスが、ユリアヌスの後の皇帝に選出されたのである。翌・二十七日、ヨヴィアヌスは、兵士たちに紹介され、将軍たちの指令が浸透していたのか、兵士たちは盾を剣でたたいて、新皇帝への忠誠を示した。ヨヴィアヌスは、キリスト教徒だった。

これで、前夜から兵士たちの間に燃え広がりつつあった一つの噂が、まるで消火水をかけられでもしたかのように消えたのである。それは、胸甲で守られていなかったユリアヌスの腹部深く突き刺さった槍は、ペルシア兵の放ったものではなく、皇帝に従っていた護衛兵の一人が、近くから放ったものであるという噂だった。この噂の出所であったらしい兵士は、捨てられた槍を見たが、それはペルシア兵の使う槍ではなく、ローマ軍の騎兵用の槍を示す刻印があった、と言った。だがこの噂も、新皇帝就任とともに消えた。新たに皇帝になったヨヴィアヌスの前職は、皇帝の護衛隊長だったのである。

そして、なぜかこの時期になって、第二軍の三万が南下してきたのだった。ユリアヌスからこの第二軍を託されたプロコピウスとセバスティアヌス二人の述べる遅延の理由は、アルメニア王の説得に手間取ったということだったが、その間の三ヵ月もの間音信不通でいたのは、万死に値する失策である。また、アルメニア王は結局は参戦せずに中立を選んだのだから、三ヵ月は空費以外の何ものでもなかった。しかし、もはや誰も、この二人を非難する者はいなかった。無能なプロコピウスには、ユリアヌスの遺体を護衛してローマ領内にもどる仕事が与えられ、キリスト教徒であったといわれるセバスティアヌスは、軍団でキャリアを積んできた人でもあったので、そのままつづけて軍団内に残された。

ユリアヌスは、キリスト教徒ではない。ゆえに、遺体のままで埋葬する必要はなく、それまでの遺体の保全のための手段を講ずる必要もなかった。おそらく、ローマ式の火葬に付されたのだろう。だから、プロコピウスに託されたのは、遺灰の護衛なのである。また、ユリアヌスの埋葬の地だが、キリスト教の首都として建設されたコンスタンティノープルには、彼のための場所はなかった。と言って、いまだ異教色が強かったローマは遠すぎる。また、二度と足を踏み入れないと宣言して出て来たアンティオキアも、ユリアヌスの永眠の地にはなりえなかった。それで、街全体がユリアヌスに好意的であったという理由で、小アジアの南東にあるタルソスに葬ると決まったのである。だが、ペルシア軍の襲撃に連日さらされている状況では、護衛隊をつけたにせよ先帝の遺灰を先行させるわけにはいかない。それで結局、灰になってもユリアヌスは、ローマ領内にもどるまで、ローマ軍と行動をともにしたのである。また、タルソスに埋葬されて後も、しばらくしてからは墓所の存在すらも不明になった。タルソスは、キリスト教会では聖ペテロと並ぶ地位にある、聖パウロの生地でもある。キリスト教国化が進む一方のローマ世界では、「背教者」ユリアヌスの永眠の地にはなりえなかったのであった。

ユリアヌスがあれほども愛していたアテネに葬ることを、誰も考えなかったのかと思うが、哲学の一学徒、とはユリアヌスの言ったことで、それを聴いていた高位高官たちは、聴き流していただけなのだろう。上昇一方の宗教に対し、哲学は下降一方であったのが、四世紀でもあったのだった。

講和締結

それにしても、第二軍と合流して、いかに現実的に見つもっても六万にはなっていたローマ軍が、新帝ヨヴィアヌスを最高司令官にして以後も、打つ手もなくティグリスの東岸に釘づけにされていたのは不可解である。

六万まとめての撤退行では、諸々の不利が生じたかもしれない。第一軍の三万五千だけでも、兵糧不足に悩まされていたのだから。しかし、六万もいれば、軍をいくつかに分け、陽動作戦を駆使しながらペルシア軍を細分化し、細分化したところでそれを撃破するやり方もあったのである。ペルシア側は執拗に襲撃をかけてきても、そのたびに撃退されていたのだ。戦闘力ならばローマ軍のほうが優位にあったことは、これまでの襲撃からも明らかだった。要は、それでも生ずる犠牲者を、耐えるか否かなのである。そして、耐える、と決まればその後は、持てる兵力の活用と、その活用を、敵が思いもよらない手段で実行に移すに必要な、意気と柔軟な発想と決断力が決める。これが、ユリアヌス死後のローマ軍にはなかったのだった。もしかしたら、祖国にもどることで頭がいっぱいで、それ以外は何ひとつ、考える余裕がなくなってしまっていたのかもしれない。

どうやら真相は、後者であったようである。ユリアヌスが死んだ日から五日後、ヨヴィアヌスが皇帝になってからならば四日後、新皇帝と将軍と高官の全員が集まった作戦会議は、ペルシア王シャプールに講和の交渉役を派遣することで一致したのだった。皇帝特使には、サルティウスが任命された。帝位は辞退した彼も、これは受けたのである。そして、早くも翌・七月一日、シャプールが送ってきたペルシア側の特使との間で交渉が始まった。

だが、その実態は、交渉などと呼べるものではなかった。ローマ側が、ペルシア王の出してきた条件を、ことごとく受け容れたからである。

しかも、どうやらシャプールは、なかなかのフェアプレイの愛好者であったのではないかと想像する。なぜなら、私の考えでは、ペルシアの統治者ならば奪回に努めるのは当然と思う、北部メソポタミアとティグリス東岸部の五つの州の返還しか、条件にしなかったからである。この地方は、六十六年前の紀元二九七年に、副帝ガレリウスが勝利して以後ローマ領になっていた地域である。ローマ側にとっても防衛上重要な地域だったが、ペルシア側にとっても同様で、しかももともとは彼らの領土であった地方だった。シャプール二世は、これ以外には条件をつけていない。戦闘はすべてペルシア領内で行われたにかかわらず、戦役による被害の賠償金も要求していない。ローマ兵の捕虜は、これまでにもペルシア国内のインフラ工事には実に有効であったから、その使役要員として要求する手もあったと思うが、それも求めていない。ローマ軍を無事に、しかも無傷で祖国に帰す条件は、あくまでも、六十六年前の敗戦で失った地域の返還だけであったのだ。ペルシア側はこの講和を、「シャプールの寛容」と言って宣伝した。昔は、「寛容(クレメンティア)」と言えば「カエサルの寛容」のことで、ローマ人の専売特許の観がしたものである。それが今では、ペルシア人に言われるようになってしまったのだった。

それでもローマ軍内には、これを屈辱的講和と主張した人は少なくなかったのである。この件を書き遺したアミアヌスも、その一人だった。しかし、皇帝ヨヴィアヌスを始めとするローマ側の首脳は、この条件でも講和を結ぶことで一致していた。講和は、ペルシア王の特使がローマ陣営を訪れ、そこで簡単に調印が終了した。同時に、新皇帝からの急使が、明日からはペルシア領になる北部メソポタミアの諸都市とティグリス以東の五州に向って発った。もちろん、ローマ軍関係者への撤退を命ずる使いである。一方、住民には、ローマ領内への移住か、それともペルシア下での残留かの、自由選択権が与えられた。ペルシア軍の猛攻にも耐え抜いた経験をもつニシビスの住民は徹底抗戦を主張したが、それは聴き容れられなかった。

講和が締結したためにようやくティグリスを渡ることができ、西を目指してのメソポタミア横断も終えたローマ軍の六万が、いつユーフラテスを渡ってローマ領内にもどれたかの詳細はわかっていない。ペルシア軍の襲撃の危険はなくなったが、ローマ側でもなく、かと言ってペルシア王の部下でもなく、その隙間で盗賊行為をもっぱらとしていたアラブの盗賊団の出没には悩まされていたのだから、撤退行とて簡単ではなかったはずである。だが、皇帝ヨヴィアヌスは、秋の初めにはすでにアンティオキア入りを果していたらしい。アンティオキアの住民はユリアヌスを嫌っていたので、キリスト教徒ではなかった住民でもその死は吉報として受けとられ、新皇帝は、全市をあげての歓迎で迎えられた。

居心地が良かったのかヨヴィアヌスは、このアンティオキアに、この年の末近くまで居つづけたようである。皇帝のいるアンティオキアはその間、陳情に訪れる要人たちであふれかえったが、その中でも数の多さで目立ったのは、キリスト教会の聖職者たちであった。ユリアヌスの登位で自主的に僧院生活にもどっていたアタナシウスも、わざわざエジプトの砂漠からシリアのアンティオキアを訪れ、新皇帝と会った席ではこう予言したという。

「正統な宗教へのあなたの厚い信仰が、長く平和な帝位をあなたに保証するでしょう」

ユリアヌスの前任者のコンスタンティウス帝がアリウス派のキリスト教に傾いていたのに反して、ユリアヌスの後を継いだこのヨヴィアヌスは、アタナシウス派の、つまりは三位一体説をとるカトリック派の、キリスト教徒であった。ゆえに、「正統な宗教」とは、三位一体派のキリスト教のことである。しかし、「正統な宗教」の代表者のこの予言は、その後見事にはずれることになる。

アンティオキア滞在中に、皇帝ヨヴィアヌスは、実に精力的に次々と法令を公布した。それらはすべて、ユリアヌスが定め実施した政策を無効とする法律ばかりだった。ユリアヌスが発布しすでに実施に移されていた法律のうちでも、「テオドシウス法典」に残るくらいだから、キリスト教国化しつつあったローマ帝国にとっても不都合ではないとされた法は残されたのである。だが、それらは行政法であって、キリスト教勢力の増強にブレーキをかける目的で成された法の数々は、ことごとく廃棄されたのであった。

無効とされた法律の中には、なぜか減税法もふくまれている。大幅な減税を断行することで経済の活性化を実現しようとしたユリアヌスの考えは、ガリアでの成功は明らかであったにかかわらず、キリスト教国化しつつあるローマ帝国には、不都合と判断されたのだろう。

こうして、すべては、ユリアヌスが皇帝になる以前の状態にもどされたのである。若き皇帝の努力は、無に帰したのであった。

これらをすべて終えたヨヴィアヌスが、アンティオキアを後にコンスタンティノープルに向ったのは、紀元三六三年の末であったようである。道中にあたる小アジアの南岸で、紀元三六四年の一月一日を迎えている。その後も、これまたユリアヌス以前にもどった豪勢な行列を従えてのゆっくりした旅をつづけたのだが、二月十七日の朝、宿舎にしていたその地方の有力者の館の一室で、死体で発見された。死因は、前夜の暴飲暴食による、とだけ発表された。

七ヵ月という短期の政権だったが、ヨヴィアヌスは、彼に課されていた仕事はすべてやり終えていたのである。

帝国東方の安全保障には重大な影響をもたらすことから、ローマ史に遺ること必定の、ペルシア王シャプールとの講和。

ユリアヌスの政策を、すべて廃棄処分にしたこと。

言ってみれば、この元護衛隊長は、彼に課された仕事はすべてやり終えたことで用済みの存在になり、ために皇帝として首都入りすることも許されなかった、と見ることもできる。

この彼の後を継ぐ皇帝を決める会議には、ヨヴィアヌスに随行してコンスタンティノープルに向っていた高官の全員が集まった。今度は、新皇帝が決まるのは早かった。前回のときのような異教徒派の勢力は、ヨヴィアヌスの親キリスト教政策で、地に堕ちていたからである。

選ばれたのは、ヴァレンティニアヌス。ドナウ河防衛軍でキャリアを積んだ生粋の武人だが、これまた生粋の北方蛮族出身者である。ゲルマン人のローマ帝国皇帝、としてもよいくらいで、当時の記録にも、蛮族の血を引く皇帝はこれまでにもいたが、ヴァレンティニアヌスほどその血が濃い人がローマ皇帝になった例はない、と書かれたほどであった。マグネンティウスが帝位に野心をいだいたときは、蛮族出身であることがデメリットになったが、あれからはまだ、十四年しか過ぎていないのである。ゲルマン民族出身であることならばマグネンティウスと同じのヴァレンティニアヌスの登位が問題にされなかったのは、蛮族出身者であろうとキリスト教徒であればよい、とする考えで、高官たちが一致していたからだった。

新しく帝位に就いたこのゲルマン民族出身のローマ皇帝は、ユリアヌス時代に冷遇されていたわけではなかったが、とくに眼をかけられていたわけでもなかった。それが彼を、反ユリアヌス派から、自派の一人と目された点であった。

こうして、当時の記録では、「かぎりなく北方蛮族に近い」とされたローマ皇帝の、十一年におよぶ治世が始まることになる。それはあたかも、ユリアヌスの十九ヵ月間の治世は、幻(まぼろし)であったと、誰もが思いたがっているかのような、雰囲気の中で始まったのであった。

皇帝ユリアヌスの生と死

ユリアヌスについて深くも考えていなかった頃の私は、この若き皇帝を、アナクロニズムの代表のように見ていたのである。彼が行い、行おうとしていたことは時代錯誤であり、時代の流れに逆らうことしか考えなかった、思慮の浅い人物だろうと思いこんでいたのだった。

しかし、今はそのようには見ていない。それどころか、もしも彼の治世が、十九ヵ月ではなくて十九年であったとしたら、その後のローマ帝国はどうなっていただろう、と考えてしまうのである。

後世が信じこんでいるようには、四世紀のローマ帝国はキリスト教一色ではなかった。いまだ異教勢力は、キリスト教勢力が強かった帝国の東方でさえも無視できない力をもっていた。ユリアヌスの登位を機に各地で頻発した異教徒たちのキリスト教コミュニティへの反撃が、それを実証している。また、キリスト教会自身も内部抗争が激しく、近親憎悪ではないかと思うほどに、アリウス派とアタナシウス派は憎み合っていたし、さらにこの両派の内部でも、教理の解釈の微細なちがいをかかげての抗争は激増していたのである。この種の現象がとくに、大帝コンスタンティヌスによるキリスト教公認からかえって激化したのは興味深いが、四世紀の帝国の宗教事情は、このように、キリスト教と異教のどちらに転んでもよいような状態にあったのだ。それは、この時代に書かれたキリスト教側の著作にも、実によく現われている。これらの著作に一貫して流れているのは、強烈な危機意識だ。その危機意識は、「異教」に対してであり、同時に、同じキリスト教内部の「異端」に対してであった。

ユリアヌスは、このような時代に、一石を投じたのである。もしも彼の治世が十九ヵ月ではなくて十九年であったとしたら、なおも十九年生きたとしても五十歳で死ぬことになるので充分に可能性はあったのだが、もしもそうであったとすれば彼が投じつつあった石も数を増していたであろうし、十九年の間にそれは、流れを変えるまでになっていたかもしれないのである。もしもそうであったとすれば、キリスト教徒であることが現世でも利益になるとは、ローマ人も考えなくなったかもしれない。そして宗教は、現世の利益とは無関係の、個々人の魂を救済するためにのみ存在するもの、にもどっていたのではないだろうか。

宗教が現世をも支配することに反対の声をあげたユリアヌスは、古代ではおそらく唯一人、一神教のもたらす弊害に気づいた人ではなかったか、と思う。

古代の有識者たちがそれに気づかなかったのは、古代は多神教の世界であって、自分の信ずる神とはちがっても、他者の信ずる神の存在を許容するこの世界では、それを許容しない世界を経験していないために、考えが至らなかったにすぎない。多神教の世界であった古代で唯一の一神教はユダヤ教だが、選民思想をもつユダヤ教徒は、自分たちの信仰に他者を引きずりこむ考えからして持っていなかった。この古代にあってキリスト教だけが、異なる考えを持つ人々への布教を重要視してきた宗教なのである。

しかし、元首政時代のローマの有識者でも気づかなかった一神教の弊害にユリアヌスが気づいたのは、それは彼が、キリスト教の振興に誰よりも力をつくしたコンスタンティヌス大帝の親族であり、長年にわたってその息子コンスタンティウスの政治を身近で見、感ずることのできる環境で育ったからだと思う。近親者であったからこそ、他の人には見えないことも見えたのだ。この意味では、ユリアヌスに投げつけられ、今日でもこの通称でつづいている「背教者(アポスタタ)」という蔑称は、実に深い意味のこもった通称とさえ思えてくる。もしかしたら、三十一歳で死んだこの反逆者に与えられた、最も輝かしい贈り名であるのかもしれない。

第三部　司教アンブロシウス

（在位、紀元374年—397年）

十年が過ぎた。

紀元三六四年から三七四年までの、十年間である。

ユリアヌスが死に、その後を継いだヨヴィアヌスが七ヵ月後に死体で発見された後に皇帝になったのがヴァレンティニアヌスだが、その彼の治世も、紀元三七四年を迎えて、十年目に入っていたのである。

この十年が、ローマ帝国にとって、平穏に過ぎたのではまったくなかった。元首政時代ならば非常事態であったのが常態になって久しいが、それもそのままで恒常化した十年であったのだ。言い換えれば、堤防が決壊するたびにその箇所に駆けつけ、応急修理をほどこしてひとまずは洪水の阻止には成功するが、休む間もなく別の箇所が決壊し、そこにも駆けつけて応急処置をほどこす、という状態の恒常化であったのだ。それでもこの状態で十年を過ごせたのは、ペルシア王シャプールの老齢化と、四十三歳で帝位に就いたヴァレンティニアヌスが、武将としてはなかなかの才能の持主であったことによる。

蛮族出身の皇帝

ヴァレンティニアヌスは、血はゲルマンだが生れ育ったのはローマ領パンノニアで、紀元三二一年前後に、現代ならばハンガリーかセルビア・モンテネグロになる、大河ドナウが岸を洗うこの一帯に生れた。父親が

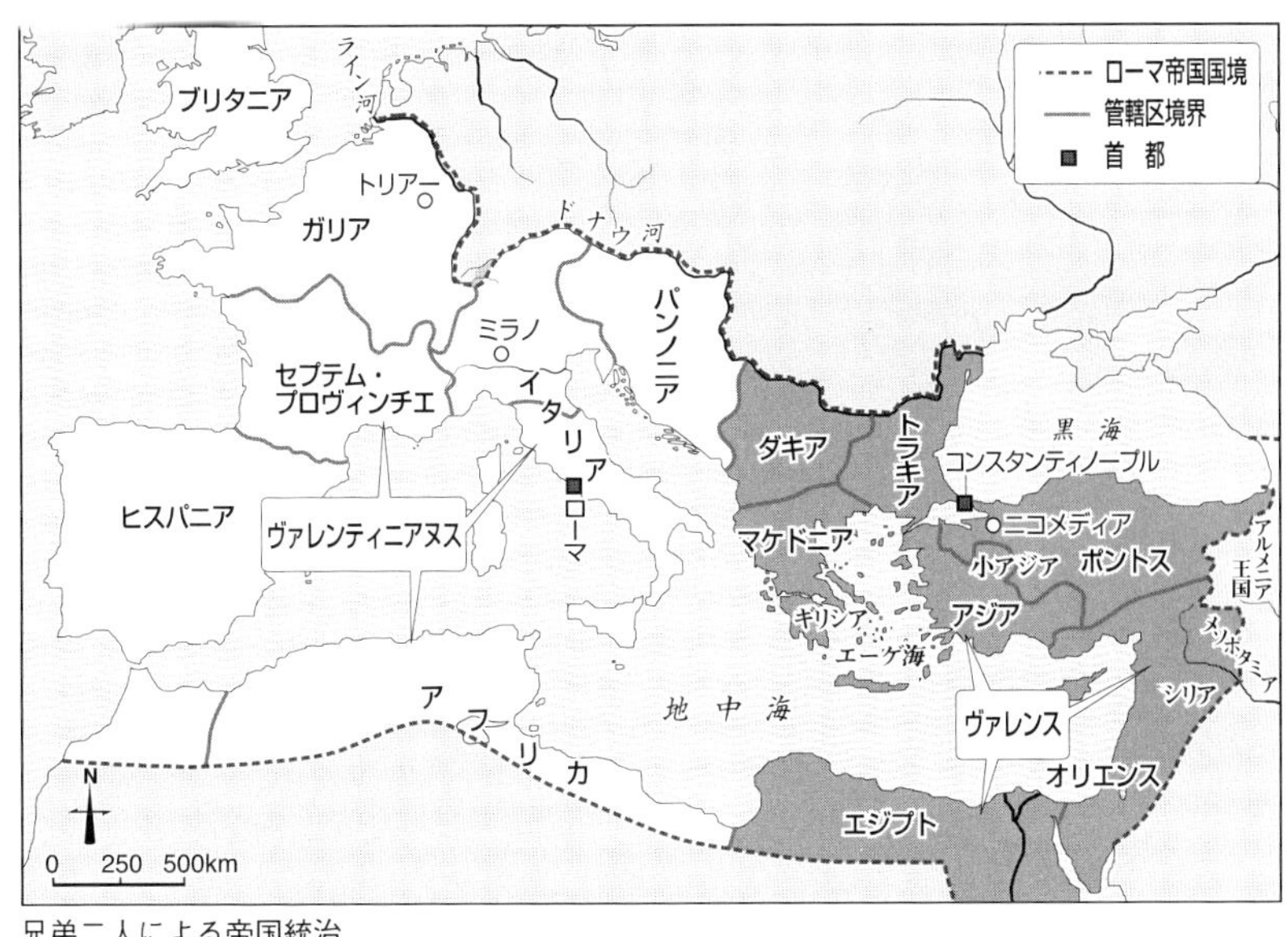

兄弟二人による帝国統治

ドナウ防衛のローマ軍の兵士であったからで、長男の彼は当然という感じで、ローマ軍の兵士になる。それで、同世代でもあった皇帝コンスタンティウスの二十四年の治世が、そのまま彼の軍歴と重なったのである。ユリアヌス帝に従って、当時は四十二歳だった彼もペルシア遠征に参戦し、あの遠征の栄光と屈辱のすべてを体験している。当時の武将の中では、前線経験が最も豊富な一人であったろう。それだけに、帝国を一人で背負うことの無理がわかっていたのにちがいない。皇帝になった一ヵ月後に早くも、実弟のヴァレンスを、副帝ではなく対等の格をもつ共同皇帝に任命した。

七歳下のヴァレンスが、共同皇帝になった三十六歳までの人生を何をして過ごしてきたのかはわかっていない。兵士であったとしても、北アフリカやブリタニア担当の司令官まで務めた兄とは比べようもなかったが、ヴァレンティニアヌスにとって、弟が自分に忠実でいてくれれば充分であったのだった。

兄弟は、上の図に見られるように帝国を二分した。兄は西方、弟は東方である。兄が西方をとったのは、この時期、問題は帝国の西方に集中していたからにすぎない。そして、ローマ皇帝にとっての「問題」とは、まず何よりも、外敵からの防衛を意味していた。

人柄は良いが才能となると、という感じであったヴァレンス帝でも、帝国東方の防衛責任を大過なく果すことができたのは、一にも二にも、ペルシア王シャプールの戦闘性が低下していたからである。

当り前だ。王位に就いて以来いだきつづけてきた悲願を、ついに達成したのだから。七十年もの長きにわたってローマの支配下に入っていた北部メソポタミアは、再びペルシア王国のものになった。これまた、長きにわたってローマとの係争の的であったアルメニア王国も、ユリアヌス死後のヨヴィアヌス政権がキリスト教復権に関心を集中しているすきに乗じて攻撃し、王を殺して事実上の属国にしてしまった。かつてはローマ皇帝コンスタンティウスの許嫁であり、首都コンスタンティノープルの有力者の娘であった王妃は、奴隷の身に落とされて将軍の一人に下げ渡されたという。皇帝ユリアヌスの説得にも耳を貸さずにペルシア戦役では中立を貫いたアルメニア王だったが、それも役には立たなかったのであった。

ローマにとっては忘れることのできないこのペルシア王シャプール二世が生れたのは何年であったのかは不明だが、紀元三〇九年に即位したときはまだ少年であったという言い伝えが正しければ、引きつけるだけ引きつけることでユリアヌスを手玉にとった時期は、六十代の後半であったはずだ。そして、生涯の悲願を達成し終えたのが、七十歳前後。それ以後の十年間、ローマ帝国に対する戦闘性が低下したとしても当然だった。

ヴァレンティニアヌス

しかし、ローマ帝国の東方は、これで救われたのである。北部メソポタミアとアルメニア王国が敵側にまわったことで、ローマ帝国の東方の防衛体制はズタズタになってしまってはいたが、ペルシア側も攻めてはこなかったからである。ペルシア王シャプールは紀元三七九年に死ぬが、それはもはや、空洞化した大樹が静かに倒れるのに似ていた。そして、七十年もつづいた優れた君主の治世の後を継承するのは、誰にとってもどの民族にとってもむずかしい。シャプール二世死後のペルシア王国では王位が安定せず、それがまた、東方の防衛体制が崩壊していたローマ帝国に幸いしたのである。

この東方とは反対に、問題の絶えない十年を送ったのが帝国の西方であった。それは、皇帝ヴァレンティニアヌスの能力には関係なく、「敵」の質のちがいにあったのだ。

東方の敵であるペルシアとはちがって、西方の敵である北方蛮族は、いくら撃破しても、反対にいくら味方に組み入れても、その数は減るどころか増える一方であった。食べていけない人々が食べていけると思う土地に向うのは、自然の勢いである。気候が厳しく土地の活用も知らないことから生産性も低い北東部から、気候も温暖で土地は活用され、それゆえに豊かな南西部に向けて移動するのは、歴史の必然でもあった。つまり、人間は移動する。しかも、しばしば暴力的に。四世紀ではその人々の眼は、東ではペルシア王国に、西ではローマ帝国に向けられていたのである。

そしてこの移動現象は、ドミノ式に成されるのも常だった。背後からの新たな移動に押されて、すでにローマとの境界近くに定着しつつあった蛮族が、ローマ領内に押し出されてくるというわけだ。国境近くの蛮族とは良好な関係を維持するのには成功していたローマ帝国だったが、北方蛮族の問題がいっこうに解決できなかったのも、このドミノ式現象が、四世紀に入ってますます激化していたからである。

ヴァレンティニアヌス帝がこの十年の間に闘った蛮族は、地域別に見れば次のようになる。

ライン河を越えてガリアに侵入——フランク族、ブルグンド族、ヴァンダル族、アレマンノ族。

北海からブリタニアに侵入——ピクト族、スコット族、アングロ族、サクソン族。

ドナウ河を越えて侵入——ゴート族は総称で、オストロゴート、ヴィジゴートと、多くの部族に分れて個別に侵入するときも、また、部族が連合して侵入する場合もあった。そして、この戦線に新たに加わったのが、遠くアジアからの民というフン族である。

北アフリカを侵略——砂漠の民。ときに彼らは勢いに乗じて狭いジブラルタル海峡を渡ってイベリア半島

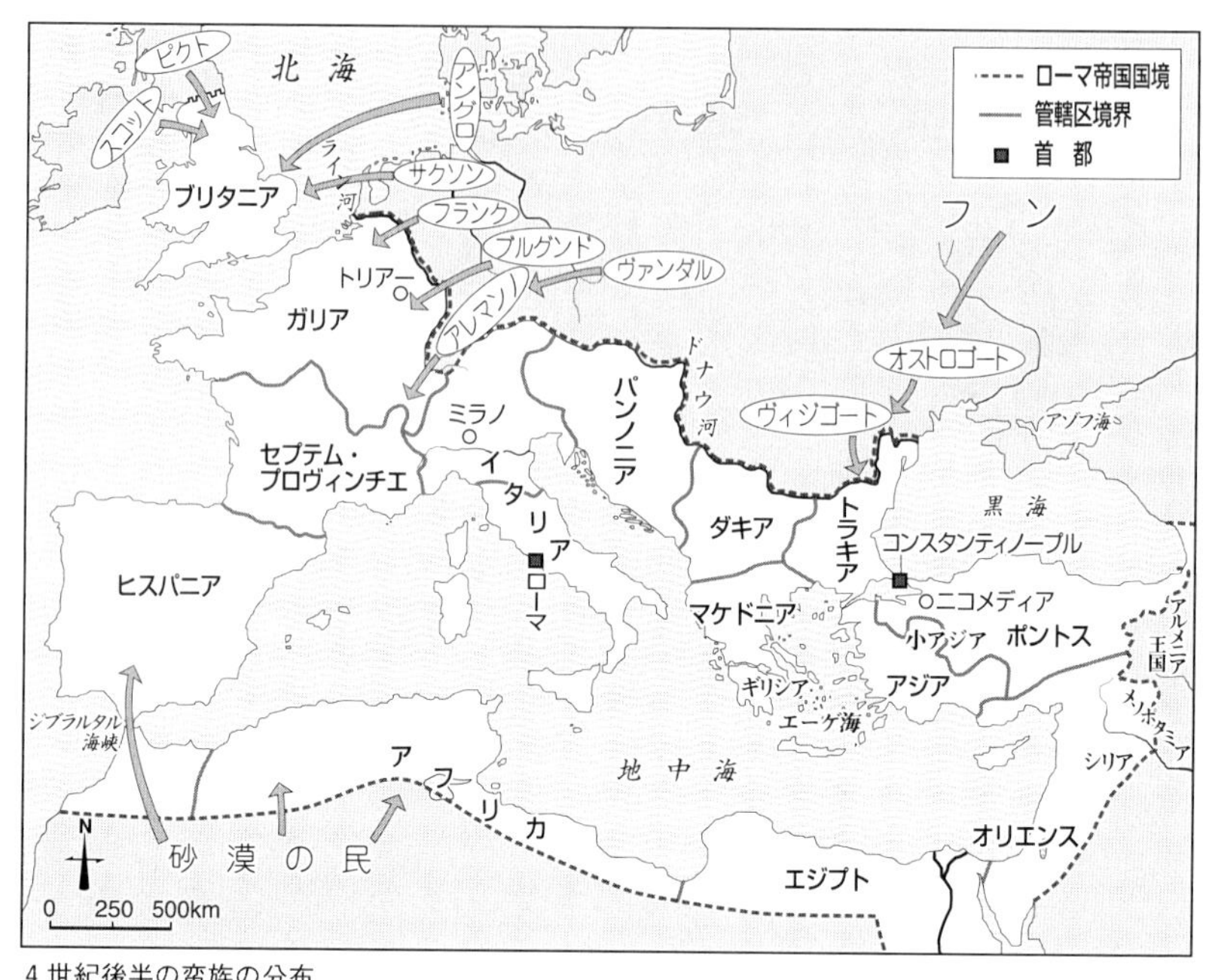

4世紀後半の蛮族の分布

まで侵略するので、一時期に限った襲撃と軽く見ることはできなかった。

百年後に訪れる蛮族の大挙侵入の登場人物たちが出そろった感じだが、四世紀と五世紀のちがいは、ただ一つに集約できる。四世紀の蛮族は、言ってみれば盗賊集団であり、襲って来て殺し奪い焼き払って立ち去るタイプに留まっており、百年後のように、襲って来て殺し奪い、しかしその地に居つくタイプではまだなかったのである。

このように帝国西方の全域にわたった蛮族の侵入を、ヴァレンティニアヌスはそれでも、撃破し阻止するのには成功した。彼自身も、席の暖まる暇もないほどに各前線を駆けまわっては、陣頭指揮をとりつづけた。また、有能と見れば出身民族など問題にせずに抜擢し、一人では消化しきれない地方の戦闘をまかせている。彼自身が北方蛮族の出身でもあったから、この十年間のローマ軍の将たちのうちの、蛮族出身者の割合は増える一方になっていた。ただし、特筆に値するのは、これら蛮族出身の将も兵士も、血ならば同じの蛮族を敵にまわしていながら、ローマ帝国のために実に忠実に闘っていたことである。裏切りの例も、ほんの二、三例にすぎない。

元首政時代のローマ帝国は、支配下においていた属州の出身者たちに見られたローマ化の熱意で知られていたが、後期になってもローマ帝国は、蛮族出身者たちのローマ人化の熱意は享受していたのである。この種の魅力が何に由来していたのかは、一考に値すると私には思われる。ヴァレンティニアヌスも、その一人なのであった。

戦場を走りまわっていたためか、ヴァレンティニアヌスの政治に関しては記すことはさしてない。すべては、ユリアヌス帝の改革を反古(ほご)にしたヨヴィアヌス帝の、というよりもユリアヌスの前のコンスタンティウス帝の時代にもどっただけである。ただし、ヴァレンティニアヌスには皇宮内で陰謀をめぐらす時間的余裕もなかったので、皇帝とその周辺は、この意味ではクリーンであり落ちついていた。宦官高官のはびこる余地もなく、オリエント風の豪奢に浴す時間的余裕もなかったのである。ヴァレンティニアヌスはキリスト教徒だったが、どうやら彼の改宗も、カエサリアの司教エウセビウスが嘆いたように、キリスト教徒になるほうがトクだから改宗した、のたぐいであったらしい。それだけに、キリスト教会とも適切な間隔を保てたのだろう。アリウス派とアタナシウス派の教理論争にかかわることを嫌い、司教たちが一堂に集まる公会議も、司教たちの召集してくれという懇願にもかかわらず、お前たちで自由にやってくれと言って関与しなかった。おかげで異教徒側は、すべての宗教と宗派の信仰の自由は認めるとした「ミラノ勅令」を再公布したこの蛮族出身の皇帝の許で、神殿は破壊されず、祭儀も禁止されない時期を送ることができたのである。

ただし、ヴァレンティニアヌスは、教育をまったく受けていなかったために、教育を、しかも高等教育を受けた人を嫌った。この時代、高等教育を受けている人の多くはキリスト教徒ではなく、キリスト教側の言う「異教徒(パガヌス)」である。そして、この人々のメッカが、ローマの元老院だった。ヴァレンティニアヌス帝は、これらローマの旧家出身の元老院議員たちを、皇帝に対する反逆という罪名をかぶせることで、物理的に抹殺したのである。ローマの元老院議員の数が、三分の二に減ったと言われるほどであった。三分の一にあたる議員のすべてが、処刑されたのではない。その多くはこの事態を前にして、親代々の議席も返上し、一私人にもどった人々である。しかしこれによって、ヴァレンティニアヌスは、結果としてならば、異教勢力のいっそうの衰微に、彼もまた力を貸したことになった。

出身は蛮族でも、いったん皇帝になるや、その後も自分と同じ血で継がせたいと考えるものらしい。ヴァレンティニアヌスには、亡くなった妻との間にグラティアヌスという名の男子がおり、父の治世十年目の年には、十五歳になっていた。この長男には早くも、「皇帝（アウグストウス）」の称号を与えている。また、彼自身にはつきまとった蛮族出身のローマ皇帝という印象を薄くするためと、正統の皇帝である印象を強めるために、コンスタンティウス帝の忘れ形見と結婚させていた。コンスタンティウス帝の死後に生れたこの王女はまだ十二歳だったが、大帝コンスタンティヌスの孫娘にあたり、大帝の血を引く唯一の人であったからである。

無教養のヴァレンティニアヌス自身は、教養の高い人々を嫌って側近にもしなかった。だが、後を継がせる息子グラティアヌスには、ローマ人の考える教養を、西方随一と評判の学者を個人教師に招いて学ばせた。

しかし、教育の成果は、教える側よりも学ぶ側に左右される。グラティアヌスにはローマ化の熱意はあったが、それは、キリスト教への傾倒になったのである。無理もない。共和政や元首政時代のローマを知らない蛮族出身者にとってのローマは、帝国も後期の、大帝コンスタンティヌスから始まったキリスト教国化する一方のローマであり、そのローマ帝国にあってのローマ化とは、キリスト教徒になることであったのだ。これが、ラテン語しか話せなかった父とはちがって、ギリシア語も習得したグラティアヌスの得た〝プラス面〟であった。弟と帝国を二分したときに、豊かな東方は弟ヴァレンスにゆずり自分は西方をとったヴァレンティニアヌス帝の深意は、東方の共通語であるギリシア語が不得手であったからだとする説もあるくらいなのである。

ヴァレンティニアヌスには、後妻との間に生れたもう一人の息子がいた。皇帝になって以後に生れた息子

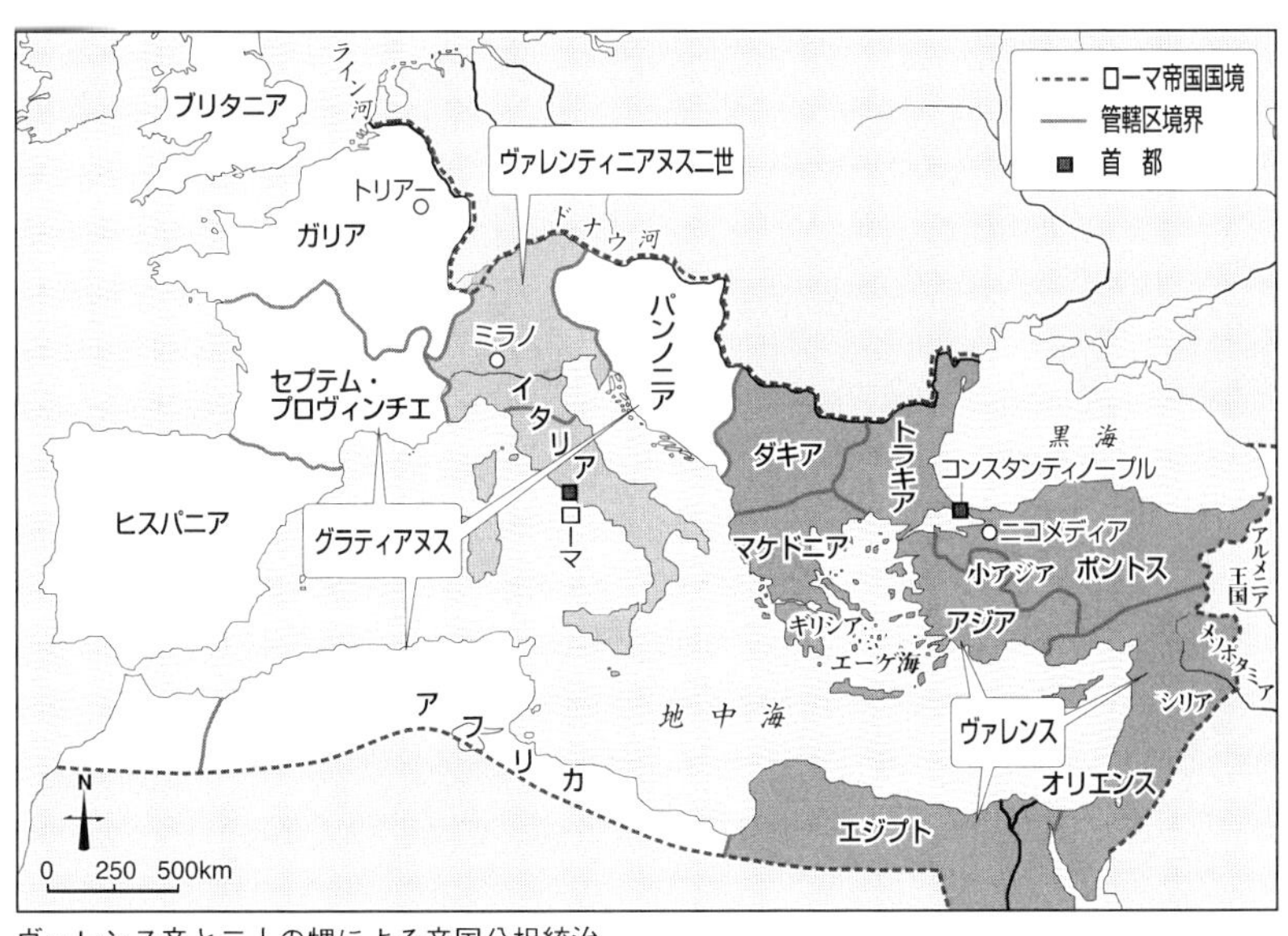

ヴァレンス帝と二人の甥による帝国分担統治

なので、父と同じ名を与えられ、ヴァレンティニアヌス二世という。父の治世が十年目を迎えた紀元三七四年には、三歳でしかなかった。こちらは、幼時から母ユスティーナの強い影響下で育つ。このユスティーナは、狂信的としてよいほどのキリスト教徒で、しかもアリウス派の熱心な信徒だった。

他に、ヴァレンティニアヌスには娘が一人いた。名を、ガラといった。

このように一応は安定した状態で、十年が過ぎたのである。だが、十一年目に入って、状況は激変することになる。

紀元三七五年十一月十七日、皇帝ヴァレンティニアヌスが急死した。その年も北方蛮族相手に優勢に闘いを進めた彼だったが、冬季の停戦期に入って、蛮族の代表たちを引見していたときのことだった。ここ数年間にわたって押されに押され、降伏するしかなくなっていたにかかわらず、蛮族の族長の態度が横柄であったのだ。族長の頭には、眼の前にいるローマ皇帝も自分と同じゲルマン民族ではないかという想いが、よぎったのかもしれなかった。

この族長の胸の内の想いが皇帝にも伝わったのか、

ヴァレンティニアヌスは激怒した。皇帝の顔は見るまに朱に染まり、立ちあがった足は震え、そのまま倒れてしまったのだった。その夜、ヴァレンティニアヌスは、二度と意識をとりもどすこともなく死んだ。五十四歳だった。

帝位の継承は、スムーズであっただけでなく、このような場合には起こりがちな事態を思えば珍しいほどの公明正大さで行われた。

四十七歳になっていたヴァレンス帝は、そのまま帝国の東方の統治をつづける。

一方、帝国の西方は、すでに「皇帝（アウグストゥス）」の称号をもつグラティアヌスにそのまま受け継がれても当然であったのだが、十六歳の新皇帝は、四歳でしかない異母弟のヴァレンティニアヌス二世に「皇帝（アウグストゥス）」の称号を与え、自分の担当である帝国西方からイタリアをはずして、そこを四歳の皇帝の統治地域としたのである。もちろんこの年齢では、後見人が不可欠になる。ミラノに本拠を置くことになったヴァレンティニアヌス二世には、未亡人になったばかりの、熱狂的なアリウス派の信者でもある母のユスティーナが同行していた。

この状態で、またも二年が過ぎる。帝位をめぐっての争いもなく、先帝ヴァレンティニアヌスの十年にわたった奮戦のおかげで北方蛮族も鳴りをひそめた感じだったが、この後に訪れる凶事の徴候は、表面的には平穏だったこの二年の間に、水面下で進行していたのだった。

フン族登場

すべては、フン族の動きから始まったのだ。中央アジアの草原を母胎にする、これまでにローマ帝国が知った北方蛮族のどれとも異なるフン族についての記述は、これ以降の百年間のローマ史に頻繁に出てくるが、その始まりは、四世紀も四分の一を残すこの時期に入ってからである。同時代人は、ローマ人のみでなく北方蛮族さえも怖れさせたこのフン族について、次のように記述している。

「フン族は、蛮族中の蛮族である。食物も、火を使って料理することを知らず、他のものを加えて料理することも知らない。肉も、馬を駆るときに股の間にはさんで熟成させた後に生のままで食する。

背丈は低いが体格は頑丈で、動作はきびきびとすばしこい。彼らの顔は、人間の顔というよりも、平べったいだけの肉の塊であり、二つの黒い点が動いていることでそれが両眼とわかる。髭はほとんどない。その原因はおそらく、母親の乳房に吸いつく年頃から短剣で顔を常に剃られ、傷や血に慣れるように育てられるからだと思われる。

地表に突き刺した剣を、まるで神ででもあるかのように敬う。とはいえ彼らは、人間の形はしていても動物のように生きていることならば確かだ。このフン族は、昔から森林に棲みついていた悪霊と、ゴート族から追い払われた魔女との交合から生れたにちがいない。

そして、父である悪霊は子であるフン族に、ゴート族をどのようにして襲撃するかも教えたのである。その戦法とは、次のような具合だ。

フン族の男の数人が、この地方には多い猪の狩に出て、一頭の雌の猪を追いつめる。この雌猪は、まるで男たちを誘うかのように後退をつづける。それを追っていくうちに、男たちは自然に、メオティデの大沼（黒海北部にあるアゾフ海）のどこを渡れば、溺れずに対岸のゴート族の部落を衝撃できるかを学ぶ。男たちがその箇所に気づいたとわかるや、雌の猪は姿を消す。この神秘的な猪こそ、ゴート族の敵である悪霊なのだ」

黒海の北西部には、四世紀のこの当時、ゴート族の一部族であるオストロゴート族が住んでいた。そしてこの一文は、そのゴート族の一人が書き遺した記録である。つまり、蛮族による蛮族評、というべきものだが、フン族は登場当初から、蛮族仲間からも怖れられていたことを示している。

そして、このフン族に襲撃されたオストロゴート族が南西の方角に逃げ、そのオストロゴート族に逃げて来られて、もちろん平和裡に逃げてきたのではなくて武器を手にしての来襲であったが、それによって住む地を奪われてしまったのが、ドナウ河が黒海に流れこむ流域に住んでいたヴィジゴート族だったのである。

住む地を失ったヴィジゴート族は、ローマ皇帝に使節を派遣して、ローマ領であるドナウ河の南に住む地を与えてくれるよう懇願した。武装放棄する、というのが条件だ。そのうえ、軍務に適した男たちはローマ軍に入って兵士になり、その他の男たちと女子供は、与えられた土地で農耕にはげむ、というのだった。

ドナウ下流部は、帝国の東方が担当のヴァレンス帝の管轄下になる。ヴィジゴート族の申し出は、ヴァレンス帝には、非常に魅力的な提案に思えたのだった。

第一に、ドナウ河を守るローマ軍の、軍事力の増強になる。

第二は、蛮族の襲撃やその他の要因で過疎化する一方であった国境近くの一帯が、再び豊かな農耕地にもどる可能性もあった。

この二点に関心をそそられたヴァレンス帝は、当時滞在していたシリアのアンティオキアから、ヴィジゴート族のローマ領内移住を認める公文書を、トラキア担当の行政長官に送った。蛮族の移住先を、ドナウ河を渡った南に広がる、トラキア行政区内と決めたからである。

しかし、政治と行政はちがうのだ。行政上では無理と思われることでも、政治上の配慮によって成されねばならないことは多い。ゆえに、この場合の判断は、行政の責任者ではなく、政治の責任者が下さねばならない。つまり、このようなことは政治的判断に属す。そして、それを実施する際の具体的な対策も、政治的判断を下した側が監視しつづける必要がある。だが、ヴァレンス帝はそれを、トラキア管轄区（ディオチエシ）の長への指令を送っただけでことは解決したと思っていたのだった。しかし、大量の移住には不測の事態が起こらずにはすまない。それはしばしば、一行政官では解決は不可能になるのだった。

紀元三七六年の秋も深まった頃になって、ドナウ河の北から南に向けて、ヴィジゴート族の大量移住が始まった。もともとが大河のドナウだ。下流になると河幅も一段と広くなる。蛮族の乗った無数の小舟やいかだが、その広い河面を数キロにわたたって埋めつくしたのだった。舟やいかだが互いにぶつかって、沈没する者も多かった。しかし、蛮族と文明の民とのちがいの一つは、命に対するセンシビリティにある。北方蛮族にとっては、多少の犠牲は犠牲でもない。流されていく同胞にもかまわず、小舟といかだを使っての渡河は、翌日も、その翌日もつづいたのである。

この時期に行われたゴート族の移動の規模が、どの程度であったかはわかっていない。ただし、ヴァレンス帝に移住を懇願したときには、ローマ軍に入って兵役に就く用意のある成年男子の数は一万人であったのに、移動が終わった段階ではそれが、三万人に増えている。多産が普通の蛮族だから、仮に、兵士として提供できる男の数の十倍がその部族の構成員全員の数と考えれば、当初の予定は十万人であったのが、三十万人に増えてしまったということになる。それは、皇帝が公式に認めたヴィジゴート族のローマ領内への移住に、皇帝が認めてもいないゴート族の他の部族までが便乗したからであった。考えてみれば当然だ。それまではドナウの南岸に接近するだけで撃退されていたのがOKとなったのだから、ならば自分たちもこの機に、と思うのは当然ではないか。だがこれが、トラキア管轄区（ディオチェシ）の受け入れ態勢をパンクさせてしまったのである。

こうなっては、北方蛮族のローマ帝国内への、合法的で大規模な移住の始まりになるこの現象が、良い方向に向うはずもなかった。

まず、大量移動が秋に成されたことがあげられる。秋は収穫の季節だ。種もまかずに収穫を期待できるはずはないから、翌年春の種まきと秋の収穫までの丸々一年間、移住者には食が保証されねばならない。しかも、もともとが生活水準の低い蛮族のこと、保証しなければならないのは、食だけでなく、生活必需品等の多岐に及ぶ。そしてなぜか、移住者は常に、すでにその地に住みついている住民並みの待遇を期待するものなのだ。自分たちを、やむをえず故国を捨てた難民と思うからだろう。フン族に押し出されての移住なのだから、難民ではあったのだが。しかし、この難民は、武装した難民でもあったのだった。

誓約したはずの武装解除がいっこうに成果をあげなかったのは、ローマ帝国に期待していた生活面での保証が、遅々として進まなかったからである。冬に入ってなおも増した妻子の苦境を見た男たちが、武器を捨てることを拒否したのだ。この事態の発生の責任を現場の行政官の無能に帰す研究者がいるが、私の思うには、その原因は、予定していた以上の人が移住してきたために発生した、不測の事態への対処が不充分であったことにつきる。そしてその責任は、大量の移住受け入れという事態を、それに許可を与えたヴァレンス帝自身が、軽く見たことに発していた。大量の移住受け入れにはそれに応じた規模の対処が不可欠だが、トラキア管轄区には、それに適応できる組織づくりもされていなかったし、それに要する特別の費用も与えられていなかったのである。これに加えて、移住民への給与物資を仲介していた商人たちの悪徳商法も、事態の悪化に輪をかけた。配布される物資の質が劣悪であり、量も、約束よりも少なかったのだ。

移住してきたゴート族の間に、不満が高まり、それとともに彼らは、捨ててきたつもりであった蛮族の精神をとり戻し始めていた。蛮族の精神とは、日々の労苦に耐えることで生活を立てるよりも、他人のものを奪って生活の糧(かて)にする生き方を、良しとする考え方である。蛮族のこの回帰現象は、まず、周辺の村落を襲うことからはじまった。そしてこの略奪の波は、トラキアから西のダキアに、そして南のマケドニアにまで及ぶようになる。北方から侵入してくる敵が、南下してくるのではない。すでにローマ領内にいる敵が、西と南に略奪と暴行の波を広げるのだ。そしてこの波は、トラキア地方の主要都市のマルチアノポリスを襲ったときに、それを迎え撃ったローマ側の防衛隊を破ってからは、勢いも速度も一段と増したようだった。ローマ皇帝には、もはや捨て置くことは許されない事態になったのである。

ハドリアノポリスでの大敗

翌・紀元三七八年の春を待って、皇帝ヴァレンスは、シリアのアンティオキアからようやくにして腰をあげた。ローマ帝国東方の首都コンスタンティノープルには、五月の末に入っている。行軍速度としては遅いが、従軍させる兵士たちを道すがら集結していったからだろう。しかし、ローマ軍がトラキアを目指して遅い行軍をしている間に、ゴート族のほうも、ドナウ河北岸にまだ残っていた同族民に動員をかけたりして、戦力の増強をしていたのだった。

速攻の利点は、味方の準備は不充分でも、敵も準備が不充分のところを突くことにある。ヴァレンス帝は、自軍に充分な準備期間を与えたことで、敵にもそれを許してしまったのである。

とはいえ、このような場合でも勝利を手にする道はまだ残されていた。それは、東と西の双方から敵をはさみ撃ちにする戦法である。北を流れるドナウ河を渡って逃げるのはむずかしい以上、東と西を押さえれば、はさみ撃ちの効果もあがるはずであった。もしもこの戦法が現実になれば、事態が深刻化するまで手を打たなかったことも、遅い行軍で貴重な時間を無駄にしたことも、帳消しにできるのである。それには、帝国西方を担当していた、皇帝グラティアヌスの協力が欠かせなかった。

ヴァレンスには甥にあたるグラティアヌスは、十九歳の若さに似ず、ライン河を渡ってガリアに侵入してくる蛮族相手の戦闘で、なかなかの成績をあげていたのである。また、人柄も良く、叔父の依頼を無視する男ではなかった。それゆえ問題は、叔父であるヴァレンス帝のほうにあったのである。

どうやらヴァレンスは、北方蛮族の実態もよく知らず、それにも増して、戦闘というものがわかっていなかったのではないかと思われる。この人は、五十歳のこの年になるまで戦闘の指揮をとったことがなく、もしかしたら皇帝になる以前にも、参戦の経験すらもなかったのではないか。私人ならば幸運でも、最高司令官としては不運になる。

このようなケースではしばしば頭をもたげてくるのが、害あって益なしの虚栄心である。トラキア地方は、彼の担当地域であった。その地で起こる問題は、彼に解決の義務があった。この想いが、若い甥への協力要請を、ためらわせたのではないだろうか。

しかし、要請が送られようが送られまいが、ヴァレンス帝の動きはガリアにいたグラティアヌス帝に通じていた。満期で除隊した兵士まで再召集して大軍を編成していたのだから、アルプスの西側にまで伝わらずにはすまなかったのである。グラティアヌスからは早速、叔父の許に、書簡をたずさえた急使が送られてきた。それには、アレマンノ族を撃退するやただちに駆けつけるから、それまでは戦端を開くのを待ってくれるようにと書かれてあった。この書簡につづいてヴァレンスの許に届いたのは、この、自分よりは二十も年下の甥による、対蛮族戦の勝報であったのだ。

そうこうしているうちに、ゴート族のほうも動き出していた。トラキアから、南下を始めたのだ。東から接近中のローマ軍と南下するゴート軍がぶつかるのは、両軍が望む望まないに関係なく、ハドリアノポリスの近郊と決まったのだった。

ヴァレンス帝は、将軍や高官を集めて作戦会議を開き、グラティアヌス帝とそのガリア軍の到着を待つか、それとも自分たちだけで戦端を開くか、を問うたのだ。要人たちの意見は、二つに分れた。皇帝は、このときはまだ決めていない。だが、そのどちらを採るかに迷っていた彼の許に、相反した二つの情報がもたらされた。

偵察兵によれば、近くにいる敵は一万でしかないという。

一方、ゴート族の王が送ってきたのはキリスト教徒だというゴート人で、ゴート族はこの事態を平和裡に解決したく、そのための条件を示してきたのだった。

アリウス派の信仰が厚かったヴァレンス帝は、これでまたも迷ったのである。一万ならば簡単に倒せると思っていたのだが、ここにきて、ゴート族全員のキリスト教への改宗が提示され、その夢に魅了されたのかもしれない。しかし、キリスト教徒の使節との会談は成果もなく終わった。キリスト教徒のゴート人を送ってきた王とは、ゴート族全体を代表していたのではなく、数多い部族のうちの一つの王にすぎないことが判明したからである。だが、ヴァレンスは、少なくともこのエピソードから、ゴート族と言ってもそれは多くの部族の総称であって、ゴート族が一人の指揮の許に全員が一致した行動をとっているわけではないことを学ぶべきであった。もしも学んでいれば、戦術もちがってきたからである。それなのにヴァレンスは、甥の来援も待たずに戦端を開くことだけを決めたのである。どのような闘い方をするかについては討議もせずに、開戦だけを決めたのであった。

ヴァレンス

紀元三七八年八月九日、早朝にハドリアノポリス（現トルコのエディルネ）の城門を後にしたヴァレンスとその軍は、トラキアから南下してくるという敵を求めて北西に向った。陽光が暑さを増し始めた頃、敵を見出した。ゴート族は彼らの防御のやり方で、荷車を円陣にして待ちかまえていた。だがそれはゴート族の一部族にすぎなかったのだが、先行していた右翼が、中央も左翼もまだ戦場に到着していないというのに、先に攻撃を始めてしまったのである。

北方蛮族であるゲルマン民族は、実にまれにしか、つまり強力なリーダーの許に集結でもしないかぎりは、まとまって向ってくるということをしない。部族ごとの独立傾向が強く、ほとんどの戦闘では部族単位で行動する。ゆえに、多くの部族の集合であるゴート族を敵にするときは、四方八方から彼らを追いこんで集まったところを一挙にたたくか、それとも、自分たちも大隊規模に分散して、個別の蛮族ごとに撃破していくしかないのである。「ハドリアノポリスの戦闘」の名で歴史に遺るこの戦闘では、ローマ軍は右

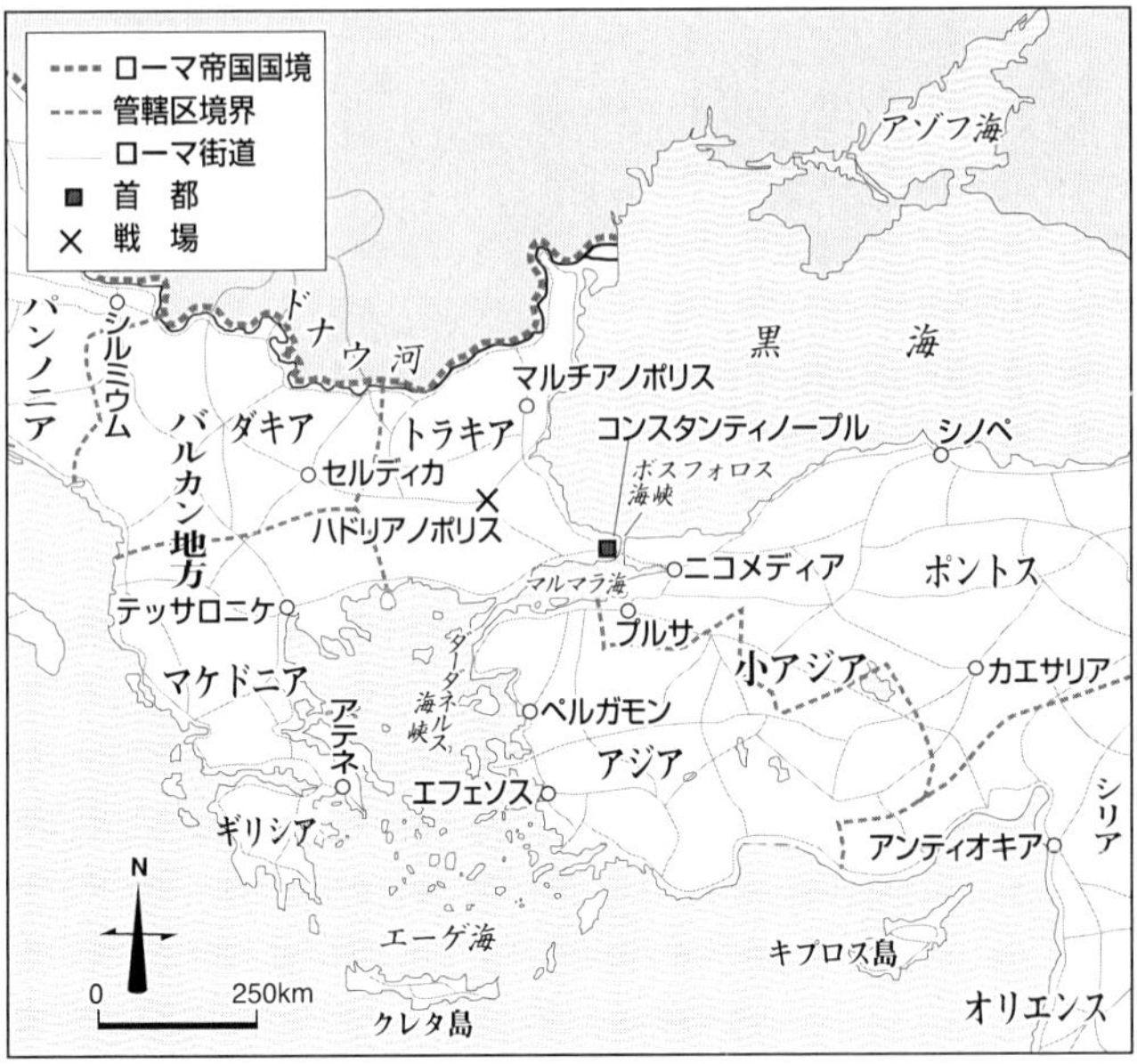

バルカン・小アジアとその周辺

翼、中央、左翼、それに騎兵団という伝統的な陣形での会戦方式で臨んだのに対し、相手のゴート軍は、個々別々に攻めてくる散形で対してきたのだった。

この陣形だけからも、勝敗は予想できたくらいだ。だが、これに加えてローマ軍では、軍全体の各部門を機能別に効率的に活用する戦術が欠けていた。個々の将も兵士も、敢闘したのである。しかし、陽が落ちないうちに、勝敗は明らかになっていた。

ローマ軍は、二人の高官、三十五人の大隊長、そして、全軍の三分の二にあたる、膨大な数の兵士を失ったのである。

皇帝ヴァレンスは、少数の臣下とともに焼き殺された。傷を負った身をささえられて近くの小屋に逃げこんだのだが、後を追ってきたゴート兵たちがその彼が皇帝とは知らず、固く閉ざされた扉をどうしても破ることができないのに腹を立てた彼らが、小屋ごと燃やしてしまったからである。五十歳の死であり、在位十四年目の死であった。

戦闘に出向くときでも財産をすべて持って行く習慣のあるゴート族は、ローマ人もそうだと思いこんでいたので、敗れたローマの将兵たちが、武具以外は金目のものを持参していないのに落胆した。それでまず、戦死したローマの将兵たちの兜と胸甲と槍と剣を奪って身につけ、ローマ兵たちが金目のものを置いてきたと思われるハドリアノポリスの攻略に向ったのである。

しかし、逃げおおせた三分の一の残兵が先頭に立ってのハドリアノポリスの防衛は、戦闘では勝っても、その後ただちに盗賊の本質にもどった蛮族には手強すぎた。蛮族の特質には、持久戦は得意ではないということも入る。ハドリアノポリスの攻略は断念したゴート族は、そのままローマ街道を南東に向い、コンスタンティノポリス（コンスタンティノープル）を狙ったのである。だがここは、帝国東方の首都であった。しかも、防衛面では満点の地勢条件をもつ。ゴート族は、この大都市の攻略も、早々に断念したのである。だが彼らは、そのまま、ドナウ河の南全域という、ローマ帝国の中央部に留まったままであったのだ。つまり、ローマ帝国は、中央部に居坐ってしまった大量の北方蛮族によって、西方と東方が分離されてしまったことになったのだった。

「ハドリアノポリスの戦闘」の完敗は、ローマ帝国に住むローマ人の多くに、強烈な打撃を与えずにはすまなかった。

アンティオキア生れのギリシア人ではあったがキリスト教徒ではなかったアミアヌス・マルケリヌスは、軍団で過ごした前半生につづいた後半生で書きあげた、ネルヴァ帝以降のローマ史の最後を、ハドリアノポリスの敗戦の叙述で終えている。まるで、ローマ帝国民の一人としてはこれ以上、ローマ帝国について書くことはない、とでもいうかのように。

そして、ユリアヌス帝の師でもあった哲学者のリバニウスは、ハドリアノポリスの敗戦を知って次のように書いた。

「われらが軍の将兵たちについて、臆病であったとか意志薄弱とか、怠け者であったとかは言うのはやめよう。また、蛮族のほうが戦士として優秀であるという説も聴きたくもない。

もはや敵は、士気でも戦術でも入念さでも、われらが軍の将兵たちと、完全に対等な水準にあると認めるしかない。そのうえ、われわれ以上に、名誉を重んじ栄光を欲し、酷暑にも飢えにも渇きにも耐え、槍が降ろうが炎に焼かれようが闘いつづけるのだ。まるで戦場での死は、戦場からの逃亡よりははるかに甘味であるとでもいうように。

この敵が、われわれを追い越すのはいつだろう。彼らの止まることのない勢いは、疎外され排除される一方の古来の神々のうちの誰かが、われわれに腹を立て、蛮族の側に立って闘ってでもいるかのように思える」

ローマ人が蛮族に大敗を喫したのは、この「ハドリアノポリスの戦闘」が初めてではない。また、総司令官でもある皇帝の戦死で終わった敗戦も、このときが初めてではなかった。それもしかも、敵地ではなく自国の領内で。

百年昔にデキウス帝が、敵も同じゴート族を相手に大敗を喫し、彼だけでなく息子まで戦死したときの戦闘も、戦場は同じバルカン地方であったのだ。だが、これまでのローマ人は、これほどの敗北の後でも雪辱を果し敵を追い出すことに成功してきたのだった。それが、このとき以降は変わってくる。紀元三七八年の「ハドリアノポリスの戦闘」は、ローマ帝国のゲルマン化が、もはや留めようもない時代の流れであることを明らかにしていくのである。そして、ちがいがあるとすればそれは、暴力的なゲルマン化か、それとも平和裡でのゲルマン化か、でしかなかった。なにしろ、追い払うことはもはや不可能になったのだから。

皇帝テオドシウス

しかし、知識人ならば、現状を冷静に分析し、諦観をこめて時代の流れを眺めていることは許される。なぜなら、世間が思うほどには知識人の影響力はないからで、それもとくに、以前のローマのように「言」と

「行」が同一人物に併合されていた時代とはちがって、この二つが別々の人間に分離される一方であった帝国後期では、「知を愛する人々」の与える影響力も地に堕ちていたのである。

しかし、他者の運命にも影響を与える地位にある、統治者となるとそうはいかない。ハドリアノポリスでの大敗を知った皇帝グラティアヌスには、何らかの手段を講ずる責務は絶対にあった。

帝国の東方は、ヴァレンスの死で帝位は空席。しかもヴァレンス帝が統治していた地方の西部にあたるバルカン地方は、ゴート族を中心にした北方蛮族が占拠していて、ローマ皇帝は手出しもできない、言ってみれば無政府状態にある。それでいて、政治と軍事の最前線に立つべき皇帝は、十九歳のグラティアヌスの他は、七歳になったばかりのヴァレンティニアヌス二世一人であった。

グラティアヌス帝は、スペインに秘かに人を送り、テオドシウスを連れて来るよう命じたのである。

その年三十一歳だったテオドシウスは、グラティアヌス帝にとっては未知の人ではなかった。テオドシウスの父はグラティアヌスの父のヴァレンティニアヌス一世の許で数多くの戦功に輝いた武将で、ヴァレンティニアヌスの十年の治世の間中、ガリア、ブリタニア、北アフリカと問題が発生するたびに派遣され、しかも短期間の間に敵を撃退することで問題を解決してきた武将は、彼を措いて他にいない。軍隊内では最高司令官である皇帝に次ぐ地位になる「騎兵長官」(magister equitum) にまで昇進したのを、誰も不満に思う人はいなかったほどであった。

ところが、北アフリカに派遣されていた時期に、軍事的には成功したのだが、あの地の行政長官の謀略にはまってしまったのだ。敵と内通しているとして皇帝に告訴されたのだが、時期が悪かった。ヴァレンティニアヌス一世が急死し、その後を、十六歳になったばかりのグラティアヌスが継いだ時期と重なってしまったのである。若い新皇帝は、くわしくも調べずに、帝国にとっての功労者であったこの歴戦の勇将に、死刑を宣告する。処刑は、それを待っていた北アフリカの行政府によって、ただちに実施されたのであった。紀元三七六年のことである。

ヴァレンティニアヌス皇統

テオドシウス皇統

(数字は在位年)

父親に同行することで軍事面での経験を重ねていたテオドシウスは、二十九歳で、後見者である父も、それまでに自分の実力で獲得した地位も、すべてを失ってしまったことになる。生れ故郷であるスペイン北部のカウカに、もどるしかなかった。父にかけられた罪が息子の彼に及ばなかっただけでも、幸運と思わねばならなかったのである。

それが二年後に、父親の死刑宣告に署名した当の人から呼び出されたのだ。もちろんグラティアヌスも、二年前のことは忘れていない。それでも呼び出したグラティアヌスも面白いが、呼び出されて参上した三十一歳に向って、十九歳が切り出した話がまた面白かった。

二年前のことは水に流して、と言ったかどうかは知らないが、対等の格をもつ皇帝に任命し、死んだヴァレンス帝が統治していた帝国の東方すべてを託すから、ハドリアノポリスの大敗でショックを受けている帝国の再建に協力してほしいと、実に率直に説いたのである。テオドシウスにはすでに妻子がいたが、その妻エリアを離婚して自分の妹ガラと結婚せよという、条件さえもつけなかった。テオドシウスは、エリアが死んだ後にガラを後妻に迎えるが、それは第二子のホノリウスの生れた年から考えて、少なくとも七年後になってからである。つまり、ハドリアノポリスの大敗の年、皇帝グラティアヌスは一失業者のテオドシウスに、条件はいっさいつけずに帝国の東半分をゆずり渡す、と言ったのに等しかった。しかも、そう言った相手は、自分よりは十二歳の年長者である。普通ならばなかなか勇気が出ない、潔(いさぎよ)い決断であった。

そして、テオドシウスのほうも、いっさいの条件をつけずに受けたのである。いや、条件は一つあった。それは、無実の罪で処刑された父親の名誉回復である。グラティアヌス帝は二つ返事で承諾し、それはただちに公表された。

ローマ帝国の皇帝には、戴冠式も即位式も存在しない。この時期はまだ、キリスト教国化が完全には成されていなかった。ゆえに統治権も神が授けるのではなく、帝国という住民共同体(レス・プブリカ)の成員である市民が、委託するという形がまだつづいている。それゆえ、皇帝の治世も、「委託された人」が「委託した人々」に引き

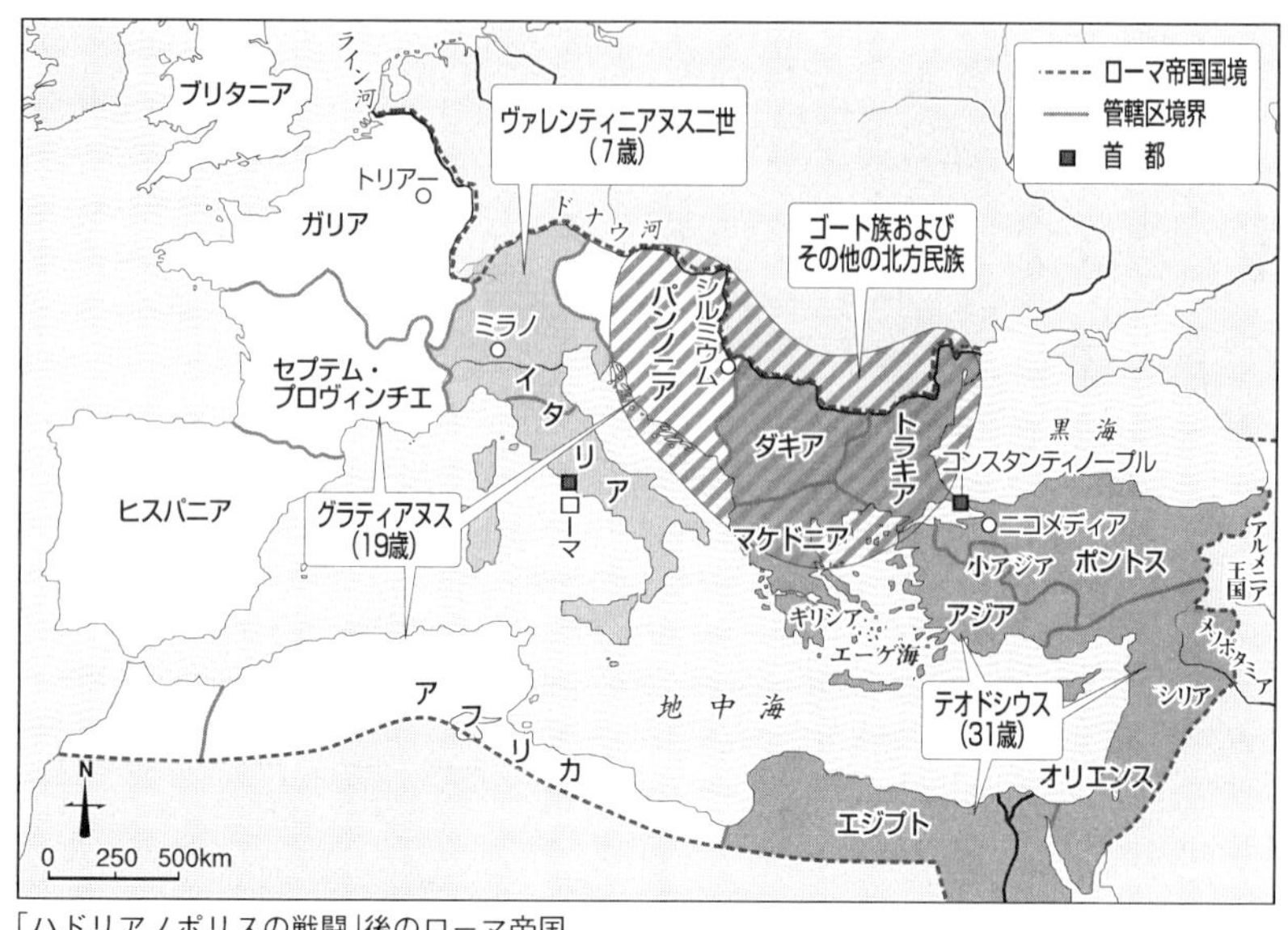

「ハドリアノポリスの戦闘」後のローマ帝国

合わされる日をもって始まる。

テオドシウスの治世も、当時ではドナウ河防衛の最重要基地であったシルミウムで、ローマ軍の将兵に紹介された日から始まった。兵士たちも市民権所有者であり、ゆえに有権者であったからだ。その日は、中央ヨーロッパの冬特有の雨まじりの冷たい風が肌を刺す、紀元三七九年一月十九日だった。ハドリアノポリスでの大敗の、五ヵ月後になる。こうして、コンスタンティヌス大帝に次いで、キリスト教会からは「大帝（マーニュス）」の尊称を贈られることになる、もう一人のローマ皇帝が登場したのである。

皇帝テオドシウスは、処刑者の息子であったことからも、自前の部下をもっていなかった。ローマ軍の将兵たちの前に、まるで落下傘で降りてくるように現われた「最高司令官（インペラトール）」であったのだ。しかも彼は、ローマ化の歴史となれば帝政の歴史と重なるほどに長いスペインの出身である。それでいながら、眼前に整列するローマ軍の将兵たちのように、よくて蛮族出身の三代目、悪ければ蛮族出身の一代目という、新入りのローマ市民を率いて闘わねばならなかった。そのうえ、これらの将兵は、ゴート族に完敗を喫した男たちである。つい最近の敗北の記憶をぬぐいきれないでいる兵士たちを、再び敵に、それも自分たちに勝ったゴート族にぶつけるのだから、それだけでも相当な難事であったにちがいない。

　テオドシウスは、三十代に入ったばかりの若さだった。また、グラティアヌス帝に呼び出される前の彼の状態では、ここで何を始めようと失うものはなかった。そして、彼が何をやろうと、グラティアヌス帝は無制限の協力をすると約束していた。この三つの条件が、彼を果断な男にしたのである。言い換えれば、強権を行使することへのためらいを、捨てさせたのであった。

テオドシウス

　テオドシウスは、自分に託された帝国の東方全域に布告を出して、現役の兵士や退役した旧兵の息子たちの入隊を募った。父親の職業は子が継ぐという職業の世襲は法令化して久しかったが、末端にまではなかなか浸透していなかったのである。だが今度は、皇帝の名においての強制だ。徴兵と同じことだった。

　また、彼の管轄地域にはドナウ河南岸一帯もある。ハドリアノポリスの敗北で多くの兵士を失い、それゆえに軍が貧血状態になっているそこでの兵士募集は、対象別に二つに分れた。

　第一は、ローマ市民権所有者を対象にしたもので、一年ごとの褒賞金（ボーナス）を約束して、兵役未経験者を集めたのである。この呼びかけに応じて入隊してきた者には、料理人からパン焼き職人から商店の店員までがいた。だが、入隊希望者の大きな部分は、蛮族の来襲と国から課される重税で農耕をつづけられなくなっていた農民と、もはや維持していく経済力がなくなった主人が、自由を与えた奴隷で占められていたのである。

　第二の対象は、北方蛮族であるゲルマン民族だった。彼らに対しても、テオドシウスは好条件を提示する。それは、自分の代わりを務める者を出せば、いつでも好きなときに除隊し、自分の部族に帰ってよろしい、という一項だった。

　このようにして集めた兵士たちである。規律に従わせることも一朝一夕にはいかず、最高司令官の皇帝への忠誠心でも、自分たちの隊の長に服す心でも、あてにすることはできなかった。ために、軍団内でも外部との間でも事故は多発したのである。

テオドシウスは、この問題を訓練によって解消するには、時間がないと考える。それで、またも、従来の慣例を破る強行策をとったのである。帝国の東方で集めた兵士は西方へ、西方で集めた兵士は東方へと、総入れ換えを断行したのだった。

兵士とは、自分の住む地から遠方へ送られることを何よりも嫌う。だがすでに、皇帝に忠誠宣誓をしてしまった後だ。拒否でもしようなら、反逆罪で即、死刑だった。ゆえに不満たらたらにしろ配置換えには従ったのだが、東からの兵と西からの兵が小アジアですれちがったときに、両者の間で衝突騒ぎが起こったのである。衝突は難なく鎮圧されたが、死人が出るほどであったことは確かだった。

しかし、これだけならば暴君である。だが、テオドシウスは、単なる暴君ではなかった。とはいえ、不満たらたらの兵士たちを率いては戦果はあげられない。記録に遺っていないので想像するしかないのだが、テオドシウスも、軍の司令官としては最も単純で、しかし最も正当的な方法で、兵士たちの不満を押さえたのではないかと思われる。それは、褒賞と懲罰の公正な実施と、戦闘に勝つことの二つだ。自分自身の命がかかっているため、兵士たちの司令官に対する評価は、部外者の想像以上に妥当で厳格である。戦死は免れて捕虜になったとしても、相手がペルシア民族であろうとゲルマン民族であろうと変わりなく、待っているのは奴隷化以外になく、牛馬以上に酷使されるのが運命であったからだった。

ゴート族が居坐っていたトラキアとダキアのドナウ河下流の南に広がる地方にかぎらず、紀元三七九年のテオドシウスとその軍の活躍は目ざましく、ゴート族が逃げこんだ先のイリリア地方にまで、テオドシウスの担当区域からはずれることなどかまわずに、追撃に次ぐ追撃を止めなかったのである。このまま行けば、ゴート族をドナウ河の北に完全に追い払うことさえも可能なように思われた。

しかし、テオドシウスはあせっていたのである。ちょうどその年、ペルシア王シャプールが死んでいた。五十年にわたった、輝かしい治世の後の死である。その後のペルシア王国は不安定な時期に突入するが、それはこの後になってからの話だ。テオドシウスは、シャプールの死の後をシャプール並みの強力な王が継ぐことになったらと、そのほうを心配したのである。もしもそうなれば、ペルシア軍はユーフラテス河を越えて、ローマ領を攻撃してくると思わねばならず、そうなっては、ドナウ河で時間を費やしているどころではなくなるのだった。

蛮族、移住公認

テオドシウス帝は、決断を下したのである。ゴート族をドナウの北に追い払うのではなく、ドナウの南に定住地を与えることに。これにはグラティアヌス帝も同意であったので、この決定は、二人の皇帝の名で公表されたのだった。

ヴィジゴート族に与えられた地方は、トラキアの北部で、ドナウ河の下流に接している一帯。現代ならば、ブルガリアになる。

後から合流したにせよハドリアノポリスの戦闘ではヴィジゴート族と共闘したオストロゴート族には、ドナウ中流部のパンノニア州の東部一帯。現代では、セルビア・モンテネグロになる。

両部族とも、決められたこの地にのみ定住し農耕に専念することが、交換条件になった。また、自給が可能になるまでの期間の食は、ローマ帝国が保証する。

ここまでは、亡きヴァレンス帝がヴィジゴート族と交わした協約と同じだが、この後がちがったのである。ゴート族の居住区の、法的な地位までが明確にされたのだ。それはラテン語で、「foedus（フェドゥス）」と形容されたが、「同盟」の意味である。そして、これらの「同盟部族」には、その居住地域内部での完全な自治権が認められた。

しかも、臣下ではなく同盟者なのだから、ローマ帝国の他の地方の住民とちがってゴート族には、帝国への納税義務はない。それでいてローマ軍で兵役を勤めれば、他の兵士並みの給料を保証されるのだった。

ローマ皇帝とゴート族との間に結ばれたこのときの協定は、短期的にも、また長期的にも、帝国に深く大きな影響を及ぼすことになる。

短期的には、ローマ軍の蛮族化ないしゲルマン化の速度が、一段と増したことだ。ゴート族の男たちが、大挙してローマ軍に入隊したからだった。これまでにローマ軍の兵士になることは自らが属す部族との縁を切ることを意味していたのだが、これからはそうではない。部族の一員でありつづけながら、ローマ軍の兵士という、多くの面で特権を享受する立場も兼ねることができるようになったのである。この有利な職場に、ゴート族の男たちが殺到したのも当然だった。

しかしこれは、ローマ皇帝にとっては、軍の最高司令官としてならば喜ばしい事態だったが、帝国の最高統治者としてならば、喜べない事態になったのだった。

ゴート族はゲルマン民族の一部族であり、ゲルマン民族は、ローマ人から見れば蛮族である。文明の民と蛮族のちがいは、前者は布製の衣服を着け石造の家に住むのに、後者はけものの皮をまとい木材を組んだ家に住むからではない。たとえ布地の衣服を着け石造の家に住もうとも、「蛮族」(barbaros = ギリシア語、barbarus = ラテン語)と見なされたのは、ギリシア人の場合はギリシア語を話さない他国人の意味だったが、ローマ人の場合はちがう。ラテン語を話す話さないよりも、多種多様な民族がともに共生するために必要なルール、つまり法律、を受け容れた、法治の民であるか否かが、文明の民と蛮族を分ける計器であったのだ。言い換えれば、ともに住む人の間で生じた問題の解決を、法律に基づいて決めるか、それとも、腕力で決めるかのちがいである。そしてこのちがいは、具体的には、日々の労苦のつみ重ねによって生きていくか、それとも、他人の持物を奪うことで生きていくか、になった。

ゴート族は、今では布地の衣服を身につけ石造の家に住むように変わっていたが、この計器で計るならば、あいも変わらず蛮族であったのだ。彼らの歴史は、まだ浅かった。ゆえに、眼の前に農地の耕作と兵役の両方があれば、迷うことなく兵役を選んだ。略奪と兵役は、手にする武器ならば似ていたこともある。

　こうして、皇帝がわざわざ与えた農地に残されたのは、兵役には不適な老人と子供と女になってしまったのである。ローマ側が期待した、国境であるドナウ河に近い、今では過疎化した農耕地の生産性を昔にもどすことなど、これでは夢になったのだった。

　それに、農地から収穫できるようになればローマ領内のゴート族も経済的にも独立できるようになり、ゆえにローマ側からの経済援助も無用になると考えたローマ側のもくろみも、夢に終わったのではないかと思う。つまり、当初は、収穫できるまでの間の食の保証のつもりで約束したことが、何年過ぎても保証しつづける羽目になった、ということだ。くわしい史料もなく精密な研究も成されていないために推理に頼るしかないのだが、この時期以降の協定にしばしば出てくる「状態に応じた額の保証」という表現は、事実上は恒常的な経済援助ではなかったか、と思う。もしもそうであるならば、ローマ帝国は、ゲルマン民族を自国内に住まわせただけでなく、住む費用まで払いつづけるようになったということになる。こうして、短期的影響は、長期的影響にもなっていったのであった。

　しかし、長期的影響ならば、もう一つのことはより深刻だった。なにしろこちらのほうは、カネで解決できる問題ではなかったからである。

　元首政時代にも、蛮族との友好関係の樹立には熱心で、それがローマ帝国の外政の基本方針でもあったくらいだから、このこと自体は前例がなかったのではない。だがそれは、あくまでも帝国の「防衛線（リメス）」の外の蛮族との関係であって、「防衛線（リメス）」の内側への集団移住を認め、その彼らと友好関係を結ぶことではなかったのである。言い換えれば、自分の家を囲む塀の外側に住む隣人と仲良くすることであって、塀の内側に隣人を引き入れたわけではない。しかも、塀の外側にはもう人はいないかといえば、まったくそうではなく、新たな隣人が代わって居ついており、そのうえさらに、外側の隣人と内側の隣人は、同じゲルマン民族に属す。後世の研究者たちが、「平和裡の蛮族化」と名づけることになる現象だが、この時代のローマ人ならば、「ドナウ河はもはや国境ではない」と感じたかもしれない。実際、すでに死語化して久しい「防衛線」（limes）という概念だったが、この時期を境に完全に葬り去られることになる。

そして、これによって帝国に住む他の人々の生活が安定し少しは楽になったかと問われるならば、答えは完全にノウである。ゴート族はここしばらくは襲って来なくなったとしても、ドナウ河の北には他のゲルマン民族は健在で、彼らはあいも変わらずローマ領への侵入と侵略をやめなかったからだ。いかに働いても、襲ってきた蛮族に収穫を奪われ、親兄弟から仕事を助けてくれる奴隷までが拉致される生活は変わらなかったのだ。また、もはや皇帝が誰になろうと、国家の支出は減りはしなかった。ユリアヌス帝の〝リストラ〟は単なる短期間の中絶だったとでもいうように、軍事と行政という二大国家機構の肥大化は、この巻の第一部で記した、コンスタンティウス帝の時代に完全にもどっていたからである。

蛮族による収奪と国家による重税の双方に攻められて、農民の生活は苦しくなる一方であった。彼らは、独立よりも保護を選ぶようになる。農民は、農奴に変わったのであった。

古代の基幹産業は農業であったことを、忘れるわけにはいかない。農民は、ローマ社会の中堅層を形成していたのである。だからこそ、グラックス兄弟もユリウス・カエサルも、「農地法」成立に執着したのだ。「農地法」を成立させることで自作農の権利を確立し、それによってローマ社会を健全な形で維持するためであった。中間層の確立していない人間社会は、不健全であるだけでなく機能しないからである。

「自分の土地を耕す人」を意味していた「アグリクルトール」（agricultor）は消え、「他者の土地を耕す人」を意味する「コロヌス」（colonus）になったのだ。農民でもなく奴隷でもなく「農奴」とした、日本語訳は絶妙である。以前でも農作に従事する奴隷はいたが、今では自由市民でありながら、仕事の内容も法的立場も奴隷と同じになったのだ。所有主が農地を売却する際には、農奴（コロヌス）附きで売買されるのが普通になる。

この頃になって私は、ローマ帝国の滅亡とか、ローマ帝国の崩壊とかは、適切な表現ではないのではないかと思い始めている。滅亡とか崩壊だと、その前はローマ帝国は存在していなくてはならない。存在していないのに、滅亡も崩壊もしようがないからである。と言って、分解とか解体とかいう表現も納得いかない。全体が解体して個々の物体になったとしても、それは規模が小さく変わっただけで、本質ならば変わってはいないはずだからだ。

となると、溶解だろうか、と思ったりする。ローマ帝国は溶解していった、のであろうか、と。

少なくとも、宗教面では「溶解」が妥当であるように思う。なぜなら、ローマ人がキリスト教徒に敗れたのではなく、ローマ人がキリスト教徒になってしまった、のであったから。

ローマを敵視しつづけたペルシア王は死に、蛮族も塀の内側に引き入れた効果か、ローマ帝国は東方も西方も、小康としてもよい状態を享受していた。それで余裕が出たのか、グラティアヌス帝が、ユリアヌスの出現で中絶していた、親キリスト教で反異教の路線を復活したのである。グラティアヌスは父のヴァレンティニアヌス一世とちがって、形ばかりのキリスト教徒ではなかったからだった。そしてこのグラティアヌスに、東方が担当の皇帝のテオドシウスもつづくのである。しかもこの両皇帝は、強力な意志をもつ一人の人物の影響を、強く受けていたことでも共通していたのであった。

親キリスト教路線の復活

ミラノのスカラ座のシーズンの幕開けは、十二月の七日と決まっている。その日が、ミラノの守護聖人の聖アンブロージオの祝祭日であるからだ。アンブロージオはイタリア語読みで、原語のラテン語では、アンブロシウス（Ambrosius）となった。

イタリア語でよく使われる言い方の一つに、「ウオーモ・ディ・トゥッテレ・スタジョーニ」（Uomo di tutte le stagioni）というのがある。直訳すれば「あらゆる季節に適合する男」だが、その意味するところならば、どの時代にも環境にも適応できて、しかもその中で優れた業績をあげられる人物、となる。アンブロシウスと聴けばまず、私にはこの形容句が思い浮んでくるのだった。

アンブロシウスのフルネームが何であったのかを、後世のわれわれは知ることはできない。なぜなら、いかに首都ローマ出身のローマ市民であろうと、キリスト教会から聖人とされて以降は、個人名・家門名・家族名（姓）のうちの家族名でしか呼ばれなくなるからである。ゆえに歴史上でのこの人の名は、聖アンブロシウスとなる。生れたのは紀元三三〇年、年齢ならば皇帝ユリアヌスの世代に属した。

ローマの名家の出で、それゆえ親代々の元老院に議席をもつ身分。父親は、各地方の長官を務めた後に「首都長官」（praefectus urbi）にまでなり、帝国の高級官僚で一生を終始した人である。

「首都長官」という官職は、元首政時代には警視庁長官のような地位だったが、皇帝不在がつづく帝国後期ともなると皇帝の代官的になる一方で、要するに首都ローマでは最も権威と権力のある地位だったのである。その人の長男に生れたアンブロシウスだ。ローマの名家の出にふさわしい「アルテス・リベラーレス」（リベラル・アーツ）を習得した後は、父親と同じ道に進んだのも当然だった。

運命の転機は、四十三歳であった年に訪れる。その年の彼は、イタリア北西部のリグリアとエミーリア両「州」の「長官」の地位にあったのだが、ミラノはその彼の管轄下に入っていた。そのミラノで、アリウス派とそれに敵対する三位一体派の間で、実力行使をともなった抗争が勃発したのである。この種の争いは珍しくはなかったのだが、アリウス派の司教の下で冷遇されてきた長年にわたる怨念が司教の死を機に爆発しただけに、三位一体派の反撃は激烈で、おかげでミラノの中心部は動乱の地と化してしまったのだった。

州知事としてもよい立場にあったアンブロシウスには、騒乱収拾は職務である。理(ことわり)をつくしての収拾に乗り出したのだが、そのアンブロシウスを、三位一体派の信徒たちが気に入ってしまったのだった。自分たちを守ってくれるのは、頭脳明晰で説得力に長(た)け実行力も優れたこの人しかいない、ということで一致したのである。そして、アリウス派に横取りされない前にとでも考えたのか、早くも信徒集会を開き、拍手で、この「州知事(プレフェクトウス)」を司教に選んだのであった。

アンブロシウスは驚き、最初は辞退する。自分はキリスト教徒ではない、と言って辞退したのだ。それにキリスト教会は、世俗の人の司教就任を禁じていた。しかし、またもアリウス派の司教にでも就任された日には自分たちには陽の目はなくなると怖れる三位一体派は、容易には引き退がらなかった。キリスト教徒でないというなら、今からでも洗礼を受けてキリスト教徒になればよいというのだ。

四十歳前半というローマ時代の男にとっては最良の年頃にあったアンブロシウスが、このように迫られて何を考えたかは、まったく知られていない。彼よりは一世代後になる聖アウグスティヌスが、壮年期に入っての改宗の動機を書き遺したのに反して、聖アンブロシウスは何も書き遺していない。教会の父とさえ言われ教理の解釈では第一人者とされるアウグスティヌスは、現代的に言えば学者的な宗教人だが、この人が強く影響されたと告白しているアンブロシウスのほうは、政治家的な宗教人だったからだろう。自分の考えを行動によって示す者にとっては、正直に告白しないほうが適策である場合が多いのである。

なぜなら、キリスト教勢力の拡大を阻止しようとしたユリアヌスの死から十年が過ぎており、もはやキリスト教は、逆らうことも無駄と思われるほどの時代の流れになっていたのである。しかも、アンブロシウスが生きる高級官僚の世界では、親キリスト教の皇帝たちの許で、キリスト教徒であることの有利は確かになる一方であった。異教徒であることが再び逆風になったこの世界に生きていながら、四十三歳になるまでアンブロシウスは、キリスト教に改宗していなかったのである。それが、司教の座を提供されたとたんの改宗だ。その動機の正直な告白など、彼にはできなかったであろうと想像する。

いずれにしても、アンブロシウスは、三位一体派のキリスト教徒たちの申し出を受けたのである。とはいえ、司教になるまでに諸々の段階を経ていかねばならないのが、キリスト教会の決まりである。と言って、それを一つ一つ消化していくには時間がない。それで、洗礼を受けた後は、助祭から始まるすべての段階をさっさと消化して、司教冠を頭上にできるまでにこぎつけたのである。これに要した期間は、一週間足らずであったという。急ぎ足で、下から上まで駆け登ったわけだ。司教就任式は、紀元三七四年十二月七日、いかに南国イタリアでも北部にあるミラノでは、寒風が吹きつける冬の一日だった。スカラ座のオペラシーズンの幕開けが十二月七日なのも、アンブロシウスの司教就任を祝うことに由来している。

これ以降、陽光と寒風の双方を駆使して影響力をふるうことになるアンブロシウスだが、それを行うには、行う彼自身がまず、誰からも非難されない身でなければならないと考えていたらしい。聖職者になった後も私産を保持しつづける権利は、コンスタンティウス法で認められていた。また、ローマの名家出身で、しかも高級官僚を、少なくとも二十年は勤めてきた彼のことだ。親からの相続に二十年の公務を加えれば、相当な資産家であったはずである。だが、アンブロシウスは、司教冠を頭上にした直後に、全私産のキリスト教会への寄附を公表したのだった。

当時、最も裕福な司教区は、首都ローマと言われていた。大帝コンスタンティヌスが、この異教の首都ではとくに、キリスト教振興策に力を入れたからである。聖ピエトロ大寺院を始めとする教会を建てて贈っただけでなく、キリスト教コミュニティの諸々の活動に必要な財源の確立にと、農地その他の不動産を、そこに働く人々もともに贈ったからであった。カネがあれば、人はそれを使いたくなる。世俗人でも聖職者でも、この面では変わりはない。このローマで司教を務める人の生活の豪奢は広く知られた事実で、あるとき、ローマで一番の金持とされていた人が、ローマ司教にこう言ったという。

「わたしをローマの司教にしてくれるなら、明日からでもキリスト教に改宗しますよ」

このローマからさして離れていないミラノで司教になったアンブロシウスは、全私産の放棄と教会への寄贈を公表し、しかも一ソリドゥスも欠けることなく実行したのである。ミラノのキリスト教徒たちが、もはやアリウス派も三位一体派もない想いで、このアンブロシウスの許で一丸と化したのも当然であった。

しかし、なぜミラノの司教だけが、皇帝たちに強大な影響力を行使できたのか、という疑問がわいてくるにちがいない。これは当然の疑問で、なぜならこの時期の強力な司教区は、信徒数で言えば、エジプトのアレクサンドリアであり、シリアのアンティオキアであり、帝国東方の首都のコンスタンティノープルであったからだ。それに、財力ならば、帝国西方の首都のローマがくる。ミラノの司教区は、信徒数でも財力でも、これら大司教区の次かその次に位置する司教区でしかなかったのである。

それでいてなぜ、への問いには、答えは一つしかない。ミラノの司教が、これら大司教区の司教よりも、皇帝と身近に接触する機会が多かったからである。

エジプトは歴史的にローマ皇帝の私領であり、皇帝代官（ヴィカリウス）が治める地方であったので、その首都であるアレクサンドリアには皇帝が出向く必要がまず少ない。また、当初から三位一体説を唱えるアタナシウスが司教の座を占め、ゆえに三位一体派が強力なアレクサンドリアには、アリウス派シンパの皇帝であったコンスタンティウスもヴァレンスも、足を向けることからして気が進まなかった。

シリアのアンティオキアには、ローマ皇帝は、ペルシアとの関係が悪化でもしなければ滞在しない。ペルシアとの間に戦闘でも始まれば、アンティオキアが後方基地になるからである。

コンスタンティノープルは、帝国東方の首都である以上は皇帝が本拠を置くのは当然の都市だが、帝国東方を託された皇帝の管轄地域には、ドナウ河の南に広がるバルカン地方もふくまれている。北方蛮族の脅威を、最も直接的に受けている一帯である。軍の最高司令官として国民の安全を保障することが第一の責務である皇帝（インペラトール）が、このバルカン地方に釘づけになるのは当然で、コンスタンティノープルの皇宮で安楽に暮らす余裕はなかったのだ。

もはや帝国の首都とは名ばかりになったローマだが、凱旋式でもないかぎりは皇帝の姿を見なくなって久しい。そして、ローマ軍が勝利に縁がなくなってからも、久しいのだった。

と言って、ならばミラノ、ではなかったのである。帝国西方担当の皇帝は、ガリアのトリアーにいることが多く、東方担当の皇帝はシルミウムに滞在している時間のほうが長かった。トリアーはライン河に近く、シルミウムはドナウ河に近い。ライン河もドナウ河も、帝国の最前線である。

また、ミラノに比較的長く滞在していた皇帝にはコンスタンティウスがいたが、大帝の息子で大帝の親キリスト教会路線の忠実な継承者であったこの人が、当時のミラノ司教に影響されていたという史実はなかった。ただし、当時のミラノ司教は、アンブロシウスではなかったのだが。

つまり、ミラノは、皇帝との密な関係をもつことの、絶対条件ではなかったのである。アンブロシウスが、絶対条件にもっていったのだった。


アンブロシウスがミラノの司教になって以後の帝国の動きを見れば、次のようになる。

紀元三七四年、アンブロシウス、ミラノ司教に就任。

紀元三七五年、ヴァレンティニアヌス帝、急死。

同年、息子のグラティアヌスが後を継いで、帝国西方担当の皇帝に就任。帝国東方は、ヴァレンス帝で継続。

紀元三七八年、ハドリアノポリスで、ゴート族相手に大敗を喫す。ヴァレンス帝も戦死。

紀元三七九年、ヴァレンスの死で空席になった帝国東方担当の皇帝に、テオドシウスが就任。帝国西方は、グラティアヌス帝で継続。

グラティアヌスの異母弟のヴァレンティニアヌス二世がイタリア担当の皇帝になっていたが、幼少の身で母親が後見役を務め、この前皇妃ユスティーナは狂信的なアリウス派の信徒であったことだけが特色の人で、ゆえに幼少の皇帝の政治的意味はほとんどなかった。

それで、ミラノ司教アンブロシウスが的をしぼる必要のあった皇帝は、西のグラティアヌスと東のテオドシウスの二人だけであったのだが、この二人が、はっきりと異教排撃に乗り出す紀元三八〇年を基準にすれば、主要人物の年齢は次のようになる。

皇帝グラティアヌス――二十一歳

皇帝ヴァレンティニアヌス二世――九歳

皇帝テオドシウス――三十三歳

ミラノ司教アンブロシウス――五十歳

これに、次の条件も加わる。

グラティアヌス帝――蛮族三代目のローマ人であるこの若帝は、ローマ皇帝とはキリスト教徒であるべきという時代に生れ育っている。ただし、成人後の洗礼が普通であったこの時代、洗礼まで受けていたかどうかはわかっていない。だが、幼少時からすでにキリスト教に好意的であり、とくに皇帝になって以後は、三位一体派に傾いていた。これも、三位一体派のアンブロシウスの影響ゆえと言われている。

テオドシウス帝――もともとはこの人はキリスト教徒ではなかったのだが、皇帝になった最初の年に蛮族相手に奮闘しすぎたのか、冬に入ってから重病で倒れてしまったのである。その年の冬はギリシアのテッサロニケに滞在していたのだが、生死の境をさ迷っていた際に訪れたテッサロニケの司教の手で、洗礼を受けたのであった。

神の真の教えにいっこうに目覚めない私のような不信心者ならば、地獄に落ちると脅されても、見て帰った人がいないのだから地獄の存在とて確かではない、とでも言ってこの種の勧誘には乗らないが、古代人はそうはいかなかったのである。ギリシア人は薄明りの淋しい冥府(めいふ)の存在を信じていたし、ローマ人は、死ねば二人の天使が両側からささえて天に昇る、と信じていたのである。このように考えるのに慣れてきた古代の人々には、そこに落ちたら責め苦しか待っていない地獄は、新しい概念であった。新しければ、なおのこと恐怖もつのる。戦場では勇敢な司令官のテオドシウスも、年齢ならば三十三歳にもなっていない。このまま死ねば地獄行きかという不安と恐怖が、司教の巧妙な勧誘を受け容れさせたのかもしれなかった。

いずれにしても、テオドシウス帝は洗礼を受け、キリスト教徒になった。つまり、「羊」になったのである。「羊飼い」である司教の導くままに従う、羊の一匹になったのだった。なにしろ司教とは、神から、信者に教えを説いて聴かせる資格を与えられている身分であったのだから。

それに、皇帝と司教の関係は、一般の信徒と司教の関係とはちがう一面をもっていた。キリスト教の許での皇帝の権威と権力は、人間が委託するから行使できるのではなく、神が認めたからこそ行使できるのだ。その神の意を伝える資格も、司教にあるのだった。言い換えれば、司教には、神意であることを理由に皇帝の首をすげ替えることさえも、その気になりさえすれば可能であったことになる。これを避けたければ、大帝コンスタンティヌスやその息子コンスタンティウスのように、死ぬ直前まで洗礼を延期するしかなかったのであった。

ところがテオドシウスは、三十三歳にもならない若さで受けてしまったのだ。このときの重病は、神の思召か、それとも単に若さによる自然治癒か、意外にも簡単に快癒し、翌年からは再び精力的に活躍し始めるが、これをテオドシウス自身は、洗礼を受けたがゆえの神の恩寵、と信じていたようであった。

しかし、ときの最高権力者の二人が、このようにして司教が親密な関係を築くのに都合の良い状態にあったとは言っても、アンブロシウスがそれを、ただ坐って待っていただけであったら、彼がこの二人にふるった影響力も、さしたるものではなかったにちがいない。だが、アンブロシウスは、二十年にもなった高級官僚の経験から、権力者のどこを突けば、彼らをより強い影響下に置くことができるかを熟知していたのである。それは、彼らが何を最も必要としているかを見出すことであり、そしてそのことを、他の誰にも、同輩である司教たちにも、不可能なほどに巧みにやって示すことであった。

司教と言っても当時は、生れが低く教育もさして受けておらず、教養の低い人が多かったのである。その中でアンブロシウスは、鴨の群れの中に舞い降りてきた一羽の鶴のような存在だった。容姿によってではない。教養の高さと頭脳の明断さと、洗練された言葉を駆使しての説得力によってである。皇帝たちも当時の人々は、ユリアヌスを除けば、書記の助けなしには文章一つ、満足には書けない男たちであったのだ。

この皇帝たちは、同僚皇帝への使節にも、反乱を起こした軍団長を説得するのにも、また蛮族の族長相手の交渉にも、さすがはローマ皇帝が送ってきた特使、と迎える側が感嘆するような、外交官を必要としていたのである。それにアンブロシウスは、世俗的には中立と思われている聖職者である。また、彼自身からして、使節として出向くことも文章で交渉することも、二十年の高級官僚時代にやってきたことの継続にすぎないのだから、お安い御用、でもあったのだった。まずはこうして、皇帝たちに恩を売ったのである。

そのうえ、権力者はしばしば、決断を下さねばならない場合に遭遇するものだ。ゆえに、決断を下す前に相談できる、家臣ではない人物がいれば、それに越したことはない。聖職者ゆえ世俗上の利害にはとらわれない、ということになっている顧問役も、アンブロシウスならば、巧妙に見事にやり遂げたことだろう。

モーゼル河を下っていくだけでライン河に達せる、ライン河防衛線の後方基地としての歴史が長いトリアーにグラティアヌス帝を訪問し、ドナウ河防衛線の後方基地であるシルミウムにはテオドシウス帝を訪ね、この二人のうちのどちらかがミラノに立ち寄れば、必ずアンブロシウスが出迎える。それに、依頼されれば、外交使節まで引き受けた。これが、皇帝二人とミラノ司教の間柄になったのである。ヴァレンティニアヌス二世との関係がこのように密にならなかったのは、この少年皇帝はアリウス派のキリスト教に帰依しきっている母親の言うがままで、アリウス派を排除すると決めていたアンブロシウスには、近づくだけでも無駄であったからだった。

このようにして、ミラノ司教アンブロシウスは、キリスト教会の次の大飛躍の、基盤固めを着々と進めていたのである。

「異教」と「異端」

紀元三八〇年から三九五年までの十五年間は、キリスト教の勝利への道の最終段階になる。そしてこの十五年は、背後にアンブロシウス、前面にグラティアヌスとテオドシウスの両帝が立っての、「異教」と「異端」の双方に対する、全面的な宣戦布告から始まったのであった。

「異教」とは、もはや説明の要もないと思うが、キリスト教以外のすべての宗教を指す。ギリシア・ローマの宗教、シリア生れの太陽神、同じくシリア生れのミトラ神、エジプト生れの諸神、カルタゴ生れのタニト女神等々への信仰が「異教」と見なされたのは当然だが、これらの多神教に分類される宗教とはちがって、一神教のユダヤ教も、キリスト教にすれば「異教」の一つであったのだった。

一方、「異端」となると、三位一体説を信仰するカトリック派以外のすべての、キリスト教内部の宗派が対象になる。神意とされている教理（ドグマ）で成り立つ一神教だけに、教理（ドグマ）の解釈は解釈する人の数ほどある、としてもよいくらいに多い。これを調整するのが司教たちが集まって開かれる公会議だが、公会議の決定ぐらいで収まる抗争ではなかった。信ずる教理の解釈がかかっているだけでなく、司教区の支配という世俗の世界での権力までがかかっていたからである。

教理（ドグマ）の解釈のちがいから生れた宗派の数は、わかっているだけでも両手の指でも足りないのではないかと思うほどに多い。だが、その中でもとくに強力であったのが、三位一体派とアリウス派の二派である。

三位一体派は、この時期以降はカトリックと呼ばれるようになるが、神とその子イエスは同格であり、これに聖霊を加えての三位は一体である、とするキリスト教徒を指す。大帝コンスタンティヌスが召集した紀元三二五年の「ニケーア公会議」で公式に採択されたのが、この三位一体説であった。

一方、司祭アリウスが唱え始めたことからアリウス派と呼ばれる派に属す人々は、イエスは限りなく神に近いが神とは同格ではない、と考えるキリスト教徒たちだ。ニケーアの公会議では一敗地にまみれ、アリウスとその同志たちは追放されるが、それでもアリウス派が衰退することはなかった。大帝の息子コンスタンティウスにヴァレンスと、帝国東方が担当の皇帝たちにアリウス派シンパがつづいたからである。

ところが、その後西方で頭角を現わしてきたミラノ司教のアンブロシウスは、三位一体派に立つ。そして、グラティアヌスとテオドシウスは二人とも、このアンブロシウスの影響下にある。となれば、この三者にとって排撃すべき「異端」は、他のどれよりもアリウス派になるのであった。

これは私の想像にすぎないが、アンブロシウスが三位一体派であったのは、自ら教理を解釈したあげく、三位一体説が正しく、ゆえにアリウス派が誤っている、と判断したからではないと思う。この元高級官僚の司教が目指していたのは、自分が「羊飼い」になったキリスト教会によるローマ帝国のキリスト教国化であり、それにはキリスト教会の強大化が必要で、強大化するには一本化が不可欠、と考えていたのではなかったか。これならば「ニケーア公会議」で示された大帝コンスタンティヌスの判断と似ているが、アンブロシウスも、宗教者というよりも、政治家として判断したのではないだろうか。この人の言行には、そのどこを洗っても、宗教的な熱狂というものが見出せないのである。

とはいえ、以上のような事情があって、「異端」排撃は、もともとからしてアリウス派の勢力が強く、それが今ではカトリックのキリスト教徒でもある皇帝テオドシウスが治めることになった、帝国の東方で爆発したのであった。発火点は、大帝コンスタンティヌス以来、半世紀にわたってアリウス派が独占してきたコンスタンティノープルの司教の座である。

まず、皇帝テオドシウスはこのアリウス派の司教に、三位一体派への宗旨替えを迫った。司教は拒否する。待っていたのは追放だった。

ところが、アリウス派の司教を追い出したまではよかったが、代わりにすえる三位一体派の聖職者がいない。アリウス派の勢力が伝統的に強かった帝国東方では、もともとからして三位一体派の聖職者の数が少なく、帝国東方の首都の司教にふさわしい人物など、容易には見つかるものではなかったのだ。それで、元老院議員の一人に急遽洗礼を受けさせ、アンブロシウスのときのように、キリスト教会のヒエラルキーを下から上までさっさと消化させたうえで、司教の座に就けたのである。

しかし、コンスタンティノープルの司教がアリウス派から三位一体派に代わったこの一事は、アリウス派が終始優勢であった帝国の東方に、カトリック・キリスト教の強力なくさびが打ちこまれたことを意味した。だからこそ帝国の東方では、「異教」排撃よりも「異端」排撃のほうを、先行せざるをえなかったのである。

「異端」排斥

テオドシウス帝は、紀元三八〇年から三九五年までの十五年間に、「異端」排斥を目的にしたものだけでも、十五もの勅令を発布している。しかもこれらの勅令は、わかっている数だけで、実際はこれを大幅に上まわっていたのではないかと研究者たちは言っている。「異端」は、それが何であろうとキリスト教会の団結を崩すゆえに悪である、としたテオドシウス帝の決意は、半端ではなかったのだった。

まず、異端者には、改心を要求した。もちろん、正統カトリック派への改宗である。だが、自分の解釈が正しいと信じて疑わない人が相手である。強制に屈して改心する者は少なく、テオドシウスは勅令を連発して、違反者には厳しい罰則を科さねばならなかった。

勅令によって禁止されたのは、次の「罪」である。

異端の教えを、説くこと。

その教えを、聴くこと。

その教えを、同志をかたらって集団で聴くこと。

信徒たちが異端の教えを聴けるよう、そのための場所を提供すること。

異端者たちが集まっているのを知りながら、それを告発しなかった司法関係者。

そして、「異端」であろうと「異教」であろうと、公的であろうと私的であろうと、それに関係するすべてのミサも祭儀も禁じられ、これに反した者の全資産は没収され、国庫に収められると決まった。そしてそれは、実に厳密に実施されたのである。

違反者に科される処罰は、資産没収のみでなく追放刑もあったが、聖職者と一般の信徒は、罰則の上でもちがいがあった。

聖職者の場合は、税制上の免税等の優遇措置を剝奪されることと、追放が主であったようだ。一般の信徒への処罰となると、一人、一回の違反につき、一〇リブラの黄金というように、罰金刑が多かった。だが、聖職者・一般信徒の別なく、幾度となく違反を重ねる者には、死刑さえも待っていたのである。キリスト教徒でいながら同じキリスト教徒からの迫害を受け、悪ければ殉教するという現象の始まりであった。

しかし、中世を想わせる現象は、これだけではなかったのである。

勅令にも屈しない確信犯に対しては、他の人々は交渉をもってはならない、と決められたのだ。日本式に言えば「村八分」だが、中世になって猛威をふるうことになる「破門」が、地平線上に姿を現わしたのだった。もう一つは、「異端者」を探し出し告発し裁決を下すための、特別の機関が設立されたことである。「聖なる役所」と呼ばれた機関だが、これまた中世になって吹きまくることになる、異端裁判や魔女裁判の前兆以外の何ものでもなかった。中世とのちがいは、裁判官だけは聖職者ではなかったことだけである。

そしてこれが、テオドシウス帝下の帝国東方でもっぱら行われた、「異端のキリスト教徒たち」への弾圧と迫害の様相であった。アリウス派がこの弾圧によって、完全に消滅したわけではない。だが、壊滅的な打撃を受けたことならば事実である。キリスト教会の中でアリウス派が、支配的な勢力になることはもはやなくなったのであった。

一方、グラティアヌスの統治する帝国の西方では、もともとからしてキリスト教の浸透自体が遅れ、それゆえに勢力も東方に比べれば弱く、キリスト教内部での教理をめぐる抗争も、終始三位一体派の優勢で進んできたのである。この西方では、「異教」排斥に、ダイレクトにとりかかれたのである。

それは、皇帝グラティアヌスによる、「最高神祇官」(pontifex maximus)への就任の拒否から始まった。

「異教」排斥

「最高神祇官（ポンティフクス・マクシムス）」とは、ローマ人とその住民共同体である国家ローマを守るとされてきた、最高神ユピテルとその妻のユノー、そして知の女神アテネの三神を最上位にする、国家ローマの宗教を祭る祭司や神祇官たちの最上位に位置する公職で、その設立は、ローマの建国にまでさかのぼるほどに古い。共和政時代には、あらゆる公職を勤めあげた人が就任する唯一の終身制の公職で、執政官でも二人という複数制をとっていた共和政ローマでも、ただ一人という異色の公職であった。それゆえ、老齢に達して、功成り名とげた人物が就くのが通例になっていたのだ。三十七歳でしかなかったユリウス・カエサルが立候補して当選したときは、元老院は驚いたくらいである。だが、驚いたほうがこの公職のメリットに盲であったのだ。カエサルには、唯一の終身職であり同僚なしの公職であるということと、そしてそれがローマ市民の宗教心を管理する立場であることが、彼の政治を進めていくうえでの利点になると思えたのであった。

このカエサルの考え方を完璧に受け継いだのが、初代皇帝になるアウグストゥスである。この人から、「最高神祇官（ポンティフクス・マクシムス）」を兼任することが、ローマ皇帝の伝統になった。それで、キリスト教を公認した大帝コンスタンティヌスも、皇帝であると同時に「最高神祇官」でもあったのだ。また、大帝の息子コンスタンティウスからグラティアヌスに至る親キリスト教の皇帝たちも、その全員が、異教の神々に捧げる祭儀の最高責任者でもありつづけたのである。なぜなら、大帝コンスタンティヌス以降の親キリスト教の皇帝たちでも、建前ならば、「ミラノ勅令」に記されてあったように、すべての宗教の信教の自由を認める立場にあったからである。

グラティアヌス帝による「最高神祇官」就任拒否は、それゆえに重大な意味をもっていた。

まずもって、多神教の世界であった古代でも、個々人の宗教と、その個人が集まってつくる国家の宗教が並存していたのだが、それは、つまり、信仰をもたない個人は存在しなかったと同時に、国家宗教をもたない国家も存在しなかったのが古代であったからである。

その古代での国家のトップである皇帝が、国家宗教を司る「最高神祇官」への就任を拒否したということは、その宗教はもはや国家の宗教ではない、ということを意味する。同時に、別の宗教を国家の宗教にするという意志を、表明したことでもあった。そしてこれは、すべての宗教の信教の自由は認めない時代への、明確な、しかも決定的な、第一歩を踏み出したことでもあったのだ。

グラティアヌス

グラティアヌス帝はまだ、三位一体説をとるカトリック・キリスト教を、ローマ帝国の国教にするとの宣言まではしていない。このときはまだ、ローマ伝来の宗教はもはやローマの国教ではない、としただけである。だが、このグラティアヌスの決定によって、キリスト教がローマ帝国の国教になるのは、もはや時間の問題でしかなくなったのであった。

グラティアヌス帝はこれにつづけて、これまたローマの建国当時からつづいてきた女祭司制度の消滅に着手する。女祭司制度の維持に要する諸費用を、以後は国庫から支出しないと決めたのだ。未婚の身を神々に捧げることで人々から敬意を払われてきた女祭司たちも、これでは消え去るしかないのだった。そして、彼女たちとともに消え去ったものがもう一つあった。ローマのフォロ・ロマーノの中央に立つ小さな円形の神殿の中で燃えていた、「聖なる火」である。この炎も、一千一百三十五年後に、ついに消えたのである。

グラティアヌス帝による「異教」への宣戦布告は、これで終わりではなかった。「異教」の神々を祭る神殿の維持に使われてきた、経費の財源にまで没収の手をのばしたのだ。もともとからして専業の祭司階級をもたないローマの宗教では、祭司も神祇官も市民が兼職していたので、専業の聖職者階級の維持が不可欠のキリスト教会ほどは、経費は必要ではなかったのである。だが、その程度の経費の財源にはなっていた果樹園や葡萄畑でさえも、いっせいに国に没収されたのであった。

そして、ここまで事態が進んでくればその先の進路はもはや明確だが、神殿という神殿はどの神に捧げられているかに関係なく閉鎖され、街角や道路ぎわに立っていた祠までが閉鎖されたのである。しかし、この段階ではまだ、死罪をもって禁止されていた祭儀は、国や地方自治体や各種の職能組合が主催する公的なものにかぎられ、個人が私的に行う祭儀までは禁止されていない。要するに家の中で行うのであれば許可する、であったのだが、これも先は長くはないのだった。

このグラティアヌス帝が実施した「異教」排撃を目的にした施策の最後は、共和政時代の昔から元老院の会議場の正面に安置されてきた、「勝利の女神」の像を撤去させたことである。この女神像の撤去を最初に言い出したのは皇帝コンスタンティウスだったが、それは実行されないままで三十年が過ぎていたのだった。

この女神像は、記録の伝えるところによると、丸い大きな地球の上に、羽を左右に広げた女神が、左手に笏をもち、右手には長槍をもって立つ姿で表わされていたという。ローマの勝利の象徴であったこの女神像の前では、元老院会議が行われる日には香が焚かれ、議員たちはそれに礼拝した後で会議を始めるのが、少なくとも五百年はつづいてきた伝統になっていたのである。グラティアヌス帝は、それを撤去させたのだ。だが、これに抗議した元老院議員から皇帝に向けた、この処置の撤回を求めた書簡文が、彼の手に渡ることはなかった。

紀元三八三年、グラティアヌス帝は、ブリタニアで反乱を起こした司令官マクシムスに攻めこまれ、ちょうどその頃滞在していたパリから逃げ出したところを殺されたのである。二十四歳でしかなかった。だがこれによって、今度は帝国西方の皇帝が空席になってしまったのだ。その後を継ぐ資格のあったヴァレンティニアヌス二世は、いまだ十二歳。三十六歳のテオドシウス帝が、東方と西方を合わせたローマ帝国を、実質上は一人で治めていくことになる。それは、東方も西方も変わりなく、ローマ帝国全域が、司教アンブロシウスの考えるとおりに、キリスト教国化していくということでもあった。

西方担当のグラティアヌス帝が殺された紀元三八三年、東方を担当していたテオドシウス帝は三十六歳だった。ただし、十二歳のヴァレンティニアヌス二世が形式的にはグラティアヌス帝の後を継いで帝国西方の皇帝になってはいたのだが、この少年皇帝は終始無力で、ついにはイタリアを追い出され、テオドシウスを頼ってギリシアのテッサロニケまで逃れる。だがこの地で、家臣とのいさかいが原因で殺された。激しい口論の後で寝室に入った皇帝は、翌朝、死体で発見されたのである。紀元三九二年になってからのことだが、二十一歳の死であった。名ばかりではあっても四歳の頃から帝位にあったこの人を終始影響下においていた母后ユスティーナは、この数年前に、熱心に信仰していたアリウス派のキリスト教を襲った弾圧と迫害を嘆きながら死んだという。

研究者たちには、テオドシウスが東方も西方ももとの帝国全域を一人で統治した時期を、このヴァレンティニアヌス二世が殺された紀元三九二年から、テオドシウスの死ぬ三九五年までの、三年間とする人が多い。

しかし私は、実質的には、グラティアヌスが殺された紀元三八三年から三九五年までの、十二年間と考えるべきではないかと思っている。なぜなら、ブリタニアで反乱を起こしグラティアヌス帝を死に至らせた将軍マクシムスとその勢力は、五年後の三八八年になってようやく制圧され、マクシムス自身も殺されてこの件は落着するが、その制圧行を率いたのはテオドシウスで、ヴァレンティニアヌス二世ではなかったからである。殺されたグラティアヌスの意向を尊重したテオドシウスは、ヴァレンティニアヌス二世の地位を奪うことはしていない。帝国西方担当の皇帝というその地位までも自分のものにしたのは、この影薄き皇帝が殺された、紀元三九二年からである。だが、それまでの九年間も、ローマ帝国全域の実質的な統治者は、テオドシウスであったのだ。これはまた、グラティアヌス帝が進めてきたローマ帝国のキリスト教国化が、その死でも中絶されることなく、テオドシウス帝に引き継がれたことを意味している。その一例が、先にふれた、元老院（クーリア）議場に安置されていた勝利の女神像の撤去をめぐる問題であったのだ。そして、この問題をめぐって、紀元四世紀も最後に近くなったローマ帝国を代表する二人の知性が、正面からぶつかることになる。一人は異教側で、もう一人はキリスト側に立って。

論戦

クイントゥス・アウレリウス・シンマクス（Quintus Aurelius Symmachus）は、紀元三四〇年に首都ローマで生れた。この人の生れも受けた教育も公職経歴も、この人よりは十歳年長だったアンブロシウスと酷似している。だがこの人の場合はフルネーム、つまり個人名・家門名・家族名ともが知られているのは、アンブロシウスとちがってこの人は、公職キャリアの途中でキリスト教会からスカウトされなかったからである。

ただし、もう一点でも、アンブロシウスとはちがっていた。それは、アンブロシウスが帝国の高級官僚であった父親の赴任先のトリアーで生れた、首都ローマの名家出身者であったのに対し、シンマクスのほうは、生れた地は首都ローマでも、もとをたどればガリア出身の、ローマ帝国の高級官僚を父にもっていたことである。ローマ人の言う、「ガリア系ローマ人」の家系であったのだ。

しかし、ローマ帝国では、これは差別語ではまったくなかった。同時代のローマ人が「黄金の世紀（サエクルム・アウレウム）」(Saeculum Aureum) と呼び、後世が「五賢帝時代」と呼ぶことになる紀元二世紀の皇帝たちは、五人のうちの四人までが属州出身者である。トライアヌスとハドリアヌスとマルクス・アウレリウスは「ヒスパニア系ローマ人」であり、アントニヌス・ピウス帝は、「ガリア系ローマ人」であったからだった。ローマ帝国では、属州出身はハンディではまったくなかったのだ。

シンマクスの父も、首都生まれのローマ市民だったアンブロシウスの父同様に、格ならば当時の高級官僚のキャリアの頂点になる、「首都長官（プレフェクトウス・ウルビ）」(praefectus urbi) にまで登りつめている。つまり、シンマクスもアンブロシウスも、皇帝不在が久しい首都ローマで、皇帝の「代理人（ヴィカリウス）」としてもよい人の息子として育ったのであった。

当然、受けた教育も、後世がリベラル・アーツと呼ぶ教養の各分野にわたり、そしてその後も、高等教育を受けた指導者階級に属す若者が進むのが当り前とされていた、公職に進むことになる。それは、共和政・元首政を通じて、恵まれたる者が社会のために無報酬でつくすという意味で「名誉あるキャリア（クルスス・ホノルム）」と呼ばれていたコースである。これも帝国後期になって様変わりし、四世紀には次のようになっていた。

二十代で就く「会計検査官（クワエストル）」から始まり、それを勤めあげた後でなる「元老院議員（セナトール）」になって元老院（セナートウス）入りし、その後は、「法務官（プラエトル）」に選出され、ここで地方勤務に出る。イタリア半島の州の「知事（グヴェルナトール）」を経て、もはや名のみとはいえ、「執政官（コンスル）」と進むのだが、「コンスル」を経験しないと「元執政官（プロコンスル）」になれないからで、帝国の各属州は、「総督（プロコンスル）」によって治められていたからである。そして、これらのキャリアを経て到達するのが、「首都長官（プレフェクトウス・ウルビ）」であったのだった。

アンブロシウスは、イタリア半島内の州の知事のときにキリスト教会からスカウトされたので、「名誉あるキャリア」はそこで中断されたが、スカウトされなかったシンマクスは、「名誉あるキャリア（クルスス・ホノルム）」のゴールとしてもよい「首都長官」に、四十四歳でなっている。だが彼は、「会計検査官」を経験しただけでまだ元老院入りも果していない二十代後半で、皇帝からスカウトされていたのだ。ゆえに公職キャリアということならば、アンブロシウスよりはよほど鮮やかなスタートであったのだった。

シンマクスが就任したのは、ラテン語では「comes tertii ordinis」と呼ばれた官職である。「コメス」とは、もともとは皇帝の友人の意味であったのが今で言う「内閣官房」に変わっていった機関で、意訳すれば、「内閣官房所属の秘書官」とでもなろうか。要するに、高官ではなかったが皇帝とは始終顔を合わせ、皇帝の行くところはどこにでも従いていくポストだった。

若いシンマクスをこのポストに任命した皇帝ヴァレンティニアヌス一世は、帝国の東方は弟のヴァレンスに預け、自らは西方で、蛮族相手の戦闘ばかりして、治世の十年を過ごした人である。シンマクスがこの皇帝の許で仕事をしたのは後半の六年だけだったが、その間ならば若き書記官も、蛮族と対決する戦場を見たことになる。ただし、シビリアン・キャリアとミリタリー・キャリアが分離されて、八十年が過ぎていた。シビリアン・キャリアのシンマクスは、あくまでもシビリアンとして参戦している。つまり、兵士を率いての参戦ではなかったのだ。とはいえ、蛮族を向うにまわした戦場までは経験していないアンブロシウスとはちがって、シンマクスは若い頃に、北方蛮族の総称であるゲルマン民族を、彼らが勝ったときも負けて降伏してきたときも、そして穏やかにローマ人と共生する姿でさえも、すべて自分の眼で見てきた人なのであった。

皇帝の行くところどこにでも従行する生活の終わりは、これまた皇帝ヴァレンティニアヌスの意向を機にしていた。紀元三七三年、三十三歳のシンマクスはアフリカの総督（プロコンスル）に任命され、カルタゴにある総督官邸に赴任する。当時の北アフリカは砂漠の民の来襲と住民の反乱が重なってむずかしい時期にあったのだが、結局は派遣されてきたテオドシウス帝の父による軍事的解決に待たねばならなかったにせよ、民政面での問題解決はシンマクス総督に一任されていたのだった。

しかし、このようにして三十代が過ぎつつあったときに、皇帝ヴァレンティニアヌスが急死した。若くて有能な行政官僚であったシンマクスは、なぜか理由はわからないが、アフリカ属州総督以後はさほど重用されていない。その後のキャリアでわかっているのは、ルカーニア・ブルッティという、長靴の形をしたイタリア半島のつま先にあたる州の、「知事（グヴェルナトール）」に就任したことだけである。この他に、行政職ではなく宗教面での地位だが、「神祇官長（ポンティフィチ・マイオーリ）」にも就いている。皇帝グラティアヌスが「最高神祇官（ポンティフクス・マクシムス）」への就任を拒否したことによって神祇官の権威は低下していたにかかわらずそれを受けたのは、逆境に墜ちる一方の異教徒という衣（ころも）を、シンマクスは捨てるどころか、堂々と身にまといつづけたことを示している。その彼が、「異教ローマの古き誇りの最後の炎（ほのお）」とされたのも当然だった。

紀元三八四年、四十四歳になっていたシンマクスは、「首都長官（プレフェクトゥス・ウルビ）」に任命された。任命者は皇帝だから、テオドシウス帝は、自分の代わりに首都ローマを統治する「代官（ヴィカリウス）」のつもりで任命したのにちがいない。だが、「首都長官」には、首都ローマに住む人々の意を汲んで行う行政の、最高責任者という意味もある。シンマクスは、以後の彼の言行から推測すれば、この後者の意味で、「プレフェクトゥス・ウルビ」の責務を果そうと決めたのかもしれなかった。

首都長官シンマクスとミラノ司教アンブロシウスとの間で展開された論戦は、この両者がテオドシウス帝の面前で、言論戦を戦わせた、というわけではない。グラティアヌス帝の命令によって元老院議場から撤去されていた勝利の女神像を、もとにもどしてくれるよう請願したシンマクスの書簡に対し、アンブロシウスが、それに反対する書簡を皇帝に送ったことで、成り立った論戦なのである。ミラノ司教のくり広げる反対論が、首都長官の請願にいちいち反駁（はんばく）することで成っていることから、おそらく司教アンブロシウスは、何らかの手段によって、皇帝にあてたシンマクスの書簡の内容を知っていたのである。

いずれにしてもこの論戦は、生れも育ちも、受けた教育も前半生のキャリアも、同じとしてもよい四世紀ローマの知性が、一人は消えゆく文明を体現し、他の一人は上昇一方のもう一つの文明を代表して、言論を闘わせた戦場になる。「法廷」ではなく「戦場」としたのは、中立な立場にあって判決を下す裁判官的な存在が不在であったからである。両者ともに書簡のあて先とした皇帝は、検事役のアンブロシウスとは親密な仲の、キリスト教徒であったからだった。

この両者の書簡を、冒頭の儀礼文は省略したにせよ、それ以外は全訳で紹介したい。長文になるが、要旨だけでは紹介する意味がない。この二人ともが、何を、そしてそれをどのような論法で進めていったのかを忠実に追ってはじめて、もはや末期に近くなったローマ帝国の知性の実態が明らかになると思うからである。

首都長官シンマクスより、皇帝テオドシウスに送られた書簡

「栄光への強い想い以外の何が、われわれの祖先が創り上げた法律の、そしてそれに基づいた祖国(パトリア)の、防衛に役立つでありましょうか。われわれの父たちが理解していたこのことに反しないかぎり、あなたにもまた栄光が伴いつづけるにちがいありません。

われわれ(ローマの元老院)はあなた(皇帝)に、重ねて請願したい。われわれの祖国に長く栄光を恵んできた要因の一つである宗教への対応に関して、慎重に配慮されることを懇願したいのです。

歴代の皇帝たちは、各自の宗教心を明らかにしてきました。昔の皇帝たちは、それ以前の指導者たちと同様に古来の神々を敬い、昨今の皇帝たちでも、敬いはしなくても排斥はしなかった。もしもあなたが、昔の例を踏襲する気にはなれないとしても、最近の例を尊重することならばむずかしくはない。

勝利の女神に体現される思想を尊重しない者は、蛮族と変わらないと考えます。あなた自身はその神性を認めないとしても、この女神像が受けてきた長年にわたる人々の敬意を考慮されて、われわれに像を返還し、それが昔から置かれてきた場所にもどれるよう、はからっていただきたいのです。

皇帝の地位を安泰にしてきたのは、何と言おうが敵に対する勝利であり、これからもこの事実は変わらないでありましょう。また、あなた御自身も、勝利の女神の微笑を受けつづけることを、何よりも求めておられるにちがいない。誰もが、各自相応の勝利の女神の加護を求めているのです。そしてそれを期待できるならば、誰でも拒絶はしない。となれば、これほどに多くの人が求めているものを、誰であろうと妨害し排斥

する権利はないはずであり、勝利の女神像を撤去しつづけることは、人々の希望を打ち壊すという挑発行為になりかねません。それに女神像は、元老院の象徴になって長い歳月が過ぎている。信ずるか信じないかには関係なく、われわれの祖先が長年にわたって心のささえにしてきたこのことを、尊重する気持があってしかるべきではないでしょうか。

　あなたに懇願するのは、単なる像の撤去の撤回ではない。幼少の頃に父から教えられたことを、われわれも子に教えられる状況にもどしてほしいことなのです。伝統への愛ほど、良き生をまっとうしようと願っている者にとって、偉大なものはない。そして、あなたの名誉が永遠であることがわれわれの願いでもある以上、それを傷つけるような決定に対しては、われわれとて声を大にして是正するのを怠ることは許されないのです。

　勝利の女神像を欠く議場で、国の法に対する忠誠を、どうやったら誓えるのか。偽（にせ）の忠誠をする者を、何の権威によって怖れおののかせることができるのか。もしも各人が勝手に独自の権威を振りまわすようになれば、権威自体が崩壊し、世の中は偽の宣誓であふれてしまうようになる。勝利の女神像は、このような権威の無政府状態を救ってきたのです。

　首都以外の帝国の各地方でも、この神に捧げられた祭壇の前で、人々は共に生きることを確認し合い、個人は国家への忠誠を誓い、統治者はその政策に権威を附与してきたのです。この祭壇の前での宣誓くらい、帝国を一つにまとめるのに役立ってきたものはない。

　象徴を欠いた元老院議場は、早晩、虚偽と不正の巣に変わるでしょう。この状態が、臣下の敬意を満身に受ける皇帝たちの望むところであるはずがない。あなた方への忠誠も、何かに拠（よ）って立ってこそ効力があるからです。

　伝え聴くところによれば、最初にこの像の撤去を考えたのは、皇帝コンスタンティウスであったという。しかし、何であろうと先例は、踏襲しなければならないということはありません。コンスタンティウス帝の業績には、踏襲すべきと思われる政策は他にたくさんある。そのほうをあなたは、お考えになるべきです。

例えば、彼は、女祭司たちが享受してきた特典を取り上げていない。祭司たちの地位も、数多いローマの公職のうちでも最も高貴なものとして尊重した。ローマの国の宗教に関係する祭儀のための出費を、拒否したこともなかった。首都ローマ訪問の際には、この永遠の都のすみずみにまで足を運び、元老院会議に出席し、神殿を訪ねてまわり、神殿の正面上の破風に刻まれた神の名を読み、人々の参拝が絶えない聖所を訪れたときはその由来をたずね、それらの神殿や聖所を建てて人々に贈った者を賞讃したのだった。彼個人の信仰が何であったかは、秘密ではまったくなかった。だが、それでもなお彼は、帝国の民のために、これらの帝国の栄光の記念碑は残す必要は認めていたのです。

人間には誰にでも、各人各様の生活習慣があり、各人の必要に応じての信仰する対象がある。各都市も、それぞれの守護神をもっている。これは、人間は生れたときからそれぞれの精神をもつ存在になるのと同じです。ゆえに、各民族にはそれぞれの「霊（ジェニウス）」がいて、その民族の運命を左右する。そして、各人の精神、各民族の霊、を統合しそれらを至高の神々と結ぶ役割を果すために、国家の宗教があるのです。

また、理性といえども限界がある。それをおぎなうのに、自分たちの歴史を振り返ること以上に有効な方法はあるだろうか。将来の繁栄を築くにも、すでにそれを成し遂げた過去を振り返るのは、最上の方法でもある。そして、その栄光ある過去は、われわれの祖先が敬意を払いつづけてきた神々の支援があったからこそ、成し遂げられたことでもあった。

今や、ローマ全体が、あなたに深慮を願っているように思われる。皇帝の中でも一段と優れ、国家の父でもあるあなたに懇願したい。古き過去を尊重されたし、と。

それは、わたし個人についてならば、わたしが慣れ親しんできた祭儀を挙行することを認め、そしてそれによって、わたし自身が、自由に生きる一人の人間として、悔やみ恥じることなく生を終えることを意味します。

ローマ古来の宗教は、帝国全体の統合に役立ってきたのであり、それを信じることで成された犠牲が、ハンニバルをローマの城壁から遠ざけ、カンピドリオからガリア人を追い払ったのでした。それを教えられて育ったわたしが、なぜ年を重ねた今になって、自分たちの過去を否認しなければならないのか。いかにそれが時代の流れに合わなくなってしまったとしても、わたしのような人間にとっては、改心しようにも遅すぎるし、何よりも自尊心を傷つける行為になる。

わたしは、あなたに懇願したい。長くわれわれが心の糧にしてきたローマ古来の神々を、そのままにされることを懇願したい。なぜならわたしには、多くの人々にとっての心の糧が、ただ一つの神への信仰のみに集約されるのは、人間の本性にとって自然ではないと考えてもいるからです。

われわれ全員は、同じ星の下に生きている。われわれの誰もが、同じ天に守られている。同じ宇宙が、われわれを包んでいる。その下に生きる一人一人が拠って立つ支柱が異なろうと、それがいかほどの問題でありましょうか。ただ一つの道のみが、かほども大きな生の秘密を解けるとは思われません。

大帝コンスタンティヌスが天から、祭司たちの涙を見たら何と思われるだろう。かつて彼が宣言した、すべての宗教を認める寛容の精神に反すると、侮辱された想いになるのではないだろうか。勝利の女神像撤去を最初に言い出したとされる大帝の息子コンスタンティウス帝も、もしもそれが事実ならば、ローマの元老院にとっての女神像の存在理由に無知な側近の進言を、深くも考えずに受け容れたからにちがいありません。熟慮の末に決断したわけでもない政策を正すことは、単に正しい行為であって、先帝の名誉を汚すことではない。なぜなら、市民の声に心から耳を傾けるならば、先例といえども正すのは皇帝たる者の責務であり、それはわれらが帝国の、良き伝統でもあったからでした」

以上が、「異教ローマの誇りの最後の炎」と言われた、四十四歳の男の声である。勝利の女神像撤去への彼の反対は、後世から見れば、時代錯誤に思えるかもしれない。また、四世紀のローマ帝国の実情からも隔たっていた。ローマは勝戦から縁遠くなる一方であり、元老院はもはや、国政から遠ざけられて久しかったからである。その元老院議場に、これだけは元首政時代と変わらない勝利の女神像がありつづけ、元老院議員たちはその前で香を焚き、もはや何の実効性もないことの討議をしつづける。これくらいのアナクロニズムも、ないという感じさえする。

しかし、シンマクスは、これらが時代錯誤であることを、知らなかったのではなかった。知ってはいたのだ。しかし、知っていながら、職務上の義務でもなかった書簡を書いたのである。なぜなら、勝利の女神像の撤去を放置したままでいることは、最後に残った堤防までが決壊するのを放置するのと、同じであると感じたからであった。そして、この堤防までが決壊してしまえば、後はせきを切って流れこむ奔流によって、すべてが流されてしまうのである。これが彼に、筆をとらせた動機であった。そして、このことを、アンブロシウスのほうも完璧に読みとっていたのである。

ミラノ司教の書簡は、ヴァレンティニアヌス二世にあてられている。だが、元高級官僚のこの人に、実権は誰がにぎっているかがわからなかったはずはない。ゆえにこの書簡は、儀礼上は十二歳の影薄き皇帝にあてられているが、実際は、三十六歳の実力者テオドシウス帝に向って書かれたのである。事実、十二歳の皇帝は読みもしなかったが、三十六歳の皇帝は確実に読んだのだ。四年前に洗礼を受けてキリスト教徒になっていたテオドシウスに、キリスト教徒を導く羊飼いであるとともに神意を伝える資格をもつとされている、司教からの書簡を読まないなど、許されることではなかったからである。五十四歳になっていたミラノ司教アンブロシウスの皇帝への書簡は、次のように始まっていた。

「令名高きローマの長官(プレフェクトウス)閣下が、あなたに、永遠の都からの懇願として、涙ながらに古き宗教の存続を訴えたと知り、筆をとる気になった次第です。

まずわたしは、彼にたずねてみたい。どのような聖なる神技(かみわざ)が、ハンニバルの攻撃からローマを守ったのか、襲ってきて居坐っていたガリア人を、カンピドリオから追い出したのか。

また彼は、彼の良しとする宗教の有効性を並べ立ててはしても、その弱さには言及していない。たとえこれらの神々がハンニバルと闘ったとしても、それならばなぜハンニバルが、首都ローマの城壁にまで迫るのを許したのか。ガリア人にカンピドリオの攻略をあきらめさせたのは、攻め登ろうとしていた彼らの存在を、鵞鳥（がちょう）が鳴いたことでローマ人が知ったからではなかったのか。その間、彼らのユピテル神はどこにいたのか。鵞鳥になり変わったユピテルが鳴き声をあげて、ローマを守ったとでも言いたいのか。

一歩ゆずり、長年にわたってつづけられてきた彼らの神々への信仰が、ローマの軍団を支援してきたとしましょう。しかし、ハンニバルもまた、これらの神々の一人を信仰していたのだ。つまり、神々にはローマもカルタゴも平等に守る義務があったわけで、それがなぜ、ローマが勝ち、カルタゴが敗れる結果に終わったのか。

また、彼が主張したいらしい、民衆の涙ながらの懇願を受けてというのも根拠が薄弱だ。もはや民衆は、彼とは異なる言語で通じ合っているのです。その民衆は言う。なぜ祝祭日ごとに、効力もない祭儀を行うために貴重な家畜を犠牲にしなければならないのか、と。

勝利は、犠牲に供された家畜の内臓になどは隠されていない。勝利は、闘う兵士たちの戦闘力によってもたらされる。そしてそれは、神々に頼るのとはまったくちがう、強固な意志によってもたらされるものなのです。

カンピドリオまで攻略しようとしていたガリア人を崖から追い落としたのは、また、すでにカンピドリオの丘にはためいていた彼らの旗を引きずり落としたのは、神々に捧げる祭儀によったのではなく、当時のローマ人の勇気によったのだ。ハンニバルに対する勝利も、神々に祈ったからではなく、ハンニバルの故国に攻め入るという、あの時代のローマ人の大胆と果断さによったのです。

それに、なぜシンマクスは、ローマの昔の偉大さにばかり話を向けるのか。わたしは、皇帝ネロが信仰していたのと同じ神々を、自分も信仰しようとは思いません。

そして、蛮族が侵入してくるのも、昨日今日に始まったことではない。また、蛮族侵入に苦しまされた皇帝たちは、彼らが古来の神々をないがしろにしたから、苦しんだとでも言いたいのか。その一人であるヴァレリアヌスは敵ペルシアで捕囚の身に堕（お）ち、もう一人のガリエヌス帝は帝国を粉々にしてしまった。あの不幸な日々、元老院議場の勝利の女神は何をしていたのか。

わたしは、自分の祖先たちが犯してきたこれらの誤りを恥ずかしく思う。しかし、より恥ずかしいのは、それを変えようとしない気持です。過去の誤りに学ぶのに、遅すぎることはない。だが、それをする勇気をもつ、年齢というものはある。老いてからでは、誤りを正すことはもはやできません。

それに、彼らの払う犠牲とは、祭壇の上で家畜を殺しその血を振りまくことでしかない。何やら犠牲に捧げられた家畜だけが、神の声を伝えるとでもいうかのようです。

世界の秘密の探求は、それを創造した唯一神にまかせるべきで、自分自身のことにさえも無知な、人間に託してよいことではありません。

シンマクスは言う。世界の秘密に迫るのには、一つの道だけでは充分でない、と。だが、彼にとっての秘密は、われわれキリスト教徒にとっては、神の声によって明かされたことによって、もはや秘密ではなくなっているのです。彼らが探求しようと努めていることも、われわれにはすでに、神の叡智と真理によって明らかにされている。彼ら異教徒の考えとわれわれの考えの間には、共通するところは一つもない。彼らは皇帝に、彼らの神々の平和を願う。われわれはキリストに、皇帝に平和を恵まれよ、と祈る。であるのに、古い慣習を捨てたわれわれを非難することが、彼らに許されてよいものでしょうか。

一日も、それが始まってすぐは、太陽のもたらす恩恵を充分に味わうことはできない。陽が昇るにつれて少しずつ、それは輝きを増し、暖かさを感じさせてくるのです。季節の初めは、地は裸で種もまかれていない。だが、気を落とさずに耕していけば、収穫は必ずやってくる。われわれキリスト教徒を非難する者には、いつの日か必ず悔やむときが訪れる。破滅の日が、必ず訪れる。なぜなら太陽が、暗黒を追い払ってくれるからです。

キリストの教会にとっての収穫は、喜びに満ちた希望によってもたらされるものであり、それは聖者たちが春を謳歌する時代の始まりであり、そしてこの喜びは、いずれ全世界のすべての民の間に広まっていくにちがいないのです。

キリストへの信仰は、無知な魂を救うのではなく、これまでは法によって真実が示されてきたと信じてきた文明が崩壊した跡に、その過去の誤りを正す勇気をもつ人々の上に輝くことになるでありましょう」

キリスト教徒ではない私なので、司教アンブロシウスの書簡への論評は控えたい。ただし、愉快な感想だけは持った。それは、洗礼さえも受けていなかったこの元高級官僚を、自分たちのリーダーにスカウトしたミラノのキリスト教徒たちは、なかなかの鑑識眼の持主であったということだ。ただし、強引な論法とはしばしば、スタートしたばかりでいまだマイナス面が明らかでないからこそ、可能で有効な戦術でもあるのだが。

そして、この「論争」の結果だが、もはや言うまでもないだろう。テオドシウス帝はアンブロシウスの意見のほうを容れ、ローマの元老院議場に、勝利の女神像がもどってくることはなかったのである。

この女神像の行方は、今に至るまで不明だが、この後に襲ってくる神像や彫像の破壊の嵐を受けて、他の彫像同様に破壊されたのにちがいない。ただし、大の男でもかかえきれなかったほどに大きかったという地球を模した円球は、そうは簡単には破壊できない。形としての球は、実に堅固であるからだ。それで、大円球だけはどこかに捨て置かれ、今ではまったくちがう用途で活用されているかもしれないのである。

「大競技場（チルコ・マッシモ）」の遺跡からテヴェレ河に向う途中に、聖（サンタ）マリア・イン・コスメディン教会がある。この教会も他と同様に、四世紀末を境にローマ帝国中の公共建造物がキリスト教の教会に変えられた例の一つだが、この教会に入ってすぐの前廊の壁面に、通称「真実の口」と呼ばれているものがはめこまれていて、嘘をついた人は手を入れるとかみ切られるという伝説を信ずる観光客が、いつもその前に長い列をつくっている。これは実は、古代ローマ時代の舗装街路に降る雨水を集めて、街路下を通っている下水道に流しこむためのマンホールのふたであったものなのだ。大型の円盤に彫られているのは河神の顔で、その神の口が、二千年後の今では「真実の口」に化けたというわけである。元老院議場に置かれていた勝利の女神が立っていた円球も、その歴史もまったく忘れられ、どこかの広場か教会の前あたりで、命だけは長らえているのかもしれない。現在のローマで古代ローマの名残りを探して歩くのは、ちょっとした愉しい時間の使い方でもある。

キリストの勝利(異教に対して)

話を紀元三八四年にもどすが、その年に行われたシンマクスとアンブロシウスの論争は、シンマクスが心配したとおりになったのであった。元老院議場からの勝利の女神像の撤去は、やはり、異教ローマにとっては最後に残された堤防が決壊したことを意味していたのである。ミラノ司教の言葉は、皇帝テオドシウスを、大帝コンスタンティヌスの「ミラノ勅令」にはある意味では反し、別の意味ではそれをさらに進める反異教・反異端の路線に、決定的に踏み切らせたのであった。

まず、これまでは公式な祭儀だけが禁止されていたのが、これ以降は私的な祭儀も禁止されるようになった。同じ家門（ジェンス）に属する本家も分家も集まって、家門の守護神を祭り自分たちの祖先に想いを馳せる集いも、信仰の対象を唯一神しか認めないキリスト教からは、異教を敬う集いになるのである。また、ローマ人の家にはどこでも、神棚と考えてよい、中庭に面した一角に家の守護神や先祖を祭る場所がもうけられていたのだが、これも偶像崇拝と見なされ、取り払うよう強制された。違反すれば、待っているのは死罪である。ポンペイの遺跡からは膨大な数の小さな神像が発掘されているが、ヴェスビオ火山の噴火が紀元一世紀ではなく、四世紀末のこの時代に起こっていたとしたら、発掘品の中に神像はなかったはずである。

異教排斥の名の下（もと）に、次々と公布された勅令によって禁止されたことには、次の事柄もあった。

祭壇の前で灯明をともすこと。香を焚くこと。壁面を花飾りで飾ること。そして、神々や先祖に献酒すること。

花飾りとは、ローマ人がとくに好んだ飾りで、葉と花を組み合わせて花輪状の、と言っても円形ではなく長くのばした飾りをつくる。白い大理石やしっくい塗りの壁に、緑と色とりどりの花の飾りはよく映えたの

花飾りが描かれた浮彫り（祭儀の風景）

だ。ローマ人はこれを使って、あらゆる機会にあらゆる場所を飾るのが好きだった。ゆえに、祭儀にかぎった装飾ではなかったのだが、ギリシア時代から祭儀には、必ず伴う装飾であったことも確かなのである。

これらの禁を破った者に対しては、死罪にまではならなかったが、高額の罰金が科された。しかも、罰金は必ず、貨幣価値の変動には左右されない黄金で払うと決められていた。

しかし、キリスト教会がテオドシウスに、キリスト教を公認した「ミラノ勅令」の創案者であるコンスタンティヌスに与えた「大帝」という尊称をも与えたのは、テオドシウス帝によって初めて、キリスト教以外の諸宗教の意味であった「異教」が、「邪教」に変わったことによる。「異教」ならば、自分の信ずる宗教とは別の宗教、にすぎない。だが、「邪教」となると、不正で有害な宗教となり、その国の制度や道徳に反するとして、排撃さるべき宗教、になるのである。

しかし、ローマ人は、キリスト教化しつつあってもなお、「法」を尊重する民族だった。テオドシウスによる反異教・反異端の勅令も、この半世紀後にテオドシウス二世によって編纂される『テオドシウス法典』に記載されていることが示すように、あくまでも国法として行使されたのである。このように法の民であるローマ人にとっては、「邪教」という概念よりも、「無法」という概念のほうが頭に入りやすかったのだ。ゆえに、四世紀末以降は、文学や美術で親しまれてきたギリシアやローマの神々は、その全員が、「アウトロー」（無法者）になってしまったのである。アウトローになった以上は、警察が引っ捕えてもかまわない存在、ということであった。

祭る神がアウトローになっては、神殿の運命も決まったも同然だ。テオドシウスは勅令によって、すべての神殿を教会に転化するよう決めた。内陣を囲んでいた列柱部分は、その間を壁でふさいで閉鎖した空間に変えれば改造は成る。列柱の間を壁でふさぐだけであったから、「バジリカ」という、以前ならば会堂を意味していた言葉が、そのまま教会の意味に変わった。裁判を行う場であった「バジリカ」も、神に祈る場に変わったのである。

しかし、神殿から教会への転化には、ある問題が持ちあがったのだ。それを一言で言えば、供給過多、ということであった。

なにしろローマ時代の神々は、最盛期には三十万もいたといわれるくらいで数が多い。それらの神々に捧げた神殿の数自体も多かったが、街道わきに立つ祠（ほこら）まで加えると、膨大な数になったのである。

一方、需要のほうだが、一神教であるということもあり、またキリスト教徒自体が後代のように、住民イコールキリスト教徒、という状態でもまだなかったので、旧神殿の数ほど多くの教会に収容するだけの信徒がいない。建物はあっても、内部はスカスカという有様になりかねないのだ。それでテオドシウス帝は、需要のない神殿に関しては破壊を認めたのである。アウトローを排除したければ、アウトローの棲み家を壊すのは当然でもあったのだから。

すでに半世紀も前から、神殿から建築用材を取ってくることは認められていた。だが、テオドシウスの勅令はこの事実上の破壊行為に、宗教的正義という大義名分を与えたのだ。ローマ帝国の全域にわたって、その壮麗さで人々の讃嘆を浴びてきた神殿という神殿が、まったく姿を消すか、遺ったとしても、崩れ果てた遺跡に変わったのであった。これらの神殿は、ギリシア・ローマの神々に捧げられていたものにかぎらない。エジプトやシリアの神々を祭っていた神殿も、ギリシア人やローマ人の建てた神殿と運命を共にしたのである。幸いにも生き残れたのは、キリスト教の教会に転化された神殿で、その好例がローマのパンテオンである。紀元二世紀のローマ建築の傑作であるこの巨大な建造物は、すべての神々に捧げる意味をこめて「パンテオン」と名づけられていたのだが、四世紀末を境に、ただ一つの神にだけ捧げられる教会に変貌したのであった。

神殿の運命がこれでは、神像の運命もこれに準じざるをえない。この四世紀末からは六十年昔でしかない大帝コンスタンティヌスの時代はまだ、ギリシア・ローマの神々の像は、信仰の対象ではなくなりつつあっても、芸術品としての価値は認められていたのである。

大帝コンスタンティヌスは、キリスト教の都としてコンスタンティノープルを建設した人である。それゆえコンスタンティノポリス（コンスタンティノープル）には、教会は建てても神殿は建てさせなかった。しかし、大帝の頭の中には常に、自らの名を冠したこの都市を建設するに際してはローマがあった。新都を「新しきローマ」と呼んだほどで、神像や彫刻で埋まっていたローマ同様に、コンスタンティノープルもこれら「古代の美」で飾ろうとしたのだ。それで、当時の記録によればまさにごっそりという感じで、帝国の東方全域から彫像を大量に徴発したのである。アテネのパルテノン神殿に置かれてあった、古典ギリシア彫像の傑作といわれたフィディアス制作のアテナ女神像も、このときにコンスタンティノープルに運ばれたと言われている。つまり、神の像とはされなくなっても、芸術的な価値は認めていたのだった。

だがこれも、テオドシウスの時代をもって完全に変わる。神像とは、当時のキリスト教会が厳しく禁じていた偶像崇拝を体現したものであり、邪教の象徴であり、何よりも「アウトロー」の具象化、とされたからであった。

それに、当時のキリスト教会は、裸体を人眼にさらすことも禁じていたのである。ところが、神像のほとんどは裸像だ。ギリシア人が考えローマ人が受け継いだ美の定義では、人間の美しい裸体以上の美の極致はなく、ゆえにこの最高の美は、神々にまず捧げられる、と考えられてきたのだった。ローマの皇帝にも裸像があるが、それはこの人の死後に作られた彫像で、死んだ後に神格化されたことによって神々同様に裸体で表現される資格を得た、という意味がこめられている。

というわけでギリシア・ローマの彫像の多くは、全裸であろうが半裸で表わされようが、ヌードのオンパレードであったのだ。これをすべて排除しようというのだから、量的にも大変な作業であった。

鼻をけずられるなどは、まだ穏やかな排除の方法だった。頭部が打ち落とされ、腕も打ち落とされ、四肢もバラバラになる。これらの作業さえもめんどうとなれば、崖の上から眼下の岩場に突き落としたり、橋の上から河に突き落としたりして、一挙に処理する方法がとられた。なにしろ、ローマ人は、どこにでも像を置くことが好きであったのだ。両側に円柱が立ちその間をアーチ型で渡した空間があれば、そこには必ず彫像を置いた。彫像が置かれていなければ、そこは人間の通り抜ける道としてであり、でなければ薄地の布のカーテンを引いて、涼しい西風(ゼフィロス)を愉しむ空間であったのだ。

そのうえローマ人には、過去を重んじ国家に功績あった人を記念する習慣があった。ローマの男にとって、公共の場所に自分の像が置かれることとくらい、名誉なこともなかったのである。というわけでこの面での需要も多く、その結果として、首都にかぎらず帝国の主要都市ではどこでも、数多くの彫像があったのだ。これらはすべて、アンブロシウスの言う「正すべき過去」に属し、それゆえにキリスト教化したローマ帝国にとっては、排除し破壊し消去さるべき対象になったのである。このように考えるようになると、芸術的価値など立ち入る余地はなくなってくる。

ローマはギリシアを軍事力で征服し、属州にした。だが、ギリシアの文化文明の素晴らしさは心から認め、自分から進んで、「ローマはギリシアを征服したが、文化ではギリシアに征服された」（Graecia capta ferum victorem cepit）と言ったりなどしていたくらいである。ところが、紀元前五世紀から三世紀にかけての古典ギリシアの傑作は、当時のギリシアの版図と人口からして数自体が少ない。とうてい、ローマ人の需要を満たせる数ではなかったのである。

それでローマ人は、フィディアスやプラクシテレスやリシッポスの作品はもちろんのこと、これらの天才ほどは有名ではない人の手になった古典ギリシアの傑作でも、可能なかぎり忠実に模造させることを考えたのだった。しかし、模作とは言っても、誰にでもできることではない。最上の模造作品が欲しければ、最上の芸術家に頼むしかないのである。そしてこの分野となれば、政治的にも経済的にもギリシアの勢いが衰えた紀元後になっても、やはりギリシア人の独壇場であったのだった。

ローマ時代の模作が模作の域を越えるほどに素晴らしいのも、ローマ人のギリシア文化への愛と、得意とする人にはたとえその人が敗者であろうと任せるという、ローマ人に一貫した寛容の精神による。だが、これによって、古典ギリシアの傑作でも、その真作が作られた時期からすれば二千四、五百年が過ぎた現代に生きるわれわれでも、鑑賞することができるのだ。「ローマ時代の模作」というただし書きはついていても、今なお世界中の美術館が展示するに値する、「模作」だからであった。

しかし、ハドリアヌス帝の時代という、ローマ時代の模作の質が最も高かった時代から二百年しか過ぎていない四世紀末、同じローマ人が今度は、かつては大切にし大金を払って購入した傑作の数々を、破壊し河に投げこむように変わったのだ。寛容とは、辞書には、心が広くおおらかで、他の人の考えも受け容れる、とある。ローマ人が徳（ヴィルトゥス）の一つとさえ考えていた「寛容（トレランス）」（tolerantia）の精神も、芸術作品の傑作とともに、破壊され捨てられ河に投げこまれたのである。

ローマの終着駅の近くに、通称を「パラッツォ・マッシモ」という、国立の古代ローマ美術館がある。そこに展示されている作品の中でも最も美しい一つは、原作はプラクシテレスという、ハドリアヌス帝時代に模作されたアポロン像である。この男神像は実に美しいが、全身に、現代の技術を用いてもどうしても取れない暗色のしみが散っている。西暦一八九一年に、テヴェレの河底から引き揚げられたこの像は、なんと一千五百年もの間、河底の泥の中に眠っていたのである。全身に散っている暗色のしみは、河の泥がしみ着いたことによる汚れだ。他の像は、古代復興を旗印にしたルネサンス時代に発掘されたものが多く、その場合は長い眠りからの目覚めは早かったことになるが、それでも一千年以上は眠っていたのである。そして、現代のわれわれがわざわざ美術館に足を運んで鑑賞しているのは、これら長い眠りから目覚めた作品の群れ以外の何ものでもない。少なくとも現代は、信仰の対象とは考えなくても、美を賞でる対象とは考えるようになったからである。そして、このように考えても、異教や異端の裁判所で、死刑を宣告されることはなくなったのだった。

以前から私には、疑問が一つある。それは、これらの一千年の眠りの後に発掘された傑作の中に、どう考えてもあまりにも完全な形で遺っているものが存在するのを見たときに、頭をもたげてきた想いだった。他の彫像は腕がなかったり、脚も一本しか遺っていず、それらを後世になって補足した例が多いのに対し、壊れ目も見えずしみもないという五体完全な形で、現代にまで遺ったのはなぜなのか。

ローマのカピトリーノ美術館に展示されている、「カピトリーノのヴィーナス」と呼ばれる立像がその好例である。しかもこの種の例は、このヴィーナス像だけではない。圧倒的に多いのは破壊の跡がはっきりわかる像のほうだが、打ち捨てられたままで一千年が過ぎたとはとても思えない、各部を接続するだけで充分な程度に保存状態の良い作品も、多くはないにしても存在するのである。

それらを眼にするたびに、私の頭の中には一つの仮説が頭をもたげてくるのだった。それは、四世紀末に生きていた誰かが、石棺の中にでも隠して、地中深く埋めたのではないか、という仮説である。

邪教の象徴でありアウトローになった神像は、皇帝が命ずるとおりに廃棄しなければならない。違反すれ

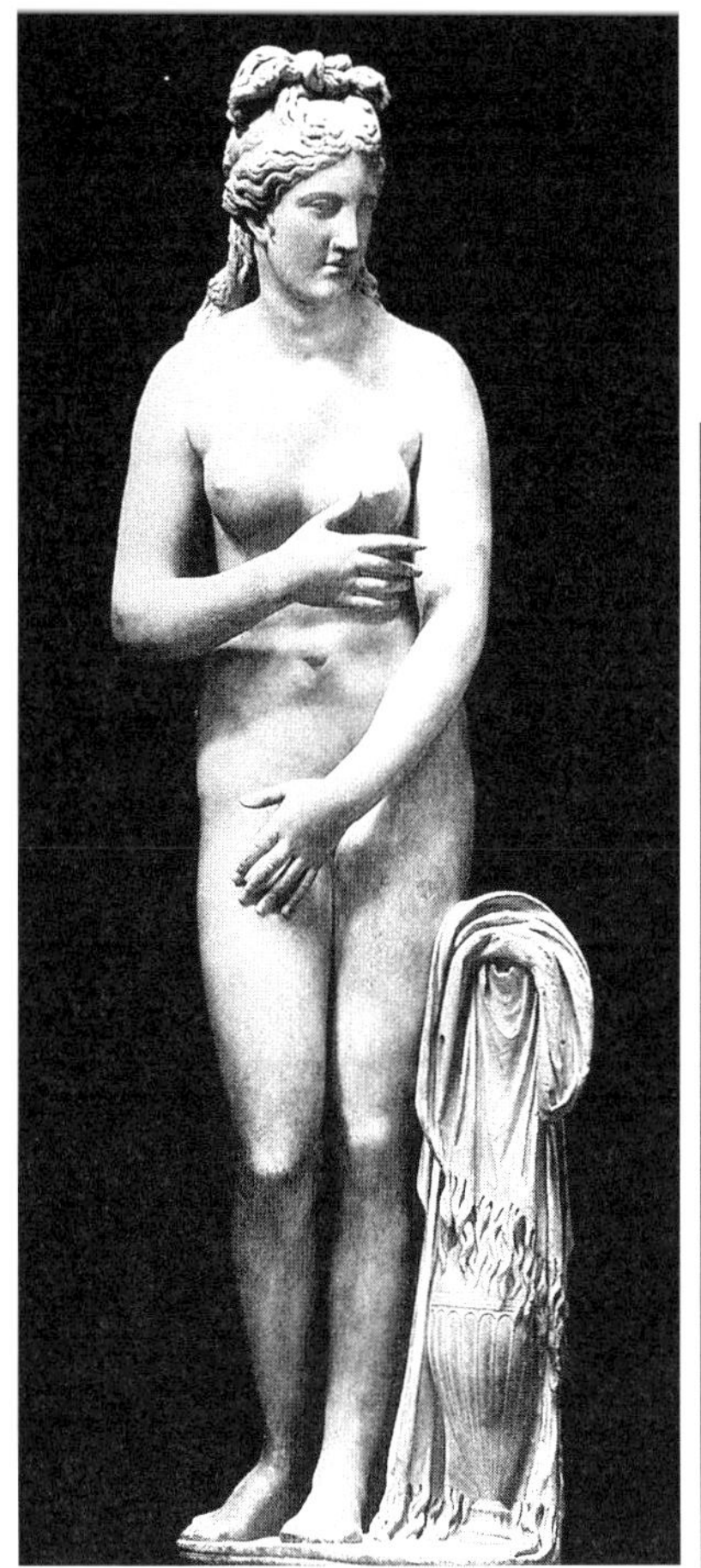

「カピトリーノのヴィーナス」

アポロン像(「パラッツォ・マッシモ」蔵)

ば、資産没収と死罪に処される。と言って、この見事な傑作を、壊したり河に投げこむのは忍びない。となれば、自分の屋敷の庭に深い穴を掘り、布地に包んだ像をそのままか、またはローマの上流の家の中庭には装飾の一つとしてよく置かれていた石造の棺の中にでも安置し、それを穴の底に埋め、上部は何もないように隠してしまう。いつの日か、今は吹きまくっている狂信の嵐も過ぎ去り、この傑作の価値をわかる人の手に渡る時代が来ることを夢見ながら。

しかし、この仮説を実証するのは大変にむずかしい。古代の遺跡の発掘はルネサンス時代から始まったが、その後も長く、学問的な発掘作業が行われたとは言いがたく、発掘当時の状態を記録したものがないからである。それまでも綿密に記録するようになったのは、二十世紀になってからである。ゆえに、この仮説の実証は今後に待たねばならない。現代の考古学者が幸運にも、完全な状態にかぎりなく近い像を発掘したときを待たねばならないのである。それまでは、傷一つない、あったとしても少ない彫像や彫刻を眺めながら、なぜこのように完全に近い形で、しかも大理石の肌も荒れていない状態で、一千年以上を生きのびて来られたのかと、空想を羽ばたかせるしかないのである。

キリスト教、ローマ帝国の国教に

紀元三八八年といえば、シンマクスとアンブロシウスが、互いに皇帝テオドシウスにあてた書簡という形で論戦を展開した年の四年後にあたっていた。この年は、テオドシウスにとって、皇帝グラティアヌスを死に追いやったブリタニア駐屯のローマ軍司令官マクシムスの反乱を、五年かけてようやく鎮圧した年になる。これによって彼は、帝国の東方のみならず西方までも、完全に支配下に置いたことになった。少年皇帝のヴァレンティニアヌス二世は存命だったが、形ばかりとはいえ自分の管轄下にあるブリタニアとガリアの反乱の鎮圧でさえ、東方が担当のテオドシウスの出馬を仰がねばならなかったのだ。もはや帝国の東方も西方も、テオドシウスの支配下に入ったも同然なのであった。

この年、四十一歳になっていたテオドシウスは、反乱軍を制圧しそれを率いていたマクシムスを死刑に処した功績を背に、はじめて首都ローマを訪問する。とはいえこの人は、コンスタンティウス帝とはちがってローマの名所旧跡の見学にはいっさい興味を示さず、まっすぐに元老院議場に向った。そして、集まった議員たちを前にして、形式は質問だったが、内実ならば選択を迫ったのだ。皇帝は言った。

「ローマ人の宗教として、あなた方は、ユピテルを良しとするか、それとも、キリストを良しとするか」

シンマクスは、その席にはいなかったようである。四年前の書簡以来、四十四歳という公生活から引退する年齢ではなかったにかかわらず、すべての公職を辞し、時代の流れから身を退（ひ）いてしまったようなのだ。だが、生れと受けた教育と経験した公職キャリアでは彼と同じ境遇にあった、高名な元老院議員たちは全員が出席していた。

討議がどのように展開したのかは知られていない。元首政時代のような、元老院の討議を詳細に記録して公表していた「元老院議事録（アクタ・セナートウス）」は、それ自体からして成されなくなって久しかった。いずれにせよ、議員たちには、討論をどれだけ重ねようと、テオドシウスが求める回答を与えるしかなかったのである。議員たちは、圧倒的な多数で、「キリスト」を採択した。

一千年以上にわたってローマ人から最高神と敬われてきたユピテルには、まるで生身の人間に対してのように有罪が宣告された。そして、ローマ人の信仰の座には、ユピテルに代わってキリストが就くことが決まったのだ。これは、ローマ帝国の国教は、以後、キリスト教になるということの宣言であった。

またこれは、ローマの元老院という多神教の最後の砦が、キリスト教の前に落城したことを意味する。建国の当初からローマ人とともに歩んできた元老院は、一千一百四十一年後に、キリスト教の前に降伏したのである。降伏したのだから、その後の敗者の運命を決めるのは勝者である。採決を終えた元老院議員の多くが、皇帝の要求を容れて、ローマ古来の神々を捨て、キリスト教の神の信徒に変わった。

この日の元老院会議は、犠牲者を一人出す。その人物は議員たちから尊敬されていた人で、言ってみれば元老院議長のような立場にあった人物だが、自死を選んだ、と言われている。ただし、その死が、採決の前に成されたのか、それとも採決の後であったのかはわかっていない。採決前ならば抗議の死になり、採決後ならば恥の死になるから自死の意味もちがってくるのだが、これが判然としないのである。

だが、自殺した議員が一人しかいなかったという事実は、一つのことを考えさせずにはおかない。それは、キリスト教徒には信仰を捨てよと強いられても拒絶し、殉教を選ぶ者が多かったのに、ギリシア・ローマの宗教には殉教者が出なかったのはなぜか、という問題である。

これに関しては、異教側の信仰心の弱さが要因だとする研究者は少なくない。だが私には、それだけではないような気がしている。問題は信仰心の強弱ではなく、信仰の対象である宗教の性質(キャラクター)のちがいにあるのではないかと思っているのだ。

この性質のちがいを簡単に言えば、次のようになる。

一神教とは、自分が信じているのは正しい教えであるから、他の人もそれを信ずるべき、とする考えに立つ。反対に多神教は、自分は信じてはいないが、信じている人がいる以上、自分もその人が信ずる教えの存在理由は認める、とする考え方である。

そして殉教は、文字どおり、自分の信ずる教えに殉ずる行為であって、そのためには死をも辞さないとする決意である。

このように考えてくれば、殉教は一神教徒にしか生じえない現象であり、多神教徒には馴染まない現象であることがわかってくる。二十一世紀の現在、最も一神教徒らしい一神教徒は、もはやキリスト教徒ではなくイスラム教徒のほうに多いが、自爆テロがどちらの側に頻発しているかを思うだけでも、ギリシア・ローマ宗教の徒に殉教者が出なかった理由にも、肉迫可能ではないかと思う。ギリシア人やローマ人が敬ってきた神々を捨てよと強いられた場合、彼らにできたのは、このような時代の流れから身を退くこと、くらいではなかったか。

ギリシア・ローマの宗教の性質がこのようであったから、十九世紀の歴史家で、ギリシア、コンスタンティヌス大帝時代のローマ、そして西欧ルネサンスと、今に至るまで魅力を失っていない歴史著作を多数発表してきたブルクハルトも、次のように書いたのである。

「もしも、コンスタンティヌスからテオドシウスに至る皇帝たちによる、キリスト教のみを宗教と認め他は邪教とした数々の立法が成されていなかったならば、ギリシア・ローマ宗教は現代まで生きのびていたかもしれない」

ブルクハルトに言及したので思い出したのだが、キリストの勝利による「犠牲者」は、美術にかぎらず文芸もあった。この時代を境にして、首都ローマだけでも二十八も存在した公共図書館もふくめ、ローマ帝国中にあった膨大な数の図書館の閉鎖も始まったのだ。ローマ時代の公共図書館の蔵書は、バイリンガル帝国を反映してギリシア語とラテン語の書物に二分されて公開されていたのだが、これらの書物の内容はほとんどすべて、異教の世界を叙述したものだからであった。図書館の閉鎖につづくのは、蔵書の散逸である。こうして、古代の知的遺産の多くが消滅した。それらを探して世に出したのは、書物の世界でも、ルネサンス時代になってからなのである。

そして、紀元三九三年には、異教対キリスト教の抗争の歴史の中でも、ローマの元老院でのユピテル神有罪判決と並ぶ、象徴的な立法が公布されたのであった。それは、オリンピアの競技会の全廃を決めた法である。ギリシアのオリンピアで四年に一度開催されてきたこの競技会が、ゼウス（ラテン語ならばユピテル）に捧げられていたからだ。いつもは争ってばかりいるギリシアの都市国家がオリンピアに集まり、勝者や敗者の別なく競技を競い合うのが、古代の〝オリンピック〟の特質であった。その第一回は、紀元前七七六年に開催されたといわれている。だがこれも、実に一千一百六十九年後に、最後の幕を閉じたのである。それゆえ西洋史上では、紀元三九三年というこの年が、「ギリシアとローマの文明が公式に終焉した年」と言われている。

ちなみに私は、戦争中の国や敗北した国の選手を排斥する近代オリンピックを、古代のオリンピア競技会の継承者とは認めていない。

キリストの勝利（皇帝に対して）

すべては、ミラノ司教アンブロシウスの、考えたとおりに進んでいたのである。洗礼を受けたことによってキリスト教徒になったテオドシウス帝は、まるで従順な羊のように、アンブロシウスという羊飼いの導くままに、皇帝だからこそ可能な立法によって、ローマ帝国のキリスト教国化を成し遂げたからであった。

だが、アンブロシウスには、それでもまだ不充分であったのだ。神と皇帝との関係をキリスト教徒たちの前に明確にする課題が、まだ残っていたのである。言い換えれば、皇帝権に対するキリスト教会の優位を、はっきりとさせることであった。そしてこの目標を達成するに際し、アンブロシウスは、ミラノという一司教区の長の権限を越えることも辞さなかったのである。

終始影の薄かったヴァレンティニアヌス二世も二十一歳で殺されたので、紀元三九二年以降のテオドシウスは、名実ともにただ一人のローマ帝国皇帝であった。その彼の心中に、帝国の民の誰にとっても公正な皇帝でありたいという想いが、忍びこんだのではないかと想像する。その想いは、一つの事件を契機に表われた。

帝国東方のシリア北東部で、異端排斥に熱心に取り組むテオドシウス帝を見て勢いづいたカトリック派のキリスト教徒が、ユダヤ教のシナゴーグを襲って焼き払うという事件が起きたのである。テオドシウスはその地の行政官に、犯人を厳しく罰するよう命ずると同時に、その地の司教に、司教区の費用でシナゴーグを再建し、ユダヤ教徒たちに贈るよう命じたのだ。

これを知ったミラノ司教は、ただちに皇帝に厳重な抗議文を送りつけた。それには、異教に関係する施設の建設にキリスト教会の資産を用いるのは、キリスト教に対する冒瀆であり、キリスト教会全体に対する侮辱である、と書かれてあった。

しかし、自分が下した裁きの公正を確信していたテオドシウスは、その抗議を無視した。だが、しばらくして彼は、どうしてもミラノに行かざるをえない仕事ができたのだ。ミラノ司教は、その機を逃さなかった。

テオドシウスが貴賓席に坐るのを見とどけたうえで、ミラノ司教は教会を埋めた信徒たちに向って激しいユダヤ教攻撃を始めた。キリストの犠牲による贖罪(しょくざい)から彼らが除外されたのは、イエスの説いた真の教えに盲目であったからだと、口を極めて非難したのである。その後でテオドシウスに向い、何人(なんぴと)といえども神から受けた恩恵を忘れることは許されないと、断固とした口調で強調したのだった。「神から受けた恩恵を忘れることは許されない」を言い換えれば、「誰のおかげで帝位に就いているのか」である。

テオドシウスは、シナゴーグ襲撃の犯人の処罰と、シナゴーグ再建をキリスト教会の費用で行うようにとの命令を撤回した。だが、撤回を表示した勅令文には、ミラノ司教の忠告を容れての結果という、次の一項もつけ加えられていたのである。それは、ローマ帝国の法による保護は、これ以降、非キリスト教徒に対しては制限される、という一項だ。これも言い換えれば、キリスト教徒ではないローマ市民は、これ以降、帝国の法律による保護を、キリスト教徒のローマ市民同様には期待できない、ということになる。信教の別なく保護するのがローマ法であったのだが、それも過去のことになったのであった。

皇帝に対する司教の力の誇示は、別の機会でも示されることになる。ギリシアのテッサロニケで起こった一事件が、それを行う機会をアンブロシウスに恵んだ。

民衆の人気を一身に集めていた戦車競走の騎手が、つまらないことで牢に投げこまれたのが発端だった。ファンたちは大挙して警察に押し寄せ、彼らの偶像（アイドル）の釈放を要求した。だが、それを拒否された後の群衆の怒りはエスカレートする一方で、テッサロニケの長官を始めとする多くの行政官が殺されるという事態に発展してしまったのである。

報告を受けたテオドシウスは、これを民衆の暴動と断じ、軍を派遣しての実力行使を命じた。それで暴動は鎮圧されたが、多くの市民が犠牲になった。

アンブロシウスは、このときもまた、厳重な抗議文を皇帝に送りつける。それには、軍による制圧が限度を越えて残酷であったために罪も無い多くの人々までが殺されたとして、それを命じた皇帝は責任を負うべきである、と記されていた。しかも、それにつづけて、皇帝は、犯した罪を償うために、公式に贖罪の意志を示す必要があり、それまでは神の祭壇に近づくことは許されない、と書かれてあった。つまり、公式に罪を贖（あがな）わないかぎり、神の家である教会に入ることを禁ずる、というわけだ。

皇帝テオドシウスは、それでも八ヵ月間は抵抗した。しかし、ついに八ヵ月後、和解の申し出が皇帝のほうから発せられたのである。

公式に罪を認め許しを乞うことを、キリスト教会では「公式悔悛（かいしゅん）」と言うが、それを行うことによって初めて許しが得られ、聖体拝領を再び受けられることになる。普通の信者だと、そこに至るまでの期間も長く、その間に成さねばならない悔悛を示す行為の種類も多い。つまり、そうは容易には贖罪も成らないのだが、皇帝となると、この辺りは相当に簡略化してくれたようである。

ローマ帝国皇帝テオドシウスは、皇位を示すあらゆるもの、衣服に刺繍（ししゅう）された皇章も、頭上にいただく帝冠も、宝石をちりばめた長剣も、すべてを取り去った質素な身なりで、罪の許しを乞う姿で教会の前に立った。しばらく待たされた後で、ようやく眼の前の扉が左右に開かれ、司教が姿を現わす。司教のほうは、宝石をちりばめた司教冠を頭上にし、一面に金糸銀糸の縫いとりがほどこされた豪華な司教のマントに身を包んだ第一級の礼装姿。そして司教は、ひざまずいた罪人に向って、犯した罪を悔いる気持は確かか、と問う。罪人は、謙虚な口調で、悔悛の意志を告白する。これらが終了して初めて、罪人は再び、神の家に足を踏み入れることを許される。そして、祭壇の前に進み、司教から薄くて小さいパンを、つまり聖体を拝受するのだった。

ローマ帝国皇帝とミラノ司教の間に展開したこのドラマは、教会の外でも内でも、大勢の人々が見守る前でくり広げられたのである。これほどに、現世の権力者に対する神の力を誇示したショーもなかった。

まるで、中世を象徴することの一つと言われる、「カノッサの屈辱」を想起させる光景だ。西暦一〇七七年、イタリア中部のカノッサで、法王グレゴリウス七世の許しを乞わねばならなくなった神聖ローマ帝国皇帝ハインリッヒ四世が、三日三晩雪の中に立ちつくしたのが「カノッサの屈辱」の名で知られる史実だが、その前奏曲は、七百年も前に始まっていたのであった。

テオドシウス

このような状況に陥る危険があったからこそ、大帝コンスタンティヌスもその息子のコンスタンティウス帝も、死ぬ間際まで洗礼を延期したのである。だが、テオドシウスは、病に倒れて気が弱くなっていたところに押しかけてきた、テッサロニケの司教の勧誘に負けて、三十代の初めというのに洗礼を受けていたのだった。いったんキリスト教徒になれば、皇帝といえども一匹の羊（ひつじ）にすぎない。「羊」と「羊飼い」では、勝負は明らかであったのだ。

ミラノ司教アンブロシウスは、キリスト教と世俗の権力の関係を、実に正確に把握していたのにちがいない。皇帝がその地位に就くのも権力を行使できるのも、神が認めたからであり、その神の意向を人間に伝えるのは司教とされている以上、皇帝といえども司教の意に逆らうことはできない。これが、両者の関係の真実である、と。四十代の半ばになって洗礼を受け、高級官僚から司教に転身した人にしては、いや、そのような経歴をもった人だからこそかもしれないが、見事なまでの洞察というしかなかった。

テオドシウス一世は、紀元三九五年に、病が原因で世を去った。当時でさえも天寿をまっとうしたとは言えない四十八歳で死んだこの皇帝に対し、十七歳は年長だったアンブロシウスは、心のこもった弔文を寄せている。いかにテオドシウスがキリスト教会のためにつくしたかを賞め讃えた内容だが、微苦笑を浮べないでは読めない。なぜなら、背後から糸を引くことで何もかも自分の思う通りに操った人の死に際し、そのようなことは何一つ匂わせず、すべては死者の功績であるとして賞讃を惜しまない弔文があるが、その好例だからである。だが、四世紀末のキリスト教会随一の実力者だったミラノ司教がかくも保証してくれたおかげで、キリスト教会もテオドシウスに、コンスタンティヌス帝にしか認めなかった「大帝（マーニュス）」の尊称を与えることに決めたのだ。テオドシウスの死に際して贈られたアンブロシウスの弔文は、〝身元証明書（レフェレンス）〟の傑作でもあったのだった。

ミラノ司教アンブロシウスは、テオドシウス帝の死の二年後、六十七歳で死んだ。二十年以上も本拠地にしていたミラノで、涙にくれる信徒たちに囲まれての大往生であった。四十四歳で司教にスカウトされて以来、当時のどの司教も享受できなかった二十三年もの長期にわたって、キリスト教会に君臨した後の死である。だが、たぐいまれな実務家でもあったこの人は、皇帝たちに影響力をふるうだけで二十三年を過ごしたのではない。以後のキリスト教会の基盤になることの多くは、この人によって組織されたのである。

ただし、彼が成し遂げた多くのことは、存在しなかったものを彼が新たに創設したのではなかった。すでに個々別々には存在していたものを、整理し統合し組み立てたにすぎない。だが、この人の手にかかると、まったくの新しい組織に生れ変わるのも事実だった。それらを列記すると、次のようになる。

一、異端や、そこまでは行かなくても単に異なる考え方をする者に対しての、論争なり闘争の方法論の確立。

言ってみれば、理論武装マニュアルのようなものだが、マニュアルが誰にとっても便利であるのは古今東西変わらない真実である。このマニュアルは彼自身が、マリアの処女性に疑問を呈した一司祭を糾弾した際に力を発揮し、その有効性を実証したのである。

二、聖職者階級の倫理向上を目的にした、方法論の確立。

三、修道士や隠者たちを、教会組織に組み入れるための制度の確立。

四、民衆を対象にした、宗教教育の方法論の確立。

五、教会であげる種々の祭式の、つまり教会典礼の再編成。

六、職のない人々や孤児に対する、教会の行う慈善事業の再組織。

七、殉教者への信仰の、理論面での確立。

そして、最も独創的で、かつキリスト教の普及に力があったのは、アンブロシウスによる、聖人信仰の創立であったのだった。

人間は、何かにすがりたいから宗教を求める。だが、すがりたい想いはなぜか、唯一神にお願いするのははばかられるような、身辺の雑事である場合が少なくない。昔は、夫婦喧嘩にさえも守護神がいて、その神に祈願するのでこと足りたのだが、一神教の世の中になった今では、夫婦喧嘩を担当していた女神ヴィリプラカもアウトローの一人になってしまっている。と言って、唯一最高の神や、その子イエス・キリストにお願いするのも気がひける。誰か他に、もう少し大仰でなく気軽にすがれる守護者はいないものか。

人々の素朴で健全なこの願望を、アンブロシウスは汲み上げる方策を考えついたのであった。

とはいえ、キリスト教では神は一人しか認めていない。ゆえに昔の神々を復活させることはできない以上、新たな守護者を見つける必要があった。迫害時代の殉教者への信仰を認めはしたのだが、ローマ皇帝たちによるキリスト教弾圧は散発的であったし、しかも徹底していなかった。唯一の例外はディオクレティアヌス帝による弾圧だが、それとて三、四年しかつづかなかったのである。ゆえに、殉教者を全員集めても、民衆の願望を満たすには不充分であったのだ。

それで、アンブロシウスが考えついたのが、聖人を大量に生産することである。とはいえ、聖人への昇格には教会の認可が必要であり、その認定基準は、キリスト教徒がモデルにするにふさわしい人、であることはもちろんだった。

一神教の世界での敬いの対象であるからには、多神教時代のような「守護神」ではなく、「守護聖人」となる。それでもアンブロシウスは、一神教は守りながら民衆の素朴な願望も満足させるという離れ技（わざ）を、見事なまでに成功させたのであった。

時代が過ぎるにつれて、聖人の数も増えてくる。近現代ともなると、寝取られ男（コキュ）までが守護聖人をもつという有様で、それもあって増えに増え、一年のすべての日を聖人たちに祝日として割り当てていたのでは足りなくなってしまった。それで、一年のうちの一日を、割り当てからはずれたすべての聖人の祝祭日に決めたのだ。日本語で「万聖節」と訳されている、十一月一日がその日である。

このようにキリスト教会の基盤を整備した後では、アンブロシウスも安らかな死を迎えたにちがいない。そして、聖人システムまでも作り上げたこの希代の実務家（テクノクラート）は、死後に早くも、自ら作り上げたシステムの一員になる。教会に対する彼の功績は大であったとされ、聖人に叙せられたのだ。ゆえに「聖アンブロシウス」が、歴史上のこの人の名になる。

高名なこの聖人と論争したことで歴史に名を遺したシンマクスだが、ライヴァルだったアンブロシウスの死の五年後に、彼も生を終えたと言われている。公職から離れた生活が十四年に及んだ後に訪れた死であった。

元老院が最高神ユピテルに有罪判決を下したのも知っていたろうし、キリスト教がローマ帝国の国教になったことも知っていたのである。また、ローマ皇帝が一司教の前にひざを屈したのも、人伝てに聴き知っていたにちがいない。そして、テオドシウスの死後、ローマ帝国が西ローマと東ローマに分割されたことも、見た後の死であった。

一敗地にまみれたとはいえ、ギリシア・ローマ文明の最後の旗手であったこの人が、時代のこの流れをどのような想いで見ていたのかはわかっていない。何も、書き遺さなかったからだ。それに、もはや心の奥に隠しもつしかなくなったとはいえ、最後まで異教徒であった一人の男の心中など、誰もうかがい知ろうとは思わない時代になっていたのであった。

石碑が、一つだけ遺っている。ローマの七つの丘の一つのチェリオで発掘されたもので、研究者たちは、おそらくチェリオに邸宅があったのだろう、と言っている。亡き父シンマクスを記念して息子が建てたものだが、長く公的生活から離れ、しかもあのような異教色の強い書簡を皇帝に送った人の記念碑が、公的な場所に建てられるわけもないのだった。

シンマクスの石碑

この石碑は、今ではカンピドリオの丘にもってこられている。二つに分れた「カピトリーノ美術館」を中央のローマ市庁の下で結んでいる、ローマ時代の「古文書庫(タブラリウム)」の跡を改造した画廊に、他の多くの石碑とともに展示されているのだ。ただしシンマクスの名は、よほどのローマ史好きでもないかぎりは知らないので、フォロ・ロマーノが一望できる高台から階段を降りてきてすぐの角(すみ)に置かれているだけだ。だが石碑は、それに手をふれ石の冷たさを感じるだけで、現代から古代に、一気に戻らせてくれるものでもある。ひっそりとたたずむシンマクスの石碑は、なおいっそうそのような想いにさせる。それもとくに、秋も終わり、ミラノのスカラ座の開幕が近づいている季節ではなおのこと。

東西分割

紀元三九五年に世を去った大帝テオドシウスは、息子二人に、帝国を二分して与えた後で死んだ。長男で十八歳のアルカディウスには東ローマ帝国を、次男でまだ十歳だったホノリウスには西ローマ帝国を残したのである。

今度ばかりは、ローマ帝国の二分割は決定的だった。これまでの皇帝たちは、統治は分担しても、それはあくまでも分担であって、ローマ帝国は一つであったのだ。それゆえ私も、「帝国東方の皇帝」とか、「帝国西方の担当」とか、いちいち断わらねばならなかったのである。しかし、紀元三九五年を境にしてその以後はちがってくる。「東ローマ皇帝」や「西ローマ皇帝」と書くだけでよくなる。東ローマ帝国も西ローマ帝国もまったく無関係な二つの国になったわけではないが、以前のようなつながりは失われ、それぞれが独立した国に変わったのであった。そして、東西に分裂したこの形のままで、ローマ帝国にとっては最後の世紀になる、紀元五世紀に入っていくのである。それは、皇帝の息女が蛮族の長に嫁ぐ世紀でもあった。

テオドシウスの在位10年を記念して作られた銀製の大皿
テオドシウス以降、ローマ皇帝たちも、聖人でもあるかのような光輪つきで表現されるようになる

西暦	ローマ帝国 帝国東方（中東、小アジア、エジプト、バルカン、ドナウ流域）	ローマ帝国 帝国西方（イタリア、ライン流域、ガリア、ブリタニア、スペイン、北アフリカ）	その他の世界
三二四	七月三日、コンスタンティヌス軍、リキニウスの軍勢とトルコのエディルネで闘い勝利 コンスタンティヌス軍、ビザンティウムでリキニウス軍に再度勝利。リキニウスは降伏し、正帝の座を降りテッサロニケに引退。**コンスタンティヌス、唯一人の正帝となる** コンスタンティヌス、帝国の首都をビザンティウムに移し、新都の建設に着工		（日本）古墳時代
三二五	リキニウス、蛮族と共謀し反乱を企てた疑いで処刑される コンスタンティヌス、小アジアのニケーアにキリスト教の司教を集めた公会議を開催。三位一体説を正統とし、アリウス派を異端とする信条が決定される		
三二六		コンスタンティヌスの息子クリスプス、義母ファウスタとの不義の罪で捕えられ、イストリア半島・ポーラの牢内で死去。ファウスタも謀殺される	
三三〇	五月十一日、新都コンスタンティノポリスの完成を祝う式典が挙行される アンブロシウス、ローマに生まれる		
三三五	コンスタンティヌス、甥のダルマティウスとハンニバリアヌスに「カエサル」の称号を与える		
三三七	五月二十二日、コンスタンティヌス、ペルシア		（中国）慕容皝自立

との戦役に向かう途中、ニコメディアで死去

コンスタンティノポリスの皇宮内で虐殺事件発生。コンスタンティヌスの異母弟やその子などが殺される。異母弟の一人ユリウス・コンスタンティウスの子ガルスとユリアヌス、難を逃れる

九月、コンスタンティヌスの実子三人、パンノニアで会談し、**コンスタンティヌス二世、コンスタンティウス、コンスタンスがそれぞれ「アウグストゥス」に就任**。元老院もこれを追認する

して燕王となる（前燕）

三四〇

北アフリカの帰属を巡ってコンスタンティヌス二世とコンスタンスが対立。コンスタンティヌス二世、コンスタンスと戦うためにパンノニアへ向けて出発するが、コンスタンスの軍勢に行く手を阻まれ会戦の末、死去

（中国）東晋、最初の土断法を実施する（三四一）

（朝鮮）高句麗、前燕の攻撃を受け丸都城落城する（三四二）

三四六

コンスタンティウス、キリスト教への免税範囲を教会関係者にまで広げる

三五〇

コンスタンス配下の将軍マグネンティウス、マルケリヌスを皇帝に擁立し反旗を翻す。コンスタンス、逃亡を図るもヒスパニアで捕えられ殺害される。ほどなく、**マグネンティウスが皇帝を名乗り始める**

コンスタンティウス、ペルシアと休戦協定を結び、軍を率いて西方へ向かう

イリリア地方の司令官ヴェトラニオ、配下の軍によって皇帝に擁立される

コンスタンティウス、ヴェトラニオとセルディカ（現ブルガリアのソフィア）で会談。ヴェトラニオ、恭順の意を示し、ヴェトラニオ配下の

（日本）この頃、奈良盆地に桜井茶臼山古墳・メスリ山古墳・景行陵古墳などの大型前方後円墳が築造される

年			
三五一	軍もコンスタンティウスの軍勢に加わる 三月、コンスタンティウス、従弟のガルスを「カエサル」に指名、東方の統治を任せる 九月二十八日、コンスタンティウスとその軍、ドナウ河畔のムルサでマグネンティウスの軍勢と会戦。マグネンティウスは敗走し、イタリアへ逃げ延びる。コンスタンティウス、スペインと北アフリカを勢力下に収める		（日本）古墳時代
三五三		八月十一日、マグネンティウス、リヨンで自殺。コンスタンティウス、マグネンティウス派を粛清	
三五四		十二月、コンスタンティウス、ガルスをミラノへ召還。ガルス、ミラノへの途上でポーラに護送され、コンスタンティウス殺害を謀った罪をかけられ処刑される	
三五五	五月、ユリアヌス、アテネで学究生活を始める	二月、コンスタンティウス、ガルスの弟ユリアヌスをミラノに呼び出す。 コンスタンティウス、ガリア担当の騎兵団長シルヴァヌスが起こした反乱を平定。シルヴァヌス、処刑される 十一月、コンスタンティウス、ユリアヌスを再び呼び出し、「カエサル」に任命。ユリアヌス、コンスタンティウスの妹ヘレナと結婚 ユリアヌス、ガリアへ向けて出発、ヴィエンヌに赴任する	
三五六	コンスタンティウス、ドナウ河流域でサルマティア、クワディ族らゲルマン相手に戦い撃退（〜三五七）	ユリアヌス、ガリアを北上し、ライン河岸から侵入する蛮族撃退に乗り出す	
三五七		春、ユリアヌス、数で勝るアレマンノ族とその	

	本拠地ストラスブールで対戦して勝利。アレマンノ族の族長クノドマルを捕虜にする
三五八	四月二十八日、コンスタンティウス、凱旋式挙行のためローマに入城 ユリアヌス、ライン河中～下流域でフランク族相手に戦い勝利（～三五九）
三五九	ペルシア軍、メソポタミアのアミダを攻略。籠城の末アミダは陥落 コンスタンティウス、ユリアヌスに軍団の東方への派遣を命ずる。ユリアヌス、軍団兵の反対に遭い、これを拒否する
三六〇	二月、ユリアヌス、配下の軍団によって「アウグストゥス」に擁立される。ユリアヌス、これを受託
三六一	コンスタンティウス、アンティオキアを発ち、ユリアヌス征伐のため西方に向かう ユリアヌス、東方へ向かう。ドナウ河防衛軍を配下に置くことに成功 十一月三日、コンスタンティウス死去。後継者にユリアヌスを指名 十二月十一日、ユリアヌス、コンスタンティノープルに入城。キリスト教への優遇策を撤廃し、ギリシア・ローマ宗教の再興を図る
三六二	ユリアヌス、ペルシアとの戦役のため、コンスタンティノープルを発ち東へ向かう
三六三	ユリアヌス、アンティオキアに入る。『ミソポゴン』を執筆、刊行される 三月五日、ユリアヌス、アンティオキアを出発、メソポタミアへ向かう ユリアヌス、二度にわたりペルシア軍と対戦。

年	ローマ		世界
	勝利を収めるものの補給路が確保できず退却 六月二十六日、ユリアヌス、行軍中にペルシア軍の襲撃に遭い、負傷する。その夜に死去 将軍や高官の会議で、**皇帝護衛隊長ヨヴィアヌス、皇帝に選ばれる** ヨヴィアヌス、ペルシアと講和を結ぶ。北部メソポタミア、ペルシアへ割譲される 秋、ヨヴィアヌス、アンティオキアに入る。ユリアヌスの政策を取り消す		（日本）古墳時代
三六四	ヨヴィアヌス、コンスタンティノープルへ向かう途上に死去。**ゲルマン民族出身の将軍ヴァレンティニアヌス、皇帝に選ばれる** ヴァレンティニアヌス、弟ヴァレンスを共同皇帝に任命		（日本）倭国の斯摩宿禰、卓淳国に至り、使者を百済国に送る（三六六）
三六七	ヴァレンティニアヌス、息子グラティアヌスに「アウグストゥス」の称号を与える		
三七三		ヴァレンティニアヌス、シンマクスをアフリカ総督に任命	（朝鮮）高句麗、初めて律令を定める
三七四		十二月七日、アンブロシウス、ミラノ司教に選ばれる	
三七五	十一月十七日、ヴァレンティニアヌス、蛮族代表を引見中に急死。以後、**帝国東方はヴァレンスが、西方はグラティアヌスがそれぞれ統治**。グラティアヌスの弟ヴァレンティニアヌス二世、「アウグストゥス」の称号を与えられ、イタリアの統治を託される		（インド）この頃、チャンドラグプタ二世即位。グプタ朝の最盛期を迎える
三七六	ヴァレンス、ヴィジゴート族のドナウ南岸への移住に同意	グラティアヌス、敵と内通したという疑いでテオドシウスの父を処刑	
三七七	移住後の受け入れ態勢の不備に対し、ヴィジゴート族が蜂起		

年		
三七八	ヴァレンス、ヴィジゴート族制圧のためアンティオキアを経つ 八月九日、ヴァレンス、ハドリアノポリスでゴート族と会戦に及ぶが敗北。ヴァレンス、殺害される	
三七九	**西方正帝グラティアヌス、テオドシウスを招聘し東方正帝に任命** テオドシウス、ゴート族の反乱を平定し、ドナウ南岸への移住について新たに協定を結ぶ ペルシア王シャプール二世、死去 冬、テオドシウス、病にかかりキリスト教の洗礼を受ける	
三八〇	グラティアヌスとテオドシウス、キリスト教以外の異教排撃に本格的に乗り出す	
三八三	**テオドシウス、この年から実質的に帝国全土を統治する**	グラティアヌス、ブリタニアで反乱に起った司令官マクシムスに攻められ殺害される
三八四		シンマクス、ローマの首都長官に任命される シンマクスとアンブロシウス、ローマ元老院議場前の「勝利の女神」像を巡り、皇帝への書簡を通じて論争する
三八八		テオドシウス、マクシムスの反乱を鎮圧し、ローマへ赴く テオドシウス、元老院に対しギリシア・ローマ宗教の廃絶を発議、元老院もこれを受け入れる
三九〇	四月、アンブロシウス、テッサロニケでの暴動の鎮圧時に起こった、軍による虐殺への謝罪をテオドシウスに要求。贖罪がなされるまで教会への立ち入りを禁じる	十二月、テオドシウス、ミラノの教会前でアンブロシウスに公式に謝罪

三九二	ヴァレンティニアヌス二世、イタリアを逃れテオドシウスの庇護を求めるが、テッサロニケで家臣に殺される		（日本）古墳時代
三九三	オリンピアの競技会、廃止される		
三九五	テオドシウス、病死。**長男アルカディウスは東方を、次男ホノリウスは西方を統治することに決まる。以後、東西分裂が決定的となる**		（日本、朝鮮）百済、倭国と連合し新羅を攻める。新羅は高句麗に救援を要請（三九九）
三九七		アンブロシウス、死去	（日本、朝鮮）高句麗、新羅に兵を送り倭国を退ける（四〇〇）
四〇二		シンマクス、死去	

p. 191　ローマ文明博物館（ローマ／イタリア）© Scala, Firenze
p. 210　大英博物館　© The Trustee of The British Museum
p. 225　p. 123と同じ　© Hirmer Fotoarchiv
p. 227　カバーと同じ　© Scala, Firenze
p. 230　大英博物館　© The Trustee of The British Museum
p. 243　同上　© The Trustee of The British Museum
p. 248　（5枚とも）大英博物館　© The Trustee of The British Museum
p. 251　同上　© The Trustee of The British Museum
p. 271　同上　© The Trustee of The British Museum
p. 287　ヴァティカン美術館（ヴァティカン）© Archivi Alinari, Firenze
p. 293右　ローマ国立美術館マッシモ宮（ローマ／イタリア）
© Archivi Alinari, Firenze
左　カピトリーノ美術館　© Archivi Alinari, Firenze
p. 301　サン・フェルナンド王立美術アカデミー（マドリッド／スペイン）
© Akg-images
p. 305　カピトリーノ美術館　© Archivio Fotografico dei Musei Capitolini
p. 307　p. 301と同じ　© Bridgeman Art Library

投げ込み系図
（コンスタンティヌス）個人蔵　© Akg-images
（その他）大英博物館　© The Trustee of The British Museum

地図作製：綜合精図研究所

図版出典一覧

カバー	サンタンブロージョ教会（ミラノ／イタリア）© Scala, Firenze
p. 13	カピトリーノ美術館（ローマ／イタリア） © Archivo Iconografico, S.A./CORBIS/CORBIS JAPAN
p. 15	カピトリーノ美術館 © Araldo de Luca/CORBIS/CORBIS JAPAN
p. 24左	カピトリーノ美術館 © Archivio Fotografico dei Musei Capitolini
中	p. 13と同じ　© Archivio Fotografico dei Musei Capitolini
右	メトロポリタン美術館（ニューヨーク／アメリカ） © The Metropolitan Museum of Art, Rogers Fund, 1967 (67. 107) Photograph, all rights reserved, The Metropolitan Museum of Art
p. 26	大英博物館（ロンドン／イギリス） © The Trustee of The British Museum
p. 33	同上　© The Trustee of The British Museum
p. 35	同上　© The Trustee of The British Museum
p. 47	ガロ＝ローマン文明博物館（リヨン／フランス） © Christian THIOC - Musée gallo-romain de Lyon Fourvière
p. 68	Cesare Vecellio, "Habiti antichi et moderni"（『服装今昔』）, 1860 より
p. 71	p. 13と同じ　© Archivio Fotografico dei Musei Capitolini
pp. 82-83	作図：峰村勝子
p. 92	カピトリーノ美術館 © Gianni Dagli Orti/CORBIS/CORBIS JAPAN
p. 103	大英博物館　© The Trustee of The British Museum
p. 123	ルーヴル美術館（パリ／フランス）　© Ancient Art & Architecture Collection
p. 149	p. 103と同じ　© The Trustee of The British Museum
p. 165	p. 123と同じ　© Hirmer Fotoarchiv
p. 175	ウィーン国立図書館（ウィーン／オーストリア）© Akg-images
p. 183	ボルゲーゼ美術館（ローマ／イタリア） © Archivi Alinari, Firenze
p. 185	p. 123と同じ © Photo RMN / Herve Lewandowski / distributed by Sekai Bunka Photo

Roman Provinces, Oxford, 1971; *The Later Roman Empire 284-602*, Oxford, 1984.

Lane Fox, R., *Pagans and Christians*, London, 1986.

Liebeschuetz, J.W.H.G., *Antiochia. City and Imperial Administration in the Later Roman Empire*, Oxford, 1972.

Lieu, N.C., *The Emperor Julian. Panegyric and Polemic*, Liverpool, 1982.

MacMullen, R., *Paganism in the Roman Empire*, New Haven-London, 1981.

Marrou, H.I., *Histoire de l'education dans l'antiquité*, Paris, 1965.

Matthews, J.E., *The Roman Empire of Ammianus*, London, 1989.

Mazzarino, S., *Aspetti sociali del IV secolo. Ricerche di storia tardo-romano*, Roma, 1951; *L'impero romano*（3 vols.）, Roma-Bari, 1984.

Momigliano, A.（ed.）, *Il conflitto fra paganesimo e cristianesimo nel IV secolo*, Torino, 1971.

Monteserrat, D., *From Constantine to Julian*, London, 1996.

Murdoch, A., *The Last Pagan*, Stroud, 2003.

Paribeni, R., *Da Diocleziano alla caduta dell'Impero d'occidente.*《Storia di Roma》8, Bologna, 1941.

Piganiol, A., *L'Empire Chrétien*, Paris, 1972.

Pighi, G.B., *Studia Ammianea*, Milano, 1935; *Nuovi Studi Ammianei*, Milano, 1936; *I discorsi nelle storie di Ammiano Marcellino*, Milano, 1936.

Rochefort, G. & Lacombrade, C., *L'Empereur Julian*, Paris, 1963.

Smith, R., *Julian's Gods. Religion and Philosophy in the Thought and Action of Julian the Apostate*, London-New York, 1995.

Stallknecht, B., *Untersuchungen zur römischen Aussenpolitik in der Spätantike*（*306-395*）, Bonn, 1969.

Stein, E., *Histoire du Bas-Empire*, Paris, 1949.

Tantillo, I., *La prima orazionedi Giuliano a Costanzo*, Roma, 1997; *L'imperatore Giuliano*, Bari, 2001.

著者多数, *Cambridge Ancient History XII: The Imperial Crisis and Recovery A.D. 193-324; Cambridge Ancient History XIII: The Late Empire A.D. 337-425; Cambridge Mediaeval History: The Christian Roman Empire and the Foundation of the Teutonic Kingdoms.*

『Barrington Atlas of the Greek and Roman World』（Princeton University Press, 2002）
『Tabula Peutingeriana』（Bologna, 1978）

通貨史料

『Description historique des monnaies frappées sous l'Empire Romain』Cohen, H.（Paris, 1892）
『Catalogue of the Imperial Byzantine Coins in the British Museum』Wroth, W.（London, 1908）
『I medaglioni romani』Gnecchi, F.（Milano, 1912）
『Roman Coinage』Crawford, M.H.（London, 1974～）
『Roma e la moneta』イタリア中央銀行発行（Roma, 1993）

《後世の研究》

Andreotti, R., *Il regno dell'imperatore Giuliano*, Bologna, 1946.
Bidez, J., *La Vie de L'Empereur Julien*, Paris, 1930.
Bouffaritigue, J., *L'Empereur Julien et la culture de son temps*, Paris, 1992.
Bowder, D.（ed.）, *Who Was Who in the Roman World*, Oxford, 1980.
Bowersock, G.W., *Julian the Apostate*, Cambridge（Mass.）, 1978.
Braun, R. & Richer, J.（eds.）, *L'Empereur Julien vol. I: De l'histoire à la légende*（*331-1715*）, Paris, 1978.
Browning, R., *The Emperor Julian*, London, 1975.
Burckhardt, J., *L'età di Costantino*（*1853*）, Firenze, 1957（伊訳）.
Demandt, A., *Die Spätantike. Römische Geschichte von Diocletian bis Justinian 284-565*, München, 1989.
Dodds, E.R., *The Greeks and the Irrational*, Oxford, 1950.
Dodgeon, M.H. & Lieu, N.C., *The Roman Eastern Frontier and the Persian Wars*（*226-363*）, London-New York, 1991.
Étienne, R., *Flavius Sallustius et Secundus Salutius*,《Revue des études anciennes》65, 1963.
Fraschetti, A., *La conversione. Da Roma pagana a Roma cristiana*, Roma-Bari, 1999.
Geffcken, J., *Kaiser Julianus*, Leipzig, 1914.
Giardina, A.（ed.）, *Società romana e impero tardoantico*, Roma-Bari, 1986.
Gibbon, E., *Declino e caduta dell'impero romano*, Milano, 1992（伊訳）.
Jones, A.H.M., *Constantine and the Conversion of Europe*, London 1964; *The Cities of the Eastern*

『政治・哲学関係の著作集』(Genova, 1988)
『書簡集』(Napoli, 1991)

Themistius　テミスティウス：コンスタンティウス帝からテオドシウス帝までの時代の最も有名な哲学者。ただし、時の最高権力者に好まれる質の学者
『皇帝賛辞集』(Torino, 1995)

Socrates　ソクラテス：コンスタンティノープル出身のキリスト教学者
『キリスト教会史　306～439年』(Berlin, 1960)

法律・行政関係の原史料

『Codex Theodosianus』テオドシウス二世によって438年発行。Mommsen, Th. & Meyer, P.M. 編纂版（Berlin, 1905）とKrueger, P. 編纂版（Berlin, 1923）：英訳は『The Theodosian Code and Novels and The Sirmondian Constitutions』(Princeton, 1952)
『Imp. Caesaris Flavii Claudii Juliani Epistulae Leges Poematia Fragmenta Varia』(Paris-Oxford, 1922)
『Corpus Iuris civilis』Mommsen, Krueger, Schoell 編纂（Berlin, 1922）
『Fontes iuris anteiustiniani』Riccobono他編纂（Firenze, 1900）
『Notitia Dignitatum』Seeck, O. 編纂（Berlin, 1876）
『Regesten der Kaiser und Papste』Seeck, O. (Stuttgart, 1919)

碑文史料

『Corpus Inscriptionum Latinarum』(Berlin, 1863)
『Inscriptiones Graecae』(Berlin, 1873)
『Inscriptiones christianae urbis Romae』(Roma, 1861)
『Sylloge inscriptionum graecarum』(Leipzig, 1924)
『Orientis graeci inscriptiones selectae』(Leipzig, 1905)
『Inscriptiones latinae selectae』(Berlin, 1916)
『Inscriptiones christianae latinae』(Berlin, 1922)
『Epigraphica』(Milano, 1939)

パピルス史料

『Manuale di Papirologia』Calderini, A. (Milano, 1938)

地理史料

『Grande atlante geografico, storico, fisico, politico, economico』Baratta, M.他編集(Novara, 1939)

Griechischen Christlichen Schriftsteller（Berlin, 1972）に収録

Gregorius　グレゴリウス：ナジアンゾス出身の司教。ユリアヌスと同年輩。アテネ修行中はユリアヌスと同窓の仲

『Oratio IV&V』はユリアヌス帝を誹謗攻撃した文章。Sources Chrétiennes（Paris, 1983）に収録

Libanius　リバニウス：アンティオキア生れの哲学者。ユリアヌスの心酔者で側近

『Oratio XII, XIII, XV-XVIII, XXIV』はユリアヌス宛て（Cambridge, Mass, 1967）

Mamertinus　マメルティヌス：362年に執政官

「執政官に選出された際の恒例になっている、皇帝への謝辞」ただしこれは、ユリアヌスに宛てられたものであるところに史的価値あり。Panegyrici Latini（Oxford, 1964）に収録

Aurelius Symmachus　アウレリウス・シンマクス：異教最後の旗手。ミラノ司教アンブロシウスとの論争で名を残す

『Relationes』（Berlin, 1880）

Claudius Claudianus　クラウディウス・クラウディアヌス：エジプトのアレクサンドリア生れのラテン詩人

遺っている全作品は395年以降のものなれど、異教はアウトロー化されても、個人の魂としてならば持ちつづけられた例。ただし、外面はキリスト教徒、内心は異教徒として。第XV巻の主人公の一人であるスティリコとの関係深く、この将軍と運命をともにする

Hieronymus　聖ヒエロニムス：北イタリア生れ（347年前後）、ベツレヘムで死亡（420年）。中東の砂漠地帯での修道院創設と聖書のラテン語訳で有名。また、ローマの上流社会の婦人方のアイドル的存在になる

『Epistolae』154通にのぼる書簡（Wien, 1918）

冷徹な聖アンブロシウスと比べて、この聖ヒエロニムスはルネサンス時代以降の画家たちの想像力をより刺激したらしく、肖像画断じて多し。ピエロ・デッラ・フランチェスカ、ロレンツォ・ロット、レオナルド・ダ・ヴィンチ、ギルランダイオ、ティツィアーノ、カラヴァッジョ等々。いずれもが、洞穴内の半裸体姿での描写

キリスト教徒向けに書かれた聖人伝（三、四、五世紀の代表一人ずつの伝記）

Pontii著『Vita Cypriani』キプリアヌス伝（Milano, 1975）

Paulini著『Vita Ambrosii』アンブロシウス伝（Milano, 1975）

Possidii著『Vita Augustini』アウグスティヌス伝（Milano, 1975）

Iulianus　皇帝ユリアヌス

『著作選集』Jacques Fontaine解説。「哲学者テミスティウスへの手紙」「神々の母に」「ヘリオス」「ミソポゴン」を収録。（Milano, 1990）

参考文献

《原史料》

同時代人の証言

Ambrosius　聖アンブロシウス：ミラノ司教

　『De obitu Theodosii』テオドシウス帝への弔辞および『Epistulae』書簡集。Patrologia Latina vol. XVIに収録

Ammianus Marcellinus　アミアヌス・マルケリヌス：アンティオキア出身のローマ人。軍役の後、歴史を叙述。ユリアヌスの同時代人で穏健異教徒

　『Rerum gestarum（Res Gestae）96-378』96年から378年までのローマ史。ただし遺ったのは353年から378年までを記述した11巻（Berlin, 1910とBologna, 1974）

Aurelius Victor　アウレリウス・ヴィクトル：北アフリカ出身のローマ元老院議員で、389年には首都長官

　『Liber de Caesaribus』アウグストゥスからコンスタンティウスまでの皇帝伝（Leipzig, 1970）

『Epitome de Caesaribus』著者不明。恐らく4世紀末に書かれたもの（Leipzig, 1970）

Eunapius　エウナピウス：歴史家

　『Historiae Fragmenta』断片のみ遺るが、ユリアヌスの親友で侍医だったオリバシウスの回想録（消滅）を引用しているところに史的価値あり。Historicorum Graecorum vol.Ⅳ（Paris, 1885）とThe Fragmentary Classicising Historians of the Later Roman Empire I & II（Liverpool, 1983）に収録

　『Vitae Sophistarum』（哲学者と称する人々の実態を活写）

Eusebius　エウセビウス：シリアのカエサリア司教。アリウス派から三位一体派に転向

　『Historia Ecclesiastica』キリストの死から4世紀までの教会史（Berlin, 1909）。日本語訳は『教会史1〜3』：秦剛平訳、山本書店、1986〜88

　『Vita Costantini』（Napoli, 1985）日本語訳は『コンスタンティヌスの生涯』：秦剛平訳、西洋古典叢書、京都大学学術出版会、2004

Eutropius　エウトロピウス：歴史家

　『Breviarium ad Urbe condita』キリスト教アリウス派の信徒たちのために書かれた、建国より4世紀までのローマ簡略史（Stuttgart, 1985）

Philostorgius　フィロストルギウス：アリウス派の司教

　『Historia Ecclesiastica』キリスト教会史。その後の弾圧により断片のみ遺る。Die

カバー　聖アンブロシウスを描いたモザイク
（ミラノ・サンタンブロージョ教会所蔵）
装　幀　新潮社装幀室

塩野七生（しおの・ななみ）

1937年７月、東京に生れる。学習院大学文学部哲学科卒業後、63年から68年にかけて、イタリアに遊びつつ学んだ。68年に執筆活動を開始し、「ルネサンスの女たち」を「中央公論」誌に発表。初めての書下ろし長編『チェーザレ・ボルジアあるいは優雅なる冷酷』により1970年度毎日出版文化賞を受賞。この年からイタリアに住む。82年、『海の都の物語』によりサントリー学芸賞。83年、菊池寛賞。92年より、ローマ帝国興亡の一千年を描く「ローマ人の物語」にとりくみ、一年に一作のペースで執筆中。本書はその第14巻目となる。93年、『ローマ人の物語Ｉ』により新潮学芸賞。99年、司馬遼太郎賞。2001年、『塩野七生ルネサンス著作集』全７巻を刊行。2002年、イタリア政府より国家功労賞を授与される。

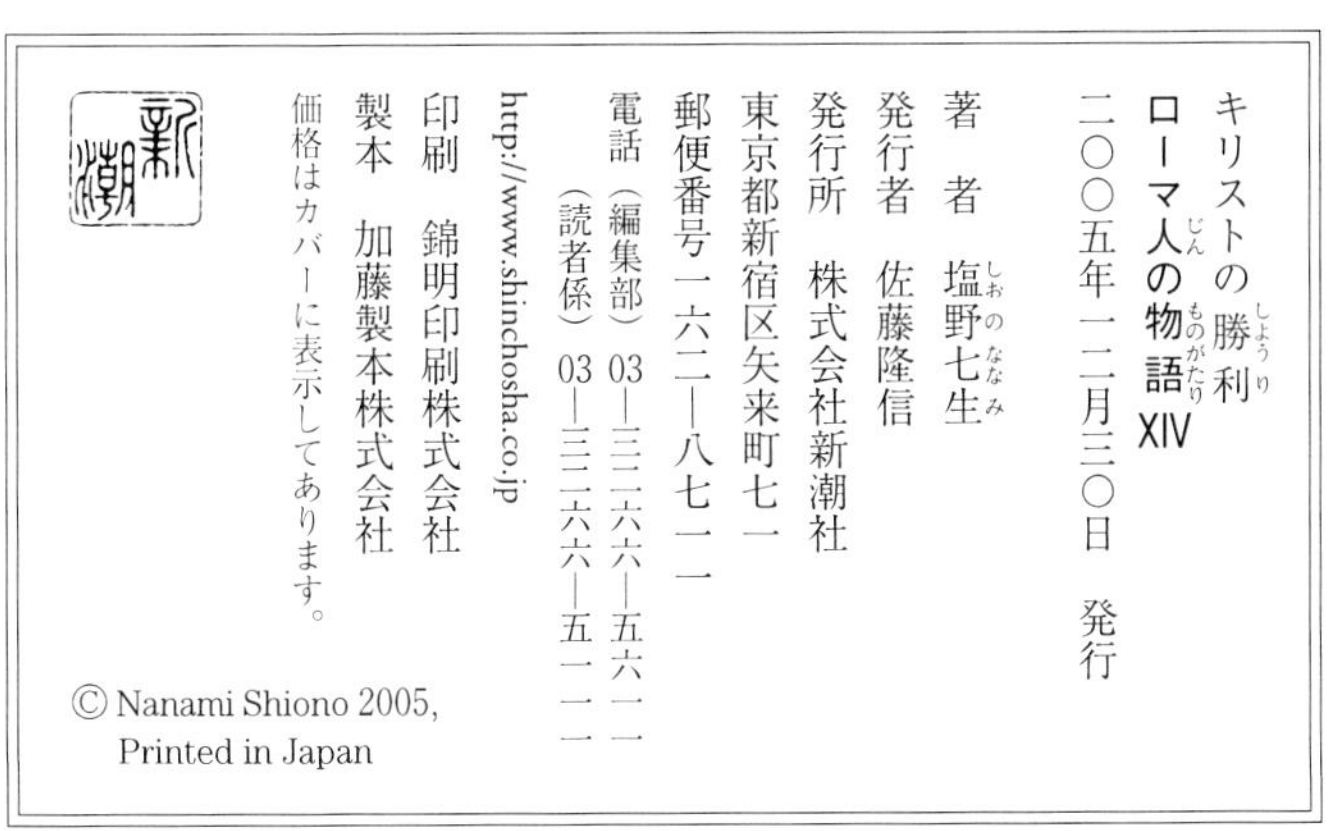

キリストの勝利（しょうり）
ローマ人（じん）の物語（ものがたり）XIV
二〇〇五年一二月三〇日　発行

著　者　塩野七生（しおのななみ）
発行者　佐藤隆信
発行所　株式会社新潮社
東京都新宿区矢来町七一
郵便番号一六二―八七一一
電話（編集部）03―三二六六―五六一一
　　（読者係）03―三二六六―五一一一
http://www.shinchosha.co.jp
印刷　錦明印刷株式会社
製本　加藤製本株式会社
価格はカバーに表示してあります。

ISBN4-10-309623-3 C0322

■塩野七生「ローマ人の物語」既刊Ⅰ〜ⅩⅢ発売中

ローマは一日にして成らず
ローマ人の物語Ⅰ

ハンニバル戦記
ローマ人の物語Ⅱ

勝者の混迷
ローマ人の物語Ⅲ

ユリウス・カエサル ルビコン以前
ローマ人の物語Ⅳ

ユリウス・カエサル ルビコン以後
ローマ人の物語Ⅴ

パクス・ロマーナ
ローマ人の物語Ⅵ

悪名高き皇帝たち
ローマ人の物語Ⅶ

危機と克服
ローマ人の物語Ⅷ

賢帝の世紀
ローマ人の物語Ⅸ

すべての道はローマに通ず
ローマ人の物語Ⅹ

終わりの始まり
ローマ人の物語Ⅺ

迷走する帝国
ローマ人の物語Ⅻ

最後の努力
ローマ人の物語XIII

■塩野七生「ルネサンス著作集」全7巻発売中

1 ルネサンスとは何であったのか

2 ルネサンスの女たち

3 チェーザレ・ボルジア あるいは優雅なる冷酷

4 海の都の物語 上 ―ヴェネツィア共和国の一千年―

5 海の都の物語 下 ―ヴェネツィア共和国の一千年―

6 神の代理人

7 わが友マキアヴェッリ ―フィレンツェ存亡―